国際人権を生きる

阿部浩己 著

信山社

はじめに

本書は、ここ数年の間に発表してきた国際法・国際人権法にかかわる評論あるいはエッセイをまとめたものです。この種の著作としては、二〇〇八年に『抗う思想／平和を創る力』（不磨書房）を刊行する機会を得ましたが、本書を構成する全二〇篇のうち五篇以外は、いずれも同書の刊行年以降に著したものです。ジェンダー、外国人、平和、裁判といった、この間、私自身が取り組んできたいくつかのテーマに沿って小論群をまとめました。初出時から有意な変化があったものについてはその旨を注などで追記していますが、同時代性を大切にして、原則としてもとの文章をそのまま再録し、講演録についても、話し言葉のままにしてあります。

刊行時期が本書と重なる学術論文集『国際法の人権化』（信山社）は国際法・人権に対する根源的批判も展開するものですが、本書には、それとは違って国際法・人権への期待や能動的利用を推奨する側面が強く出ていると思います。国際法は徹底した批判を受けるべき偏頗な構造を有しているものではありますが、その一方で、社会変革のために利用しうる国際法の可能性もけっして小さなものではありません。批判・批評と実践は私にとって車の両輪というべき営みであり、その意味で、読者の皆さんには本書とともに『国際法の人権化』も併せ読んでいただければなお幸いです。

二〇一四年七月

阿部浩己

目次

Ⅲ　世界の中で

I

ジェンダーの視座

1　女性差別撤廃条約とフェミニスト・アプローチ

(1)　今ここにある国際社会

戸籍続柄裁判が提起されてから一二年目にあたる二〇〇〇年三月に開かれた記念集会において、講演者の角田由紀子は「国内でのいろいろな人権をめぐる動きが、今では国際的な動きと連動していく」風景を評して、次のように述べていた[1]。

この一二年の動きは、女性の人権をめぐる国際的な動きと、日本でのいろいろな動きとが連動してきたということが、一つの特徴ではないかと思います。たとえば国連の女性差別撤廃条約が一つの契機になって、今や日本国内で人権の問題を語る時に、国際的な人権の基準に照らして日本はどうなのか、ということを語らざるを得ないということなのです。裁判所も、それに対しては、少しずつ理解を示すようになってきているようです。

その記念集会からそれから四年を経た二〇〇四年一月、大阪高裁第一四民事部は、日本社会の潮流が角田のいうような方向に進んでいることを象徴的に示す「和解勧告」によって、一〇年近くに及ぶ住友電工訴訟を落着させた。井垣敏夫裁判長のもとに作成されたその和解勧告は、次のような書き出しで始まっている。

国際社会においては、国際連合を中心として、男女平等の実現に向けた取組みが着実に進められており、女性がその性により差別されることなく、その才能及び能力を自己の充足と社会全体のために発展させ、男性と女性が共に力を合わせて社会を発展させていける社会こそが真に求められている平等社会であることは、既に世界の共通認識になっているというべきである。

当事者の闘いの意義を十分に掬い取ったこの和解勧告を、多くの人たちと同様に私も高く評価したい(2)。今後とも、「国際的潮流と連動しつつ」差別撤廃への動きを進めていくべきは当然の戦略であろう。もっともそうであればこそ、この機会に改めて確認しておきたいことがある。国際社会と日本（国内）社会の関係をどう眼差すかについてである。

二〇〇三年一二月に開催されたジェンダー法学会創立大会シンポジウムの副タイトル〈国際社会との落差〉という表現にも幾分か示唆されているように、国際社会あるいは国際法／国際条約は、日本では、国の外にある所与のものとイメージされてきたきらいがある。よく耳にする「国際社会ではどうなっているのか」、「日本も国際標準に追いつかなくてはならない」といった物言いは、日本と国際社会とを二分法的に切り離し、国際社会のほうが日本よりも上位の水準にある、といった心象を拡散させるもののように思えてならない。だが誤解してはならないことに、日本は国際社会の外にあるわけではない。紛れもなく国際社会の内にある。国際社会の一部というのが正確だろうか。国際標準にしても、日本の外に静止して所在する超越的な規範などではなく、国際社会の内にいる私たちが日々の実践を通じて創り上げる動態的な構築物にほかならない。女性差別撤廃条約をはじめとする国際人権基準は、行政や司法を巻き込みながら持続的に「創り」上げていくものであって、外部に超然と「在る」わけではないのである。

国際人権条約は国家間の関係を規律する相互主義的な条約ではなく、国境を超えた「客観的な法秩序」を形成するものと観念されるようになっている。そしてその中にあって私たち市民は、法の直接の主体であり担い手と位置づけられている。人権が国境を超えているとはそういうことであり、この認識こそが人間を国境内に封じ込める伝統的国際法を根底から変貌させた国際人権法の最も「革命的」な特質でもある。国際社会／条約は遠くに聳え立っているのではない。今ここでの営みがグローバルな法実践そのものなのである。

(2) 国際人権法における女性差別撤廃の営み

(a) 同一性の追求と追加／補完アプローチ

一九七五年に顕在化した国際的な女性運動が圧倒的な力を見せつけた一九九三年の第二回世界人権会議は、「女性の権利は人権である」というスローガンのもと、男性だけでなく女性もまた人間なのだということを鮮烈に知らしめる場でもあった。これを機にジェンダー視点の主流化が国際法制度において本格化していくわけだが、フェミニストたちの差別撤廃への営為を類型化すれば、これまでに四つのアプローチが展開されてきたことがわかる(3)。

まず第一は「同一アプローチ」である。リベラル・フェミニズムによって支えられたこのアプローチは、男性と女性の同一の取扱いを制度的に実現しようとするもので、世界人権宣言のように抽象的な人間を権利主体とする初期の文書に色濃く投影されている。家父長的視座に基づいて捏造された差異・排除の解消がはかられ、その成果は、参政権や財産権などの分野に明瞭に見て取れる。男女間の形式的平等を追求する意義は今日にも変わらず引き続いているが、しかしこのアプローチは、人間間に差異を産み出す不均衡な社会構造の存在を隠蔽するとともに、白人中産階級男性の経験・ニーズ・価値を人間性の名のもとに一般化することにより、逆に女性差別を深化させる契機ともなった。

本質的に規定されたものであれ社会的に構築されたものであれ、男女間に有意な差異が現にあるのであれば、それを無視するのではなく、そこに積極的な意味付けをすることによって平等に接近する方策もありうる。差異（家父長的視座が捏造する差異ではなく女性自身が同定する差異）を意味あるものとして前景化させる文化派フェミニズムの戦略はそうである。特殊性を照射するこの視座は、女性の人権擁護に主力を注ぐ条約や制度とも親和性をもつ。国連女性の地位委員会・女性の地位向上部の設置にこうした考えの一端が現われ出ているが、この機構的枠組みの中から、婦人参政権条約、既婚女性国籍条約、婚姻の同意・最低年齢・登録条約、女性差別撤廃宣言、女性差別撤廃条約などが生み出されてきたことは知ってのとおりである。ＩＬＯ条約・勧告の中にも同様の思考を採用しているものが少なくない。

こうした条約・宣言は、仔細に見れば、同一アプローチに重なり合う文書、女性を保護の対象とみなす文書、差別撤廃を命じる文書などにさらに細分化できるが、いずれにせよ、男性をモデルとしてきた既存の人権文書に女性的なるものを追加する、補完的な位相をもつことには変わりない。この「追加／補完アプローチ」は、女性を有標化するまさにそのことの反転として男性の無標性つまり中心性を強化することになってしまった。特殊の対立項は一般／普遍だからである。こうして、女性の特殊性を強調するほどに女性の「周縁化」が促されるという背理がもたらされた。女性差別撤廃条約がとりわけ実施面においてことのほか脆弱な文書として生を享けたことも、周縁の悲哀として説明できるのではないか。一九九三年の世界人権会議そして一九九五年の北京会議は、こうした追加／補完アプローチの限界を正視するとともに、そこからの脱却をはかる機会に転じていく。

(b)　変容／脱構築アプローチ

世界人権会議の要請を受けて一九九三年に国連総会で採択された女性に対する暴力撤廃宣言は、ラディカル・フェミニズムの思想的基盤のもと国際人権法における暴力概念の全面的紡ぎ直しを求める画期的な人権文書であった。むろんこの宣言は女性に焦点を当てるかぎりにおいて追加的／補完的な側面を有しているものの、しかし本質的には、主流を構成する人権概念そのものの組替えを迫る根源的挑戦をなすものであった。「女性の権利は人権である」という主張にも、女性の特殊性を可視化する以上に、人権概念一般の変容／脱構築を迫る契機が投射されている。ジェンダーの視点を主流化するということはこのことを意味する。分断された女性特有の条約・制度を周縁から救い出すとともに、主流そのものをジェンダーの視点によって紡ぎ直すということである。フェミニズムの手法を用いて国際法を解析する代表的な論者であるチャールズワースはいう。「女性の経験が主流国際法秩序に直接に貢献できないのであれば、国際人権法は普遍的に適用可能なものとはいえない。その場合には、より正しく、国際〈男〉権法というべきだ[4]」。

「変容／脱構築アプローチ」は、女性の権利を付加することによってではなく、人権概念そのものを女性の経験によって押し広げていくことを目指す。その営みは包摂的なものであり、けっして男性を排除することが目論まれているわけではない。追加・補完ではなく変容、それがこのアプローチの核心である。女性差別撤廃条約の強化とともに、自由権規約、社会権規約、拷問禁止条約、人種差別撤廃条約、子どもの権利条約、移住労働者・家族権利保護条約というメインストリームを構成する人権諸条約が「主流化」への働きかけの対象となったのは当然であった。これらの条約機関が一九九〇年代以後その判断の中にジェンダーの視点を織り込むようになったのは、そうした働きかけがあればこそである。

変容／脱構築アプローチが最大の課題としているのは、公私二分法の解体である。公化された暴力のみを鎮圧の対象としてきた国際人権法の在り方に抜本的な変革が迫られていることは、国連人権委員会の女性に対する暴力特別報告者の活動はもとより、拷問・非人道的取扱いの禁止にかかる欧州人権裁判所の近年の裁判例(5)などからも容易にうかがえよう。私的領域への関心の拡大は、経済的・社会的・文化的権利の規範的地位を向上させ、また難民（迫害、特定の社会的集団）や奴隷制（人身売買）概念の拡充、リプロダクティブ・ヘルス／ライツの定立、さらには多国籍企業の活動規制への期待をもたらしている。

現在のような不均衡な社会構造のもとにあって私的領域への法の拡張が第一義的に女性に利益をもたらしていることは確かである。しかしだからといってこの営みの受益者が女性に限定されているというわけではない。変容／脱構築アプローチが目指しているのは、イデオロギー的に構成された公私二分法の解体である。公的領域と私的領域とを分かつ境界をまるごと破壊することが企図されているのではない。公私の区別はこれからも残るだろうが、それはジェンダー化されたものであってはならず、両域に男性と女性が平等に存在できるような社会こそが求められているのである。

(c)　ポスト・モダン／第三世界アプローチ、そして女性差別撤廃条約の位置

このように、フェミニストたちの運動は主流人権条約・機関のなかに女性の声・経験・価値を組み入れることにより国際人権法の基盤を大きく揺り動かす巨大な成果を生み出すまでになった。そ

の運動を指導的に担ってきたシャーロット・バンチは、女性たちが「共通の目的を共有し、差異を超えた包括的な結合をつくりあげ」てきたことに特に注意を喚起する。(6) 女性運動が、共通の目的(たとえば「暴力」)を設定しえたからこそ効果的に推進されえたことはここに改めて確認するまでもなかろう。だが問題は、女性にとって共通とされる目的をいったい誰が決定してきたかである。男性がそうであるように、女性もけっして一枚岩ではない。女性運動のなかには明白な力関係があり、その中にあって支配的な影響力を及ぼしてきたのは西洋の白人中産階級の女性たちであった。そうであっただけに、「じつは西洋化された先進産業化社会という、［非西洋と］同様にローカルで特殊な地理歴史的脈略に拘束された関心事」にすぎないものが、世界の女性たちを通貫する「共通の目的」となり、それがグローバル・フェミニズムの中核を形成してきたというのが実態であった。(7)

コペンハーゲンで第三世界の女性たちは、最も高い優先順位を与えられているのがヴェールの問題であり女性性器切除の問題であるといわれた。カイロでは、避妊と中絶の問題が最も大切なのだといわれた。いずれの場合にも、第三世界の女性たちは、そうではないといっていたのに。彼女たちは繰り返しこういっていた。私たちにとって最も優先されるべきは、平和の問題であり開発の問題である。子どもたちが飢えや渇き、戦争で息絶えているとき、ほかのことを心配する余裕などない、と。(8)

非西洋の女性たちあるいはマイノリティの女性たちにとって、ジェンダーによる差別はそれがいかに深刻であろうと抑圧のすべてではなく、まして、西洋の白人女性たちと同じように唯一最優先の課題として固執するわけにはいかない。非西洋／マイノリティ女性への抑圧は複合的な形で顕現しており、その中からジェンダーの側面のみを解放への希望として摘出しうるのかについてしだいに大きな疑問が投げかけられるようになってきた。

ポスト・モダンの思考様式は人間のアイデンティティを多様なものととらえ、また、第三世界フェミニズムを投射する「西洋の眼差しの下で」においてチャンドラ・モハンティは、女性というカテゴリーが独立変数ではなく、経済発展や植民地主義、人種化プロセスといった歴史的社会的過程の従属変数とみなされるべきことを説いてみせた(9)。こうして、女性差別もまた「複雑に絡み合い、相互に関連して作用し、個別要因に基づく差別の緩和・排除をめざす措置によっては解決され得ない(10)」という認識が広まっていく。

二〇〇一年にダーバンで開かれた「人種主義、人種差別、外国人排斥および関連する不寛容に反対する世界会議」（ダーバン会議）の準備過程で催された「ジェンダー差別と人種差別に関する専門家会議」報告は次のように述べる。「すべての女性はなんらかの点でジェンダー差別を受けているが、階級、カースト、人種、皮膚の色、エスニシティ、宗教、民族的出身など、女性の社会的アイデンティティに関する他の要因が、様ざまな女性のグループが受ける差別の『違いをつくる差異』であることも確かである(11)」。こうした複合差別の視点がフェミニズムの思考の幅を着実に広げ始めている。「『あらゆる分野の政策にジェンダーの視点を導入する』だけでは、女性、そしてとりわけ複合的な差別を受けている女性たちの直面する問題の構造を解明し、ましてやその差別を克服する展望を描くことはできない」[12]。女性差別撤廃に向けた国際人権法の営みは、マイノリティ女性たちの知的・実践的貢献により、今や「ジェンダー的視点認識」そのものの境界を問い直すまでに至っている。

こうした議論状況の中にあって、女性差別撤廃条約はどう位置づけられるべきなのか。この条約の本籍が追加／補完アプローチにあることは右の類型化からもあきらかなところだが、ただそうだとしても、この条約にはきわめて多面的な位相が備わっていることも見落としてはならない。女性の特殊性を照射するだけでなく、同一性を求める側面があり、また、私的領域における伝統的な役割強制に変更を迫ることで脱構築アプローチにも強い親和性をみせている。他方では、「あらゆる形態の人種主義、植民地主義……の根絶が男女の権利の完全な享有に不可欠であることを強調」する前文が示すように、複合差別の視座を包摂する用意もある。現にダーバン会議準備過程において女性差別撤廃委員会は、この条約が締約国に複合差別防止を義務づけていると言明する提言をあらわしている[13]。

こうした多面的な位相を状況に応じて適切に活用していくことが女性差別撤廃条約を二一世紀に活かす最良の途である。同時に、この条約を孤立させないよう、他の人権条約との連動を絶えず意識することも欠かせない。一九九〇年代のジェンダー視点の主流化により、女性差別撤廃条約の実施措置は、報告制度の練磨だけでなく、選択議定書を通じ個人通報・調査制度を包含するまでになった。周縁から中心へとこの条約の位置付けは確実に変換されつつある。そのことを意識しながら、しかし女性差別撤廃には他のすべての人権条約も同様にかかわっているのだという認識を具現化する法実践がますます必要とされている。

(3) 女性差別撤廃条約と日本――報告審査を通してみえる風景

(a) 概　観

女性差別撤廃条約は、一九七九年一二月一八日に国連総会で採択され、八〇年の「コペンハーゲン」の追い風を受けて八一年九月三日に発効した。全六部からなるこの条約は、「女性」に対する差別の撤廃を求めていること、自由権だけでなく社会権の保障も射程に入れていること、企業など私人による差別の撤廃を明文で義務づけていること、などに際立った特徴がある。条約である以上、その解釈は基本的に一九六九年の条約法に関するウィーン条約三一条および三二条に基づいて行われなくてはならない。撤廃が求められている差別には、直接差別だけでなく間接差別も含まれ、法律上の平等だけでなく事実上の平等の達成も要求されている。婚姻の有無によって生じる差別にも条約は関心を寄せる。セクシュアリティあるいは性的指向の問題も今後は多くの機会に取り上げられていくことになろう。

締約国は、一八条により、条約の履行を監視する女性差別撤廃委員会への定期報告を義務づけられている。二三人の独立専門家によって構成されるこの委員会は、定期報告の審査に加え、締約国向けの「一般的勧告」と国連機関向けの「提案」の作成、さらに二〇〇〇年一二月に発効した選択議定書に基づき、個人通報（人権救済申立）の検討と、重大なまたは組織的な条約侵害の事態についての調査を行う権限・責務を有している。

報告審査の目的は多岐にわたるが、なかでも、締約国政府と委員会との「建設的対話」により条約の履行が促進されること、報告書のとりまとめにあたり国内状況の見直しが行われ、市民社会との対話が促されること、などが特に重要である。もっとも、現実の風景はこうした目的の達成からはほど遠い。現に「南」の政府を中心に報告書の提出すらままならぬケースが続出し、報告遅延・未提出の事態が途切れることなく堆積している。「北」（先進工業国）の政府はといえば、大代表団を送り込み、「建設的」とはおよそ対極に位置する「対抗的」あるいは「防御的」対話に終始することも少なくない。委員会の側も、一九九七年から会期日数が年二回各三週間に拡大されたものの、年間に対処できる報告審査が一五カ国余りにとどまっており、一八〇に迫る締約国が期限どおりに報告書を提出すれば、委員会自身が「破産」宣告をしなければならないのが現状である。委員会は情報収集力も限られており、このためNGOとの連携がいっそう不可欠になっている(14)。

(b)　女性差別撤廃委員会での審査

女性差別撤廃条約が日本について効力を生じたのは一九八五年七月二五日のことである。第一回目の報告書は八七年三月に提出され、翌年二月に審査が行われた。第二回目の報告書は九二年二月に提出されたが、「担当官庁の交代による内容の見直しなどの結果」、九三年一一月に急遽第三回目の報告書が提出されたため、九四年一月の日本の報告審査はこの二つの報告書を併合して行なうものとなった[15]。この年から付されるようになった「最終コメント」において女性差別撤廃委員会は、条約の実施を促すため、日本に対して不十分ながらも次のような課題を指摘した[16]。女性の社会的地位の低さ、均等法の不十分性、アジア人女性の搾取、従軍「慰安婦」問題、企業における間接差別、性産業についての情報の欠落。これらは、いずれも次回報告までに取り組み、克服すべき宿題にほかならなかった。

日本政府は第四回定期報告書を一九九八年七月に、そして第五回定期報告書を二〇〇二年九月にそれぞれ提出、これらをあわせた報告審査が二〇〇三年七月に実施された。最も注目されたのは、九四年の報告審査の時とは違って、日本のＮＧＯが効果的な連携網をつくり上げたことである。「日本女性差別撤廃条約ＮＧＯネットワーク（ＪＮＮＣ）」（二〇〇二年一二月結成）がそれである。このネットワークを基軸に、会期前作業部会への参加、ＮＧＯ（サマリー）レポートの作成、女性議員との懇談、省庁交渉、委員会傍聴、ランチタイム／非公式ブリーフィングなどが展開された。このネットワークは、同一・追加・脱構築・ポストモダンすべてのアプローチを包摂し、特に、複合差別への視点を決定的に欠落させていた政府報告を批判的に照射する点において際立った貢献をなした[17]。

ジェンダー視点の主流化に伴い確実にパワーアップした女性差別撤廃委員会での審査は、ＮＧＯ

の精力的な働きかけも奏効して、過去二回の報告審査に比べ「格段の進歩がみられた」。日本政府首席代表（坂東眞理子内閣府男女共同参画局長）の対応もこれまでになく「率直」であったとされる[18]。もっとも、「率直」さには法的義務の履行に向けた責任意識がきちんと随伴していなくてはならない。このことに関連して特に留意すべきは、容易に除去されぬ女性差別に触れて首席代表が発した次の一言である。「『日本は日本なのです』。……日本の社会はコンセンサスを得なければなかなか変わりません[19]」。

この発言について私もまた率直にいわせてもらうなら、著しくジェンダー化されたこの社会においてコンセンサスなるものの形成を待っていたのでは、それこそ気の遠くなるような時間が経過してしまうだろう。私には、その時まで生きていられる自信がない。だが女性差別撤廃条約は、締約国に差別の撤廃を「遅滞なく」実現するよう求めているのではなかったか。その義務を、日本は二〇年も前に自発的に引き受けているのである。「日本は日本」という物言いは、条約義務の懈怠を正当化するか条約義務そのものを忘却の彼方に放り出す悪質な文化相対主義的言説にもひとしい。大切なのは、「日本は日本」ではなく、「日本も条約の一員」という意識だろう。女性差別撤廃条約は日本の外にあるのではない。この条約レジームの内に日本がいるということを忘れてもらっては困る[20]。

報告審査を受けて採択された最終コメントは、次のような事項に言及する豊かな内容をもつものとなった[21]。間接差別を含む差別の定義を国内法に盛り込み法曹教育をすること、ＤＶ法の適用対象の拡大、レイプ犯罪の刑罰強化、戦時「慰安婦」問題の解決努力、人身売買問題への取り組み強化、マイノリティ女性の状況についての情報収集、意思決定過程への女性の参加を確保する積極的差別是正措置の採用、均等法の指針の改正、家族的責任の平等な分担の促進、労働市場における事実上の機会平等の達成、婚姻最低年齢・婚外子・氏の選択における差別の撤廃、独立した人権擁護機関の設置、選択議定書締結の検討。委員会は、二〇〇六年に提出すべき次回報告書においてこれらの問題に回答するよう日本政府に強く要請することも忘れなかった。

(c)　チャレンジ――個人通報手続が意味するもの

日本において女性差別撤廃条約の履行が遅延している最も大きな理由は、毅然たる政治的意思の欠落にあるといってよい。それを如実に表しているのは、この条約が課す義務の性質を漸進的（＝プログラム的）なものと解して疑わぬ政府の姿勢である。[22] このような条約解釈はあきらかに法的精確さを欠く。そもそも、人権条約の義務を即時的か漸進的かで二分する理解は、理論的にも実務的にももはや通用力を失っている。

ジェンダー視点の主流化を進めた脱構築アプローチは、自由権／社会権を二分（し社会権の劣位性を強調）する伝統的な認識を抜本から是正し、すべての人権が相互に不可分であること、そして、すべての人権義務が尊重・保護・充足という三つの側面からなることを明快に示してみせた。[23] 裁判において女性差別撤廃条約を活用する場合には、このような義務の性質を精確に把握しておく必要がある。そのうえで、人種差別撤廃条約についてそうなっているように、実体私法（民法や均等法など）と連動させてこの条約を適用する方途を積極的に探っていくべきであろう（義務の第一義的名宛人である国家を相手取る場合には、条約をそのまま適用できることはいうまでもない）。ちなみに、日本とは違い、条約を一般的に受容していない国においても、女性差別撤廃条約によって関連国内法の解釈を誘導する裁判例が増えてきていることも知っておいてよい(24)。

裁判など国内フォーラムを通じて条約義務の履行を求めていくこともさることながら、この条約が国家に法的義務を課していることをこの上なく明瞭に示すことができるのは個人通報手続を通じてではないか。報告審査と違って、この手続では個々の事案ごとに条約違反の有無が判断される。そこには「日本は日本」などといった言説が入る余地はない。むろん個人通報手続のもとで示される条約機関の見解には法的拘束力はないとされている。にもかかわらず、この手続が利用可能になれば、国内裁判所の国際法認識には少なからぬ影響が及ぶことになろう。オーストラリア連邦最高裁判所のブレナン判事はこう述べていた。「市民的及び政治的権利に関する国際規約の選択議定書にオーストラリアが加入したことにより、国際的救済手続が個人に開放された。これにより、同規約と、同規約の課す国際的基準の強力な影響がコモンローにもたらされている(25)。」

日本政府は、個人通報手続に驚くほど懐疑的である。一九七九年に国際人権規約を批准した際、自由権規約選択議定書の締結に向けて積極的に検討することが公約された。あれから四半世紀が経っているが、検討はまだ続けられている。人種差別撤廃条約についても拷問禁止条約についても、個人通報手続の受諾宣言は行なわれていない。女性差別撤廃条約の場合も事情は同じである。「司法権の独立を損なうおそれ」、この普遍的通用力を欠いた空疎なフレーズが亡霊のように出来し、国際的人権擁護メカニズムと市民とを結ぶ法的回路が遮断されてきた。だが、日本の報告審査を受けて女性差別撤廃委員会が述べていたように、「選択議定書により提供される制度は、司法の独立を〔むしろ〕強化し、女性に対する差別への理解を進める上において司法を補助するものである」(26)。被差別者の権利回復を促進し、私たちが国際社会と直接につながっていること、つまり日本が国際社会の内にあるということを最もよく実感できるこの手続の「開放」に向けて、知の力、運動の力をさらに注いでいかねばなるまい。

（1）角田由紀子「戸籍続柄と女性の人権」なくそう戸籍と婚外子差別・交流会編『なくそう婚外子・女性への差別』（明石書店、二〇〇四年）一八頁。
（2）ワーキング・ウィメンズ・ネットワークニュースレター三四号（二〇〇四年）一－一〇頁。
（3）Eva Brems, "Protecting the Human Rights of Women", in *International Human Rights in the 21st Century : Protecting the Rights of Groups* 100－137（Gene M. Lyons, & James Mayall eds. 2003）.
（4）Hilary Charlesworth, "Human Rights as Men's Rights" in *Women's Rights, Human Rights, International Feminist Perspectives* 105（Julie Peters & Andrea Wolper eds. 1995）.
（5）*E.g., A v. United Kingdom*（Sep.23,1998）, *Z and others v. United Kingdom*（May 10, 2001）available at <http : //www.echr.coe.int>.
（6）Charlotte Bunch, "Women's Human Rights : The Challenges of Global Feminism and Diversity" in

Feminist Locations: Global and Local, Theory and Practice 138 (Marianne DeKoven ed. 2001).

(7) 米山リサ『暴力・戦争・リドレス―多文化主義のポリティクス』(岩波書店、二〇〇三年)一一三頁。

(8) Azizah al-Hibri, "Who Defines Women's Rights? A Third World Woman's Response", *The Human Rights Brief* (Washington College of Law, American University,1994).

(9) Chandra T. Mohanty,"Under Western Eyes: Feminist Scholarship and Colonial Discourses", *Feminist Review*, No.30 (1988), pp.65-88.

(10) 元百合子「複合差別とは――ナイロビ女性会議から女性差別撤廃委員会日本審査までの軌跡」反差別国際運動日本委員会マイノリティ女性に対する複合差別プロジェクトチーム編『マイノリティ女性の視点を政策に！社会に！』(解放出版社、二〇〇三年)一一二頁。

(11) 同上書二二四頁(元百合子監訳)。

(12) 藤岡美恵子「グローバル化と複合差別」同上書二六一頁。

(13) U.N.Doc. CEDAW/C/2001/1/CRP.3/Add.9.

(14) Andrew Byrnes,"The Convention on the Elimination of All Forms of Discrimination against Women", in *Human Rights of Women: International Instruments and African Experiences* 119-140 (Wolfgang Benedek, Esther M. Kisaakye & Gerd Oberleitner eds. 2002).

(15) 下泰子「女子差別撤廃条約――報告制度と日本の報告」国際人権九号(一九九四年)四六頁。

(16) U.N.Doc.A/50/38,paras.626-636.

(17) 田中恭子「第四次・第五次日本レポート審議にむけたＮＧＯの取り組み」日本女性差別撤廃条約ＮＧＯネットワーク編『女性差別撤廃条約とＮＧＯ』(明石書店、二〇〇三年)参照。

(18) 山下泰子「日本レポート審議――ＮＧＯの参画と今後の課題」同上書一五六頁。

(19)「第二九会期女性差別撤廃委員会　第四・五次日本レポート審議　全記録」（大石由紀訳）国際女性一七号（二〇〇三年）一五〇頁。
(20) 矢澤澄子「女性差別撤廃条約を活用して『ジェンダーの主流化』を」同上誌一八八頁も参照。
(21) U.N.Doc.CEDAW/C/2003/II/CRP.3/Add.1/Rev.1.
(22) 阿部浩己『国際人権の地平』（現代人文社、二〇〇三）一一一頁。
(23) 同上書一五三頁参照。
(24) 具体的事例について、see Byrnes,*supra* note 14, pp.146－152. なお日本では、私人間において条約を直接適用する可能性も排除されているわけではない。
(25) *Mabo v. Queensland*（No.2）（1995）175 CLR 1,42.
(26) U.N.Doc.CEDAW/C/2003/II/CRP.3/Add.1/Rev.1,para.39.

2　国際人権法におけるジェンダー

(1)　世界人権宣言六〇周年とジェンダーの主流化

第二次世界大戦終結から三年の時を経て一九四八年にひっそりと産み落とされた世界人権宣言は、その非拘束的性格にもかかわらず、いや、その非拘束的性格ゆえにこそ、その後、国連の内外にあって数多の機会に援用され、いまや、その名を最もよく知られた規範文書の地位にのぼりつめたといって過言でない。不正義に満ちあふれた二〇世紀が後世に残した輝ける遺産の一つ、と評したところで別して言い過ぎにはあたるまい。

一七世紀中葉に端を発する国家中心のウェストファリア・パラダイムを根底から覆す革命的な契機を秘めて生成された国際人権法の中核をなしているのも、世界人権宣言にほかならない。二一世紀が深まる今日にいたるも、あらゆる国際人権文書が世界人権宣言にその淵源を求めてやむことがない。もっとも、この偉大なる人類の遺産といえども時代の思想的制約から自由であったわけではなく、ジェンダー平等という観点から少なからぬ後知恵をもって論ずれば、当初そこに込められていたものは「形式的平等」、つまりは公的領域において女を男並みに引き上げることに限局されていたことは否めない。言ってみれば、世界人権宣言の誇るべき差別禁止規範は、古典的リベラリズムの荘厳な伝統と限界とを全身にまとって生を享けたというわけである。

しかし一九七〇年代に本格的に顕現した巨大な女性運動の潮流は、フェミニズム／ジェンダー批評にいそしむ学問的営為と緊密に連携しながら、世界人権宣言を規範的に深化させる豊穣な差別／平等観念を醸成し、一九七九年に、その歴史的証として女性差別撤廃条約を地球社会に送り出すにいたった。この条約の出現は、だが、そこに託された専門性ゆえに、反面において、他の人権活動から女性問題を切り離し、女性の人権の「特殊化」という歓迎されざる事象を誘引する源にもなってしまった。

事態が再びの転換を見せたのは一九九〇年代に入ってからのことである。とくに、一九九三年の世界人権会議と、その二年後に招集された北京女性会議を起点に、「ジェンダーの主流化」が加速度的に推し進められていったことが想い起こされよう。武力紛争下におけるジェンダー化された暴力の犯罪化や私的領域における人権侵害の可視化などは、すべからく、九〇年代以降の国際社会にあってジェンダーの主流化を背景にはじめて実現されえたものにほかならない。

(2)　米州人権委員会の法実践から

今となっては四半世紀余を遡行せねばならなくなった夏の日々を、ワシントンD・C・にある米州人権委員会事務局でインターンとして過ごしたことがある。米州人権委員会とは、米州機構（OAS）という地域組織の一機関であって、米州人権宣言などにもとづいて、アメリカ大陸とカリブ海諸国における人権の擁護を任務にしているところである。人権侵害の被害者から寄せられる救済申立を処理する権限ももつ。この委員会は、世界の数ある国際人権機関のなかでもひときわ進歩的な姿勢を誇るものの一つだろうと私自身は思っているが、それだけに、内向きで硬直した法の現場に慣れ親しんだ身には、彼我の違いに嘆息の念すら覚えることも少なくない。

日本ではその法実践がほとんど知られていないので、この機会にその一端を紹介させてもらいたいのだが、米州人権委員会は、実は、ジェンダー主流化との関連でも、重要な貢献を積み重ねてきているところである。たとえば、同委員会が扱った救済申立事例の一つフェルナンデス事件（*Fernandez v. Brazil*, Report No.52/01（2001））は、国家責任法の法理をドメスティック・バイオレンス（DV）の事案に拡幅してみせた画期的な先例として、国際人権法史にその名を深く刻印されてしかるべきものであろう。十数年にわたって夫から被り続けていた激しい暴力に法執行機関と司法機関が適切に対応しなかったことを訴え出る妻からの申立てを受けて、同委員会は、事後的対応のみならず事前の防止を怠ったブラジルの国際義務違反を明瞭に認定してみせた。国が実効的な対応を怠ることで、暴力を是認する社会的環境が広がることを的確に批判した先駆的な判断であった。

時の流れを少しばかり早送りすると、同委員会は、二〇〇七年一〇月にも米国との関係で重要な判断を示している（*Jessica Gonzales v. United States*, Report No.52/07（2007））。発端となる事件はコロラド州で起きた。保護命令に違背して夫が三人の娘を連れ去ったと訴える妻からの通報に、警察は当初まったく耳をかさなかった。その後、姿を現した夫が銃器を使用するにおよんだことから、警察側は夫を射殺するにいたる。その際、夫のトラックから三人の娘たちの遺体が発見された。だが、妻（申立人 Jessica）のたびかさなる要請にもかかわらず、その死因は調査に付されることはなかった。

ＤＶが蔓延する米国では、すべての州で保護命令について定める法令が制定されている。コロラド州などには、保護命令の違反があったと思料される場合に逮捕を義務づける規定すらおかれている。Jessica は、そうした逮捕義務の懈怠があったことを理由に司法的救済を求め出た。この訴えはめぐりめぐって連邦最高裁にまで到達するのだが、結局二〇〇五年に退けられて終わる（*Town of Castle Rock v. Gonzales*, 545 U.S.748）。多数意見を記したスカリアは、コロラド州法は保護命令違反による逮捕を真に義務的なものとはしていないと述べるとともに、「保護命令の執行のようなあいまいで新奇なもの」から人格権の侵害は生じないという傲岸な認識も開陳した。この判断の背景に、個人を私人の暴力から保護する政府の役割にきわめて消極的な認識を見せる最高裁自体の先例（*DeShaney v. Winnebago County*, 489 U.S. 189（1989））が長い影を落としていたことはまぎれもない。

米州人権委員会への申立ては、ＤＶを放置し続ける米国法執行・司法機関の姿勢が、国際人権法の要請と相容れないことを強く批判するものであった。国は、私的領域における事象についても「相当の注意（due diligence）」をもってこれを規制し、もって人権侵害の防止・救済義務を負う。

国際法により明確に設定されたその義務が遵守されていないことを、Jessica は米州人権委員会に申し立てたのである。二〇〇七年一〇月に示された同委員会の判断は、この申立てが受理要件（民事訴訟でいう訴訟要件に相当するもの）を備えていると宣言し、委員会の審査が本案におよんでいくことを告げるものであった。このケースもまた、私的領域で生じる個別具体的なＤＶの事案が国際的な場で国際基準に基づいて裁定されうることを示す格好の事例の一つといえよう※（なお、暴力の被害から保護を受けられない者のなかには、人種、社会的出身、階層、国籍、在留資格といった諸要因を重ね合わせた複合差別の溝にはまっているものが多いことに留意しておく必要がある）。

(3) 「国際」と「国内」を結ぶ意味

ジェンダーの主流化がもたらした最大の功績の一つは、私的領域における暴力を国際法の関心事に取り込んだことにある。米州における展開はその一断面であり、同様の事象は国連や欧州などを舞台にさらなる広がりを見せている。こうした国際法の現状は、日本の法状況にも重要な示唆を与えてくれるものでもある。ここでは二点だけ指摘しておきたい。

まず第一に、ＤＶをはじめとするジェンダー関連諸問題への対応にあたり、国際法の果たす規範的役割はけっして小さなものではない、ということを確認する必要がある。国際法を直接に適用する道を探ることもさりながら、それ以上に、国内法の定立や解釈・適用、あるいは政策決定の場に国際機関の先進的果実を自覚的に取り入れていくことで、国内法制度の変革をいっそう強く推進していくことができるのではないか。国内法と国際法を二項対立的に分け隔てる必要はなく、両者は本来、相互に浸透しあうべきものである。ＤＶ問題に取り組む各地の専門家・当事者（集団）にとっても、正統性を担う国際法実践の存在は、なによりの勇気の源泉となるものであろう。

一九九〇年代に顕在化したジェンダーの主流化は、健常な大人の（白人）男性をモデルとした国際人権法のコンテクストを根底からつむぎなおす潮流を生み出している。社会権規約（経済的、社会的及び文化的権利に関する国際規約）の定める居住権についてみると、この権利は国際法にあっておそらく最も精緻な規範内容をもつもののひとつだろうが、その重要な一側面は、強制立退きから人を保護するところにある。ただこれまでの解釈では、立退きの脅威は「外部」からやってくるものとされ、「内部」にそうした脅威が巣食っていることには想像の射程がおよんでいなかった。また、強制立退きとは、文字通り人を住居から強引に引き離す行為とされ、人がそこを去らざるをえなくなる事態は関心の対象とはなっていなかった。

だが、ＤＶの場合には、安心して平穏に居住する機会を女性（被害者）たちから奪う最たる事態であるにもかかわらず、脅威は「外部」にではなくむしろ「内部」にある。また、強引に住居から引き離されるというよりも、なにをおいても住居を離れざるをえない状況が引き続くのが一般的である（一定の期間加害者を住居から退去させることがあるにしても、その後に住居を離れるのは被害者であるのが通例であろう）。住居をめぐって女性たちのおかれたこうした実情は、居住権規範の構築にあたりまったくといっていいほど視野に入っていなかった。国際人権法の閾下にある強固な男性中心主義のなせるわざというべきなのだろう。その批判的省察のうえに立って、ようやくとはいえ、居住権についてもジェンダーを深化させた規範内容の見直しが進められている。DVが居住権侵害の問題としても語られ始めているということである。

ことほどさように、ジェンダーの視座を導入することで、人権規範はその姿を大きく変えていかざるをえない。実際のところ、あらゆる国際人権規範が変容のさなかにあるといってもよいのかもしれない。こうした国際法の知的・実践的営為がもたらす規範的成果を国内の法行動に積極的に組み入れていくことに、私たちはもっと心を砕いてもよいのではないか。

第二に、先述したブラジルのケースにしても米国のケースにしても、国内の法制度を用いて事態を打開できないとき、最終的に国際機関への救済申立を可能とされていたことを見落としてはならない。米国政府は、その驕慢な文化相対主義的姿勢（少々乱暴に言ってしまえば、自分の国のことは自分の国が最もよく知っているのだから国際的な監視は不要という姿勢）により、国際人権保障システムに対してはこのうえなく懐疑的であり、個人通報制度と称される国際救済申立手続きについてもほぼすべてを拒絶してきている。そのなかにあって唯一米州システムだけは、米州人権委員会・同裁判所のはたらきにより、米国にも相応に適用される法状況が築かれてきた。だからこそ、Jessicaにしても米州人権委員会への訴えが可能だったわけである。

残念なことに、日本政府もまた、自由権規約や女性差別撤廃条約など主要人権条約に付置された個人通報制度をまったく受け入れてきていない。くわえて、日本の周辺には米州のような地域人権保障システムもない。そのため日本にあって被害者は、いずれの人権条約機関に対しても権利の回復を訴え出られない状況が続いている。先進工業国に分類される国家群のなかでこうした奇観を呈しているところはいまや日本だけといってよい。その一方で、人権条約機関の個人通報ファイルには、韓国などアジアの国ぐにを相手取った個人通報事例も間断なく堆積されている。そうした国際人権の情景を見るにつけ、日本のおかれた状況の著しいゆがみを感じずにはいられない。

もとより「ゆがみ」そのものが本源的問題なわけではない。事の本質は、たとえば女性差別撤廃条約の権利侵害を訴える回路が遮断されたままにあることで、女性たち（ひいては男性を含むすべての市民）が本来得られるべき救済を得られないままにおかれているというところにこそある。救済の回路が遮断され続けていることじたいが、人権（効果的な救済を受ける権利）の重大な侵害を構成しうるといってもよいのかもしれない。

国際法と国内法を規範的に連接させるとともに、個人通報制度を通じて個人と国際機関を直接に連結させることは、ジェンダー化された国内の法構造を揺さぶるうえでことのほか重要である。むろん、だからといって国際法を神格化するつもりなど毛頭ない。国際法にも濃厚なジェンダー構造がはびこっていることは、いささかでもまっとうな判断能力をもつ向きには否定しようがあるまい。にもかかわらず、国際機関の活動には自由なスペース（すき間）がかなり残っており、そこを効果的・戦略的に活用することで、期待以上の成果が偶有的にもたらされることが少なくない。それがひいては国内における営みにも直接・間接の波動となっておよんでくる。そのことに、もっと幅広い関心が寄せられてしかるべきではないかと思っている。

※二〇一一年七月二一日に、米州人権委員会は本案についての判断を示し、米国が「相当の注意」をもって行動することを怠り、非差別と法の前の平等な保護義務の違反を引き起こしたと認定した。

3　三つの認識ギャップ
――定期報告審査、「慰安婦」問題、個人通報制度

(1)　人権条約機関の報告審査はなんのためにあるのか

(a)　報告審査の制度設計

二〇〇六年に誕生した障害者権利条約と強制失踪条約を加え、主要人権条約は現時点で九つを数える。「国際」条約とはいえ、「人権」条約である以上、その実現の場は人間が生を営む各国の内にほかならない。締約国は、まずもって国内における営みを通して、条約義務の履行を求められている。

具体的にどのような措置をとるのかは第一義的には各国の判断に委ねられてはいるものの、もとより任せきりというわけではなく、各条約にはその実施状況を監視するため特別の国際的メカニズムも設けられている。九つの条約それぞれに設置された条約機関がそれにあたる。独立した専門家によって構成される条約機関は、締約国における条約義務の履行を、場合によっては強い勧告をも

発しながら後押ししていく任務を負う。

その条約機関が共通に行う監視活動の一つが定期報告審査である。主要人権条約の締約国は必ずこの制度に服さなくてはならない。女性差別撤廃条約（以下、ＣＥＤＡＷ）の場合もむろん例外ではなく、締約国は、最初は一年以内に、「その後は少なくとも四年ごと、更には委員会が要請するとき」に報告書を提出するものとされている（一八条）。

報告審査の要諦を一言で表現すれば、「建設的対話 constructive dialogue」ということに尽きよう。審査は、締約国による報告書の作成・提出と、条約機関からの事前の質問票送付、そして締約国代表団を迎えての口頭での質疑、と進行していくのだが、「建設的対話」という語には、審査過程が当事者対抗的でも責任追求型でもないという含意が込められている。条約機関が担うのは締約国による条約の実施を促すことであって、細部に分け入り違反の認定を行うことがその眼目なわけではない。

報告審査は、条約をよりよく実現するためのいってみれば協働作業の場であり、締約国には、その機会をとらえて、国内レベルでの包括的な検証と必要な政策立案が期待されている。条約が保護しようとするのは人権（女性に対する差別の撤廃）であり、締約国の主権的利益ではないことをなにより念頭においておく必要がある。

(b) 日本の報告審査の実情

定期報告の義務を課せられているのは「国」であり、この義務をどう履行するのかはそれぞれの国が決すべきことである。各国のこれまでの実務を見るに、（中央）政府が自ら報告書を作成するのが通例とはいえるが、厳密にいえば、なにも政府がその任にあたらなければならないわけでもない。また、政府が報告書を作成するにしても、その業務をどの部署が担うのか、市民社会・NGOとの提携をどうするか、などについて、叡智を働かせるべきところは少なくない。

日本の場合には、外務省人権人道課が報告書作成作業の中心になるのが一般的だが、CEDAWの場合には内閣府男女共同参画局がその役を担っている。条約の内容は多岐にわたるので、関連事項に関して各省庁から寄せられた文書を一つに統合して報告書ができあがる。口頭審査時のやりとりにおいてそうであるように、差別の定義・セクシャルハラスメントなどについて厚生労働省、民法など諸法やDV法の実施状況、裁判官研修等について法務省、教育について文部科学省、慰安婦問題や選択議定書の批准について外務省、というように複数の省庁がそれぞれの所管の範囲で報告審査の責務を担い、それを内閣府が取りまとめる形になっている。

寄せ集めのようであり寄木細工のようにも見える日本の報告審査過程に横たわる問題の一つは、多くの部分が「建設的対話」の趣旨から逸脱した一方通行的な色合いによって覆われていることにある。CEDAW委員会の一般的勧告なども参照しながら、条約の関連規定をどう解釈し、どう実施しているか、といった視点で文書を作成し口頭で発言すれば、条約機関の側もこれに正面から応答でき、結果として議論も建設的に進んでいくのだが、日本政府は、国内の法制や政策の正当化にいそしむこととしきりで、弁明あるいは防御と評されても仕方ない営みに終始してしまっている。国内の政治力学ゆえに発言の幅が狭められる事情もあるのだろうが、CEDAWの存在意義をどう捉えているのか、という「建設的対話」をいざなう視座がどうにも前面に出てこない。総括所見において、CEDAWを法的拘束力ある文書として認識せよという勧告すら受けてしまうのも、むべなるかなといったところである。

より根本的な次元でいえば、条約義務の履行に対する政府のミニマリスト的姿勢についても改めて問題視しなくてはなるまい。「条約法に関するウィーン条約」二六条が定めるように、条約は「誠実に」履行しなければならない。単なる履行ではなく、誠実な履行、すなわち、条約をよりよく実現するのに必要な能動的姿勢をとることが国際法上、求められている。その誠実さが、日本にあってはあらゆる国家機関（行政・司法・立法機関）の行為にどうにも欠けているきらいがある。条約義務は履行するにしても最低限のレベルで事足れりとする認識が、定期報告審査の場にあって「非建設的な弁明」の姿勢に現われ出てしまうのではないか。市民社会・NGOの実質的な関与を制度化する措置を含め、報告審査を実りあるものとするためには、この制度の本来的趣旨と日本政府の認識との間に広がるギャップをまずもって埋めることが不可欠である。

(2)「慰安婦」問題をどう把握するのか

(a) 強まる勧告内容

日本は、条約機関の総括所見において、前回の報告審査後に表明された懸念・勧告への取り組みが不十分であると指摘されることが少なくない。前回と何も変わっていないではないか、という批判の別表現でもあるのだが、ＣＥＤＡＷにあってもこの点は同様である。「慰安婦」（日本軍性奴隷制）問題はその典型といえる。

この問題については、「法的には解決済みだが、アジア女性基金を通じてさらなる活動に取り組んできた」とする政府の説明は変わらないものの、ＣＥＤＡＷ委員会による評価は確実に厳しさと具体性をましてきている。

まず、一九九四年の第二・三回定期報告一括審査後の最終コメント（paras. 633, 635）で、「委員会は、日本の報告が第二次世界大戦中の女性に対する性的搾取に関する問題を真剣に反映していないことにつき失望の意を表明し、日本政府に対して、戦争に関連する犯罪を取り扱うため具体的かつ効果的な措置をとることを推奨する」としていたが、二〇〇三年の第四・五回定期報告一括審査後には「『従軍慰安婦』の問題を最終的に解決するための方策を見出す努力を行うことを勧告」され（para.362）、さらに、二〇〇九年の第六回定期報告審査に際しては次のように指摘されるに至っている（paras.37, 38）。

委員会は、「慰安婦」の状況に対処するために締約国がいくつかの措置を講じたことに留意するが、第二次世界大戦中に被害者となった「慰安婦」の状況の恒久的な解決策が締約国において見出されていないことを遺憾に思い、学校の教科書からこの問題への言及が削除されていることに懸念を表明する。

委員会は、締約国が「慰安婦」の状況の恒久的な解決のための方策を見出す努力を早急に行うことへの勧告を改めて表明する。この取組には、被害者への賠償、加害者の訴追、及びこれらの犯罪に関する一般国民に対する教育が含まれる。

(b)　国際的文脈、知の体系の変容

周知のとおり、「慰安婦」問題は戦後補償の象徴とでもいうべきものであり、きわめて広範な国際的関心を集める重大事となっている。その先駆けとなったのは国際法律家委員会が現地調査を踏まえ一九九四年に公表した包括的な報告書であり、この後、「慰安婦」問題は日本の抱える最大の人権問題の一つとして国際的な場で連綿たる批判を浴びていくことになる。条約機関の反応も敏感で、CEDAW委員会以外にも、社会権規約委員会、拷問禁止委員会、自由権規約委員会が、定期報告審査の機会を捉えて日本に是正勧告を繰り返し発してきている。その内容が時を経るほどに明確さと鋭利さを増していることは条約機関共通である。

こうした一連の国際的反応の基調をなしているのは、「慰安婦」問題を女性に対する暴力、人身

売買・奴隷制の問題ととらえる視点にほかならない。国家中心主義に覆われた〈大きな物語〉の中にあって不可視のものとされていた女性に対する暴力の問題が知の体系の変容とともに国際制度の前面に躍り出たことにより、「慰安婦」問題を可視化する法的・政治的文脈が作り上げられたといってよい。別して言えば、第二次大戦期における性奴隷制は、現在から未来にかけて構築しようとする女性に対する暴力（人身売買・性奴隷制）なき世界のために、優先的に対峙すべき事項（あるいは、想起すべき過去）としての位置づけを与えられたのであり、そうした認識が深く共有されるがゆえに国際的な是正勧告が絶えざるものとなってきたわけである。

これにもう一つ抜きがたく膚接しているのが、〈謝罪の時代〉の潮流である。二〇〇一年の反人種主義世界会議において採択されたダーバン宣言に現われているように、過去の克服を求める潮流はいまやグローバルな位相をもって顕現するようになっている。マイノリティ・先住民族の権利回復を謳う国際規範文書の成立を見るまでもなく、歴史的不正義に正対すべき要請は国際法の世界にあって確実に規範的重みを増している。実に、過去の克服は二一世紀の国際秩序の在り方を左右する根源的な課題として現前しているといってよく、「慰安婦」問題は、そうしたグローバルな潮流に連なりながら、その牽引役として〈謝罪の時代〉を彩ってきてもいるのである。

だが日本では、二〇〇七年四月二七日の最高裁判決が端的に映すように、謝罪の時代に連なる女性に対する暴力の認識枠組みは、依然として政策決定エリートたちの頑強な旧来型認識枠組みを崩すまでには至っていない。極東国際軍事裁判とサンフランシスコ平和条約（の枠組み）からなる

〈大きな物語〉への異議申し立ては、エリートが構築した維持すべき秩序にとってのノイズであり、混乱を招く因子にほかならない。被害者からの訴えを「平和条約締結時には予測困難な課題な負担を負わせ、混乱を生じさせることになるおそれがあり、平和条約の目的達成の妨げとなる」と最高裁が断じた箇所には、この国の政府が優先的に守ろうとしているものの実相が如実に表象されている。それは、CEDAW委員会の総括所見に浸出した不正義の是正を求める国際的潮流とはあまりにかけ離れたものである。その懸隔を埋めるためのさらなる働きかけが強く求められるゆえんである。

(3)　個人通報制度をめぐって

(a)　概　観

条約上の権利を侵害されたと主張する個人が直接に条約機関に救済を申し立て、権利の回復をはかる個人通報制度は、現時点にあって子どもの権利条約を除くすべての主要人権条約に附置されている。ただし、定期報告とは違って、個人通報制度の受諾は選択的である。受け入れるか受け入れないかについて、各国は別途判断できるというわけである。日本はこれまで、条約機関の勧奨に抗して、いずれの個人通報制度も受け入れてきていない。

この制度を受け入れるには二つの方式があり、選択議定書を締結するか受諾宣言を行うことになる。人種差別撤廃条約や拷問禁止条約が後者の方式をとる一方で、CEDAWは自由権規約などともに前者の方式を採用している。もとより選択議定書といえども条約であることには変わりなく、その締結には国会の承認が必要になる（他方で、受諾宣言は条約の締結ではないので、行政府の判断で行うことができるものと解される）。

日本政府が個人通報制度を受け入れない理由は踏跟と変遷してきたが、近年は執拗なまでに司法権の独立が強調されてきた。「憲法によって司法権の独立が保障されているが、その中核は、外部の干渉から独立した裁判官が法と良心のみに従って具体的な事件について判断を下すことである。ある特定の事案について、国連の条約に基づいて設置された委員会が具体的な見解を下すことになると、裁判官の自由な審理、判断等に影響を及ぼすおそれがある」（一九九九年六月衆議院内閣委員会での政府委員の答弁）というわけである。

しかしながら、司法権の独立を前面に掲げて個人通報制度を拒絶し続けている国はほかに見当たらず、なにより、独立した司法を有する多くの国がすでに個人通報を受け入れている厳然たる事実がある。司法権の独立を損うから、という理由は理屈の上からも実務的にもあまりに空疎に過ぎ、個人通報に付されかねぬ重大な人権問題が残されていることへの危惧が受諾への真の障害になってきたのではないかという疑いすら増幅させずにはいない。

(b)　個人通報制度の効能

個人通報制度には、人権の実現を促すいくつかの効果が期待できる。なによりそれは、人権侵害の被害者に新たな法的救済の回路を提供するものである。国際人権法上、すべての者は効果的な救済を受ける権利を有しており、個人通報制度はこの権利の拡充に資するものにほかならない。また、それは、国際法（人権条約）が法廷においてまっとうに取り扱われる契機を構築することにもつながる。日本における法学教育や法曹養成教育は国内法を中心とするだけでなく、ありていにいってしまえば統治者中心思考に呪縛されてきた観がある。個人通報制度は、法が多元的であり、法の解釈も多様でありうることを法曹に感得させ、人権条約を裁判において正当に解釈してもらう契機に転じていくに違いあるまい。

これにさらに付言するに、この制度の受諾は、日本が「国際社会の一部」であることを私たち市民に実感させる好個の機会ともなるのではないか。日常生活を営む身近な場こそが国際社会なのだ、という感覚を味わえるようになっていこう。CEDAW委員会は調査制度というもう一つの有意な手続きも備えた選択議定書の批准を引き続き検討するよう日本に勧告している。国際人権保障システムに積極的に関わっていくためにも、そろそろ、選択議定書を批准するかどうか、ではなく、どう実施すべきか、という次元に議論を移行させていくべきときがきているのではないか。

(4)　提　言──ギャップを埋める

以上三つの課題に係るCEDAW委員会と日本政府の間の認識ギャップを埋めるためのいくつかの提言をもって小論を終えることにしたい。

第一に定期報告審査についてだが、報告書作成過程を真に開かれたものにする必要がある。最も重視すべきは国益でも省益でもなく、人間の利益だということを改めて確認し、「建設的対話」に従事できる体制を整備していかなくてはならない。そのためには、報告審査過程に男女共同参画推進本部、男女共同参画会議の実質的な関与が求められるだろうし、さらに、国会のなかに国際人権問題担当の委員会を設置して、国際人権法にかかわる精確な情報収集と、国内実施に必要な政治的意思を制度化していく方策も考えられる。同委員会に、報告書の作成から勧告の実施にいたる報告審査過程全般を精査する責務を担わせることも有効なのではないか。

第二に「慰安婦」問題については、「敗訴」に終わっている日本国内の裁判においても、「慰安婦」制度が国際法に違反し、人間の尊厳を損なう重大な人権侵害にあたる旨は確認されている。別して言えば、日本が国際違法行為を犯したこと、したがって国家責任を発生させていることは裁判所でもすでに確認されているのである（ただし、手続き的な理由で原告の請求は認容されないのだが）。発生させた国家責任は解除しなくてはならないが、その方法は国際法自体によって具体的に指示されており、それらは、実のところ、CEDAW委員会を始めとする国際機関が何度となく求めてきたものにほかならない。すなわち、賠償、陳謝、責任者の訴追・教育、真相究明といった事柄である。

なすべきことの道筋はこうして明らかにされており、あとは、それを具現化するための政治的意思をどう醸成できるかにかかっているといって過言でない。この点に関連してすでにいくつかの法案が作成されてもいるが、国会内に国際人権問題委員会を設置できれば、そこを起点に政治的な流れをさらに大きくしていくことも可能であろう。

第三に個人通報制度だが、その受諾は民主党の政権公約だったのであり、粛々と実現すべき、という以外にない。一九七九年に自由権規約選択議定書締結に向けて積極的に検討する旨の政治的意思が表明されて以来三〇年以上が経っているが、行政官僚主導の検討作業では、どうしてもその歴史的重みが制度的に蓄積されにくいところがあり、その意味で本来は、十分な情報収集・分析能力を備えた制度的支援を得て、政治が指導力を発揮すべきところではあった。この制度の受諾にはもう十分過ぎるほどの時が経過していることを忘れてはなるまい。

なお、ＣＥＤＡＷ委員会を含む人権諸条約機関は、日本に対して真に独立した国内人権機関を設置するよう繰り返し勧告している。国際人権法の国内実施を視野に入れた国内人権機関の存在が、上記三つの課題の克服に向けて小さからぬ役割を果たしうることはむろんいうまでもないことである。

II

難民・無国籍者・外国人へのまなざし

4　「難民」をみる視点

(1)　「難民」を考えるにあたって

難民条約への加入に伴い、日本に初めて難民認定手続が導入されたのは一九八二年のことである。以来二〇年余が経過した昨年末までに、二七二五件の難民申請があり、そのなかで三〇五人が難民として認められた（このほか、インドシナ難民が特別枠で受入れられている）。広く報道されているとおり、日本の難民認定数は先進国のなかでケタ外れに少ない。過去一〇年の実績をみると、英米仏、オランダ、カナダ、オーストラリアなどに遥かに及ばないどころか、ルクセンブルクやマルタといった国にまで大きく水をあけられている。

もっとも、グローバルな視点でみると、けっして先進国が難民に寛容なわけではない。難民のほぼすべては「南」のなかで生じているが、その圧倒的多数に保護を与えているのも「南」の国々なのだ。「北」で保護を与えられる者は、難民全体の三割程度にすぎない。統計的にいえば、世界で最も難民に寛容なのは、カナダでも米国でもなく、パキスタンやイランである。とくにイランは、米政府によって「悪の枢軸」に指定されているにもかかわらず。中東きっての民主国家として、難民の受入れには実に寛容な姿勢をみせてきた。

総じて先進国自体が難民にますます不寛容になっており、そのような国々と比較しても日本は群を抜いて難民に冷淡だという実態がある。それでも一向にかまわないという向きもあるだろうが、歴史の経験が示すとおり、難民に不寛容な社会は自国民にも不寛容になりがちなものだ。いや、人間そのものに対して不寛容になるといってよい。そんな社会に生きたいのかどうか、そのことを考えてみる必要がある。難民について考えることは国内・国際社会の在り方について考えることであり、ひいては、自分自身の生き方を見つめ直すことでもある。

(2) 難民の受入れ――人道の仮面

平等な主権国家を基本単位とする国際システムは、私たち一人ひとりがどこかの国と結びついていることを前提に設計されている。個人の側からすれば、国家と結びつくことでさまざまな利益を約束され、他方で国家（政府）は、自国の国籍をもつ人々を保護する責任を負うことで自らが依拠するシステムの安定化に寄与するわけである。

本国との結びつき＝信頼関係を強制的に断たれたとき、人は難民となる。こうした人々の存在は、人と国家との結合を前提にしたシステムの実効性と正統性を根底から揺るがしかねず、したがってそれは、「解決」を要する「問題」として対処されることになる。言い換えれば、難民問題とは、国家との結びつきを求める国際システムの在り方に起因する問題なのであって、なにも難民となった人間個人が問題の元凶なわけではない。この点を誤解してはならない。少々乱暴にいってしまえば、人と国家との結びつきを要求しないシステムができれば、難民問題など生じないのである。

難民の概念を国際法上定式化しているのは一九五一年の難民条約である。崇高な人道の概念をかかげる同条約は、第一条A⑵で難民を大要次のように定義している。

難民とは、人種、宗教、国籍若しくは特定の社会集団の構成員であること又は政治的意見を理由に迫害を受けるおそれがあるという十分に理由のある恐怖を有するために、国籍国（常居所国）の外にいる者であって、その国籍国の保護を受けることができないか、その保護を望まないもの。

この定義は（政治）亡命者という言葉のイメージに重なり合うもののように思えるが、法令上の用語として日本で使用されているのは「難民」という語であることは知っておいてよい。

難民が本国との関係を断たれた者であるとすれば、問題の解決に必要なのは、断たれてしまった関係を別途再構築することにほかならない。難民条約は難民問題解決のために作成された条約なのだから、そうした関係性の修復を明文で規定していてもよさそうなものである。だがこの条約は、問題のありかを指し示しながら、解決に至る道筋は整備しなかった。条約は、国家主権や国境管理権限への強い配慮から、締約国に難民の入国・在留を認める義務までは課さず、しかも、保護の対象となる者を確定する手続（難民認定手続）の設置・態様について全面的に締約国に委ね、条約の遵守をうながす国際的監視メカニズムも付置しなかった。この条約が要求しているのは、せいぜい、迫害のおそれのある国に難民を送り返してはならないというノン・ルフールマン原則の遵守にとどまる。そのため、本国への送還を免れながら、安定した在留を保障されない。「宙ぶらりん」の難民が数多く発生するようにもなってしまった。

一般に、難民問題に解決、つまり失われた関係の再構築には三つの方途があるとされる。①本国帰還、②避難国での定住、そして③第三国での再定住である。このうち本国帰還は、冷戦が終結するまでの間、最も望ましい解決策と喧伝されながらも、現実には採用されえぬ選択肢であった。難民条約を生み出した西側先進諸国は、ソ連・東欧圏を逃れ出てきた者を「難民」として保護することにより、共産主義体制の劣性を浮き彫りにしようとした。そのため、共産主義体制が変わらないかぎり難民を帰還させるという選択肢はありえなかったのである。またそこには、傲慢なまでの人道主義の発現もみられた。先進的な西側諸国で生活することが人間にとって最高の幸せに違いない、という「善意」溢れる欧米中心的人道主義である。難民の受入れは、一見すると寛容な態度の現われのように見えながら、実際には、冷戦という政治構造や欧米中心主義の影響を濃厚に受けてもいた。

難民のなかには、「南」で避難を余儀なくされた者も大勢いた。ところが難民条約の解決を主導していた欧米の法律家たちは、ソ連・東欧出身の大人の男性を難民のモデルとして想定していたことから、南のなかで大量に発生する難民集団を条約の適用対象から除外してしまった。こうした法操作の在り方こそが欧米中心思考そのものといってよいのだが、ともかくもそうした認識が広められたこともあって、アフリカやラテンアメリカでは、難民条約とは別に地域独自の難民文書が作られることになった。一九六九年のアフリカ難民条約や一九八四年のカルタヘナ宣言がそうである。これらの文書では、迫害の有無にこだわることなく、難民と認められるには内戦などによって移動を余儀なくされた事情があればそれだけでよいとされた（こうした寛大な難民概念は、欧米ではけっして採用されることはなかった）。

難民集団として最大規模を誇りながら、一貫して忘却の彼方におかれてきたのはパレスチナ難民である。イスラエル建国の正統性を揺さぶるパレスチナ難民の存在は、アラブ諸国にとって強力な外交カードであり、彼ら・彼女たちにはそのまま難民でいてもらわなければならなかった。そのために設立されたのが国連パレスチナ難民救済事業機関（ＵＮＲＷＡ）である。パレスチナ難民は難民条約の適用を受けず、国連難民高等弁務官事務所（ＵＮＨＣＲ）の活動対象にもされなかった。パレスチナ難民の生活はＵＮＲＷＡによって支えられることになったのだが、この機関はＵＮＨＣＲと違い、難民問題の「解決」は図らず、難民に法的保護を与える権限も付与されなかった。その活動は、もっぱら救済に限定された。救済それ自体の重要性について異論を唱えるつもりは毛頭ないが、ただそれによってパレスチナ難民の永続化が図られ、その政治的利用が可能になったことも見過ごしてはならないところである。

(3) 難民の封じ込め

冷戦期、西側にたどりついた難民は、とくに共産国出身者である場合、本国に戻されることはまずなかった。難民は国際連帯の名のもとに西側諸国の間で「寛大に」受け入れられていたのだが、こうした事態を「亡命偏重」と批判する論調が、冷戦の終わる一九八〇年代末から急速に広まっていった——難民を受け入れるだけでは、難民発生国の責任を不問に付すことになってしまう。重要なことは難民を生み出す原因を除去することであり、そのために国際社会は難民発生国の内部に介入していかなくてはならない。人権の観点からみれば、難民になることは、本国に居住する権利を奪われることであり、また、自国に戻る権利を侵害されることでもある。難民問題には、事後手当てではなく、事前防止をもってあたることがなにより肝要なのであって、いったん難民化した場合でも、その解決は、これまでのようにまったく見知らぬ地への定住を通じてではなく、住み慣れた本国への帰還を通じて達成されなくてはならない。それが難民にとって最良の選択である——。このように説かれた。

こうした議論に通底していたのは「難民の人権」への関心であったのだが、人権の要請をつきつめていけば、本国の外にいるかどうかはさほど重要ではなくなる。現に、国境の内側にも難民と同じような状態におかれた人々が多数存在している。それなのに、国外にいるというだけで保護が与えられるのでは、難民をことさら特権化することにならないか、といった疑問が呈されるようにもなった。こうして浮上してきたのだが、「国内避難民」という概念である。一九九〇年代には、国連において、国境を越えていないものの難民に類似した状況にある人びとを国内避難民と類型化し、その保護のために国際社会が介入していくべきであるという議論が広められていった。難民の保護は国境を越えた時点で開始されるものであったため、難民法制もまた「国籍国の外にいること」という条件を所与の前提ととらえていた。そこのところに根本的な変革を迫る潮流が大きくなったのである。

「介入」志向の新たな潮流は、人権の理念を国境の壁を突き破って増幅させるものとして、無条件に歓迎すべきもののように思われるかもしれない。だがこの潮流を真っ先に歓迎したのは、難民擁護に携わる人々ではなく、先進国の政策決定エリートであった。冷戦の終結は難民法制のイデオロギー的基盤を一夜にして消失させた。西側諸国にとってみれば、難民受入れにはもはや政治的価値がなくなってしまったのである。実務的にも、東欧諸国の国境が開放されたことにより、西側への庇護申請は飛躍的に増加し、すでに八〇年代から増えていた南からの庇護申請とあわせて、欧米先進国の難民認定手続にはこれまでにない負担がのしかかっていた。むろんそれは、南の国々の負担には比べようもないほど小さなものではあったが、それでも、欧米諸国にしてみれば、増加一方の庇護申請が自国の国境を侵食しかねぬ重大な脅威と感じられたのである。

こうした事態への対応として、欧米諸国は相互に連携して抑止・排除政策をとり始めた。査証要件の賦課、パスポートコントロールの強化、庇護申請者を運んできた機関への制裁金の賦課、難民概念の厳格な解釈（証言に一貫性を要求することや、非国家行為体による人権侵害は迫害にあたらないという解釈など）、庇護申請者の収容といった諸措置がたちまちにしてとられた。「安全な（第三）国」に指定された国からやってきた者には、庇護申請の機会すら与えられなくなった。フランスでは空港に「国際区域」が設けられ、そこはフランス領域ではないという法的フィクションがほどこされた。その一方で米国政府は、公海上でボートピープルを追い返すというあらかさまな手段をとり、オーストラリアはきわめて過酷な条件のもとで庇護申請者を収容する施策をとってはばからなくなった。概して、冷戦終結後に欧米諸国にたどりついた庇護申請者は、これまでのように真正な難民ではなく、その多くは濫用者であり犯罪者・テロリストであるという心象が拡散されていった。冷戦終結前後において庇護申請者に質的変化があったことを示すまともな実証的研究は、何一つなかったにもかかわらず……。

難民政策を劇的に転換させようとしていた欧米の政策決定エリートにとって、新たな知の潮流はこのうえない「援軍」であった。「事前防止と本国帰還が難民にとって最良の選択なのだ」という言説が繰り返されるほどに、難民を押し戻そうとする先進国の政策に正当性の外観が備わっていったのである。難民の人権を前面にかざす新たな潮流は、その学問的動機がいかなるものであれ、現実の世界では、難民の抑止・排除、もっといえば、封じ込めのために利用されることになってしまったといって過言ではない。換言すれば、この一〇年余りの間、私たちが目撃してきたのは、「亡命偏重」から「難民の封じ込め」へと北の難民政策が転換され、しかもそれが「難民の人権」

の名のもとに正当化されるという事態であった。難民が難民になれない、あるいは、南の難民を北から遠ざける政策が人権という名辞によって推進される、なんとも皮肉な事態であった。（もとより、ここでいう「人権」には、先進国にたどり着いた難民・庇護申請者の人権は含まれていない。）

封じ込め政策は、九・一一の事件を機にさらに加速していることはいうまでもない。にもかかわらず、難民化をうながす状況圧力は依然としてなくなっていない。なんとしても国外に逃れなくてはならない人たちは南の中に数多く存在している。そんな彼ら・彼女たちが最後の望みを託しているのは、大使館や領事館といった在外公館への駆け込みであり、密入国や人身売買ルートの利用である。後者の手段はどちらも国際犯罪組織がかかわるため混同されがちだが、いくつかの点で大きく異なることに留意しておくべきだろう。密入国ルートを用いるのは主に男性であり、その目的は国境を越えるところにある。それに対して人身売買ルートに乗るのは女性が多く、しかもそれは国境を越えて終わりというわけではない。必ずといっていいほど（性的）搾取がその後に待ち受けている。密入国や人身売買は、難民封じ込め政策の強化と対になって増加してきている。難民を眼前から消し去ろうとする先進国の政策が人間の悲劇を呼び込んでいる。

(4)　難民の声をつなぐ国際人権保障システムの可能性

難民問題は、一貫して国家の国境管理権限あるいは先進国の政治的利害に即して構築されてきた。国家主権を守るための仕掛けが幾重にもはりめぐらされている難民条約の構造が、そもそもそれを可能にするものであったといってよい。難民条約の崇高な理念は、先進国の政治的利害の前に沈黙を強いられてきたに等しい。だが、この条約は今やかつてのように孤立した存在ではなくなっていることを忘れてはならない。同条約の理念を支える国際法規が、人権法や人道法分野において重層的に積み重ねられてきているのである。特に、国際人権法の発展が危機に瀕する難民条約の理念に新たな息吹を注入し始めていることは注目に値する。国際人権法との連動こそ、難民封じ込めの力学にあらがう最も効果的な戦略なのかもしれない。それはまた、これまで「他者」の扱いを甘受する以外になかった真の当事者、難民自身の声を公共の場につなぐ法的回路を提供しうるものでもある。

国際人権法の最大の強みは、国際的な履行監視の仕組みが存在することであり、しかもそこで奇跡的なほどリベラルな法解釈が展開されていることである。普遍的、地域的人権保障システムの連動・相互浸透を通じ、国際人権の水準は間断なく高められてきている。国際人権法はあらゆる人間の保護を目的としている。難民・庇護申請者もそのなかに入るのであり、そうである以上、その生命・自由を脅かす封じ込め政策も、当然に国際人権保障システムの精査を免れられないことになる。

こうして、庇護申請を拒絶するために自国領域の一部を切り取ろうとするフランスの政策は、欧州人権裁判所から厳しい批判を受けることになった（Amuur v. France, 1996–III Eur. Ct. H. R. 826）。「国際区域」と銘打とうと、空港を国家の管轄外におくことはできず、したがって難民条約と欧州人権条約の適用を回避できないことが確認されたのである。運送業者への制裁金の賦課については、「国を離れる権利」などに照らし、自由権規約（市民的及び政治的権利に関する国際規約）委員会あるいは人種差別撤廃委員会から懸念が表明されることになった。拷問禁止委員会も、拷問を受ける危険性のある国への送還禁止を何度となく求めるだけでなく、拷問の被害者と心的外傷後ストレス障害（ＰＴＳＤ）との関連性につき、「証言に一貫性がないからといって庇護申請の真実性に疑いをはさむべきではない」（Communication 34/1995, 9 May 1997）という認識を示し、専断的な難民認定の在り方を戒めている。非国家行為体による人権侵害についても、そうした人権侵害を防げぬ国への追放は許されないと欧州人権裁判所が判示するようになった（Ahmed v. Austria, 1996–IV Eur. Ct. H. R. 2195）。また、庇護申請者の処遇の劣化については、社会権規約（経済的、社会的及び文化的権利に関する国際規約）委員会や人種差別撤廃委員会などが深く憂慮しているところである。

経済のグローバル化の進行により貧富の差が拡大し、世界的に社会分裂の芽が大きくなっている。人間は平等でないという主張すら公然と聞かれるようになってきた。社会的に弱い立場におかれた者がますます疎外され、暴力の被害を受けることも少なくない。北の先進国にやってくる難民・庇護申請者は、そのほぼすべてが南（あるいはかつての東）の出身者であることも手伝って、そうした社会的不正義の被害をいっそう受けやすい。それだけに、人権条約機関はその処遇にますます強い関心を寄せている。難民・庇護申請者の処遇は、国際人権保障システムにとって最も緊要な課題の一つになっているといってよいかもしれない。そこに、難民条約の理念を再生させる活路が見出される。

国際人権法との連動は、難民概念の再構成作業を通じても行われている。迫害という要素を世界人権宣言や国際人権規約、子どもの権利条約、女性差別撤廃条約、拷問禁止条約などを用いて明確化する営みがそうである。これによって、難民認定過程から政治性や恣意性を排除することが可能になる。人身売買の増大により女性たちが北に強制的に移動させられていることについて先にふれたが、彼女たちは、北では「不法滞在者」として強制退去の対象になり、犯罪者扱いすらされている。だが本国に送り戻されるなら、そこに待ち受けているのは組織犯罪集団による重大な人権侵害＝迫害であるかもしれない。そこでも、彼女たちの安全を確保する法論理を提供できるのは国際人権法（女性や子どもの人権を保障する諸条約）なのである。難民封じ込め政策にあらがい、閉ざされつつある庇護の門をこじあける起動力として、国際人権法は今後も大きな役割を担っていくに違いあるまい。

むろん、国際人権法といえども万能なわけではない。人権諸条約が、それだけで難民封じ込め政策を反転させられる保証はない。より根本的には、難民とどう接するのかという社会の在り方こそが問われることは冒頭で述べたとおりである。加えていえば、難民を生み出す不均衡な国際政治・経済構造をどうするのかということもあらためて問い直さなくてはならない。難民の（ほぼ）すべてが南で生じ続けているという事実を、北の私たちはどう考えればいいのか。不均衡な国際構造を固定し、深化させる先進国主導の国際法制度（特に、経済、安全保障領域）の在り方をどうすればいいのか。そうした根源的な問いに向き合わなくてはならない。

こうした問いへの解は簡単にみつかるものではないが、ただ、難民の姿を先進国の眼前から消し去ろうとする政策が、南の国々にとって、そして難民自身にとって、あまりに不条理なものであることは容易に想像がつこう。なによりそれは、政策として成功することはあるまい。「生命を賭して、自らが緊縛されていた土地から逃れてくる人々の『拒絶の意志』と、そのダイナミックなエネルギーを統制しきることは、いかなる権力によっても不可能」だからである（稲場雅紀「難民たちの『拒絶の意志』は誰にも止められない」現代思想三〇巻一三号（二〇〇二年）一五三頁）。難民問題に向き合うにあたって、私たちは、少なくともその認識だけは欠かさないようにしたいものである。

5　難民問題に臨む

⑴　難民のイメージ

「難民鎖国」と揶揄されることも少なくないとはいえ、世界に冠たる平和憲法をもつ経済大国・日本に避難の地を求め来る人々の姿は絶えることがない。むろん、地球全体を見渡せばその数は極少といってよく、人道の見地からは、けっして誇りうる情景といえないことはもとよりである。日本社会における難民のイメージをやや乱暴に要約してしまえば、戦乱を逃れた外国の地にあって助けを待つかよわき集団、とでもいえようか。日本から遠く離れたところにいる人々であって、その境遇に照らし、私たちが手を差し伸べ助けてあげなくてはならないかわいそうな人たち、ということである。そうした心象に駆られる映像や写真などに接したことがある向きも少なくないだろう。

それはそれでけっして偽りを伝えているというわけではないのだが、ただこうしたイメージが膨らむほどに希薄化されてしまうのは、ほかならぬ日本にも難民がやってきているという事実であり、また、難民とは自らの意思をもって行動する主体的な存在でもあるという現実である。かわいそうな人々というイメージには、受け入れる場合には「負担」になる（つまりは、厄介者）という含意が込められていることはいうまでもない。

難民法制の研究のためカナダに長期滞在していたとき、私は多くの難民たちと出会ったが、そこで強くしたのは、右記のイメージと正反対の思いであった。特に、難民とは負担などではなく、むしろ受入れ社会を活性化させる源泉そのものであるという感に強く打たれたことを覚えている。年間二万人もの難民を迎え入れる世界に冠たる多民族国家カナダと単純に比較することはできないものの、日本にあってもその事情は本質的になんら変わるものではあるまい。

忘れてならないことに、日本にも、難民保護に強いコミットメントをもつ市民が存在する。そして、難民とともに、国境の固き扉をこじあける闘いを繰り広げてきている。権利は天から降ってくるのではなく勝ち取るものなのだ、という歴史的真実を体現するその様は、この国を難民鎖国然の状態から救い出すなによりの原動力にほかなるまい。もとよりその闘いは徒手空拳のそれではない。全能というわけではないけれど、「難民のマグナ・カルタ」というべき難民条約が希望の灯りをともし、閉ざされた国境の変革を促す法的拠り所となってきている。本稿では、その難民条約を基軸の一つに据え、日本と国際社会における難民問題の実相に迫ってみたい。

(2) インドシナ難民の受入れ

第二次世界大戦前から難民(政治亡命者)の受入れを散発的に行ってきた日本がその営みを制度化するに至ったのは一九八〇年代に入ってからのことである。直接のきっかけはインドシナ難民の発生であった。一九七〇年代中葉に、急速な社会主義化を嫌って大量の人間が海路あるいは陸路インドシナ諸国を逃れ出た。この地域に歴史的負債を負う米国など西側諸国は、近隣諸国への社会主義(共産主義)の拡散を怖れ、ただちにその受入れに乗り出すことになる。

当初、外国船舶に救助されたボート・ピープルの一時上陸にすら拒否反応を示すなど、冷淡としかいいようのない態度をとっていた日本も、「同盟国」米国からの度重なる外交的圧力を受け、一九七八年に閣議了解によってベトナム難民を受け入れることとなった。その数三名。無にも等しいその数は、だが、日本と難民との関係性を根本から変容させる無限の可能性を秘めてもいた。一九七九年からは定住枠を設定し、以後、漸増を続けたその枠は最終的には一万人にも達した。

こうして二〇〇五年末までに日本に定住を許可されたインドシナ難民の数は一一三一九名を記録するまでになっている。その実績は人道大国を標榜するどの国に対してもなんら怖じるものではない。なにより、難民の一時上陸すら拒んでいたことを思い起こせば、一万人強の受入れは劇的な政策変更の証にほかなるまい。称賛にすら値するその事実は、しかし奇妙にも、難民鎖国という歓迎されざるイメージの構築を阻止することにはならなかった。詳論する余裕はないが、その理由には次のようなものがあると思う。

第一に、日本政府の当初とっていた露骨なまでに冷淡な態度が残像のように事後の風景を支配し、加えて、定住枠の増加も漸進的、つまりは小出しの拡大であったため、受入れの対外的インパクトがきわめて小さなものにとどまってしまった。

第二に、インドシナ難民の定住は、日本社会の排他性を象徴する「単一民族神話」を揺るがすまでには至らず、それどころか、難民たちはむしろ社会への「同化」を促す圧力を受け、少なからぬ者が周縁化を余儀なくされてしまった。

第三に、「同化」の圧力が強く働いたにしても、インドシナ難民の受入れが日本社会にとってけっしてたやすい営みでなかったことは紛れもない。そうであればこそ、その貴重な経験を普遍化し、他の難民集団の受入れに転用してもよさそうなものではあった。けれども、コソボやルワンダから大量の難民が流出したときも、イラクの人々が懸命に助けを求めたときも、日本がその受入れに名乗りを上げることはついぞなかった。インドシナ難民の受入れはまるで政治的な例外とでもいわんばかりの本音がそこに透けて見えてしまった観がある。

第四に、難民条約の解釈適用が過度なまでに厳格で、そのゆえもあり条約難民の受入れが際立って貧弱な実情があげられる。実際のところ、この事由こそが、難民鎖国との批判を招き入れる最大の誘因になっているといって差し支えない。

(3)　難民条約への加入

日本が難民条約に加入したのは一九八一年のことである。インドシナ難民問題を機に、西側の一員として難民問題解決に向けた国際協力に携わる必要に迫られたためである。後述するとおり難民条約は難民議定書を伴っているが、両文書とも翌八二年に日本について効力を生じている。その国内的実施を実現する目的で、日本政府は出入国管理及び難民認定法（入管法）を整備し、同法は条約の発効に合わせ八二年一月一日をもって施行されることになった。入管法の眼目は、なんといっても難民条約を実施するために難民認定手続を新設したところにある。

インドシナ難民の受け入れが閣議了解という政治的判断により行われたのに対して、難民認定手続は出身国の制約なく難民を受け入れるための法制度を提供するものである。この手続の下で、難民条約上の難民（条約難民）かどうかが見極められ、その要件を充足していると判断された者が難民と認定される。難民と認定したからといって受入れまで義務づけられているわけではないが、他国がそうしているように、日本でも難民認定を受けた者は在留を認められる。

難民認定手続の設置は日本にとって前例のない画期的なことにほかならなかった。しかし、国境管理、つまりは、異質な者の排除を業務とする法務省入国管理局が難民認否の担当部署に指名され、しかも異議申出の処理も同じ入国管理局の手に委ねられたため、手続全体について当初からその有効性に根本的な疑義が呈されることになってしまった。手続の要として創設された難民調査官にしても、研修・訓練の不足もあってかその適格性に重大な疑念が生じ、さらには上陸後六〇日以内に申請を行わなければならないという時間的制限（六〇日ルール）が課せられたために、申請者が難民としての実体を備えているように見えながら、期限を徒過したことを理由に難民とは認定されないという異様な事態が続出した。行政機関の行状をチェックすべき裁判所も実質的にほとんど機能せず、こうして「難民鎖国」とのイメージが実像にもとづいて立ち上がり、漸次増幅されていった。

(4)　入管法の改正

「平成」の最初の九年間が特にそうであったように、難民認定件数が限りなくゼロに近い期間が続く中、制度改善への機運は一向に盛り上がる気配がなかった。ところが二〇〇二年、空気が一変する。中国・瀋陽の日本総領事館に駆け込んだ「北朝鮮」難民への日本側の対応が酷薄極まるとして各方面から非難が集中し、そこから一気に手続改正への流れが噴き出したのである。そして、「難民問題に関する専門部会」からの報告を受けた出入国管理政策懇談会の意見（二〇〇三年一二月）を下敷きに、二〇〇五年五月、難民認定手続に初めて手を入れた改正入管法が施行される運びとなった。

改正内容について見ると、悪名高き六〇日ルールが撤廃されるとともに、迫害を恐れる国から直接に来た者であって六か月以内に難民申請した者については仮滞在が許可され、認定後も当然に在留が認められるようになったことが目に留まる。だがおそらく最も大きな注目を集めたのは、異議申立過程に新たに「難民審査参与員」（参与員）が組み入れられた点であろう。独立性と透明性の欠如は日本の難民認定手続の抱える致命的な欠陥であったが、そこにいくばくかのメスが入ったのである。

新装成った手続のもと、異議申立てについての決定は、諮問機関として設置した参与員に意見を求め、これを尊重して行わなければならないこととなった。参与員という第三者の導入は透明性を高める歓迎すべき改善とも思えたが、しかしすべての制度がそうであるように、成否の肝は、結局は適切な人材がそこにきちんと配置されるかにかかる。この点で、参与員の選出実態については残念ながら大きな疑問符をつけざるをえない。現に、参与員の中に難民法の専門家を見つけ出すのは著しく困難である。それぞれの専門分野で高度の識見を有する人々が招集されていることについて疑いを差し挟むものではない。だがそのことと、参与員としての適性とは根本的に次元が異なることはここに改めて確認するまでもないだろう。

難民条約を誠実に履行し、難民問題の解決に向けて世界をリードしていこうとする政治的気概があまりに薄いところに根源的な問題があるように思えてならない。もっとも、以下に見るように、こうした後ろ向きの姿勢は今や日本特有のものとはいえなくなってもいるのだが。

(5) 難民条約の軌跡

難民条約は一九五一年七月二八日に生を享けた。二六カ国の参加があった外交交渉を経て、賛成二四、反対〇という票決結果をもって採択されたものである。この条約は第二次大戦後の欧州の難民状況を念頭において作成されたものにほかならない。欧州では当時、大戦の直接の影響を受けて四〇万人もの人々が再定住を待つ状態にあったうえに、共産圏から毎年、万単位で人間が流出する事態が生じ、その対処が喫緊の課題として浮上していた。

難民条約は難民を「人種、宗教、国籍若しくは特定の社会的集団の構成員であること又は政治的意見を理由に迫害を受けるおそれがあるという十分に理由のある恐怖を有するために」本国に戻れない者と定義した。端的にいってしまえば、共産圏を逃れ出た人々をモデルに、政治的理由で避難する者を難民と類型化したわけである。内戦・飢餓その他の蔓延する暴力的状況を逃れ出た人間集団を難民ととらえる意識は、少なくとも起草者たちは持っていなかったといってよい。

実際のところ当時南アジアには一千万人を超える難民がおり、事態の深刻さは欧州以上であった。にもかかわらず、起草過程を主導したフランスを始めとする欧米諸国は、他の地域における類似の状況には難民条約の適用がないと断言している。そのことを念押しするかのように、この条約には地理的制限と時間的制限が付加された。「一九五一年一月一日前」に「欧州で生じた事件の結果」として難民になった者、つまり共産圏を逃れ出て来た者だけを難民とすることが認められたのである。ちなみに日本は難民条約への参加を「欧州の事態を対象にしたものだから」という理由で長年にわたって拒んでいたのだが、その認識はあながち誤りではないといわなければならない。

ただ、種々の制約を内蔵していたとはいえ、国連難民高等弁務官事務所（ＵＮＨＣＲ）にその監督機能を託した難民条約は、迫害国向け追放送還を禁ずるノン・ルフールマン原則を中心に、難民に保障されるべき諸権利を包括的に規定する、まさに「難民のマグナ・カルタ」というにふさわしい外観を呈するものであった。一九六七年になると、発展途上国からの働きかけもあって難民議定書が作成され、これにより時間的制限が撤廃され、地理的制限も撤廃の方向が確認された。そして冷戦の終結により、それまで加入を拒否していた旧共産圏諸国が続々と難民条約に参入する。一九八一年には日本の加入もあって、難民条約体制はようやく普遍的な色彩を帯びていくのである。

(6)　難民条約を超えて

むろん、締約国が増えればそれですべてよし、というわけではない。発展途上国の中にはいまだに難民認定手続すら具備していないところが多く、ノン・ルフールマン原則をはじめとする難民条約の実施がまったくおぼつかない現実が出来している。先進工業国にしても、世界の難民集団のほんの一握りしか受入れていないにもかかわらず、「第三世界からの庇護申請の大波」という恐怖をあおり、難民を締め出す政策が公然ととられるに至っている。難民条約そのものを葬り去ろうとする政治的発言も聞かれるほどである。

先般（二〇〇八年）二月二六日に英国政府が発表した統計によれば、同国における二〇〇七年の難民申請は二〇〇六年より九％減り、一九九三年以来最低の水準を記録したという。その一方で、難民申請を棄却された者の退去強制数は一六％増加している。日本の実績に慣れ親しんだ向きには驚きかもしれないが、英国における二〇〇七年の難民申請は二万八〇〇〇件弱である。二〇〇二年に一〇万件の申請を受理して以降、申請数は減少を続け、現在の水準に至ったという。二月二七日のBBCニュースは「これはすばらしい成果だ」という内務相のコメントとともに、不認定後の退去強制数（一万八二三五人）について、目標値を下回ってしまったことへの批判も伝えている。難民申請者に対する政治的眼差しがいかに冷淡なものになっているのかをうかがわせていよう。

九・一一後に世界を覆った〈恐怖の文化〉は、難民をテロリストや犯罪者と同視する潮流を煽っている。先進国の安全を脅かすとして、国際社会では国境を越える非正規移動が撲滅の対象に指定されているが、難民にとってみれば非正規移動こそが国外避難の最も一般的な方法にほかならない。その方法に訴える扉が狭められるとなると、難民が難民になれなくなってしまう。世界の現状は、難民にはかつてないほど厳しいものになっているといってよい。

だが、こうした危機的状況こそ、問題の本質に踏み込んだ議論を後押しする好機なのかもしれない。その際、心しておくべきは、極端に不均衡な国際政治経済構造の影響を受けて、世界の難民人口の八割が発展途上国に集中しているという現実である。時間的・地理的制限が撤廃されたとはいえ、難民条約は欧米社会の難民像をモデルに据えているため、武力紛争や社会的混乱などを原因とすることが多い非欧米圏の難民問題の解決にはどうしても有効でないところがある。そのため、アフリカでは一九六九年にアフリカ難民条約が、ラテン・アメリカでは一九八四年にカルタヘナ宣言がそれぞれ採択され、地域の実情にあわせた広義の難民の定義が採用されるにいたっている。

アジアでもマレーシアやタイ、インドを始め多くの国が多数の難民を迎え入れているが、この地域には難民の保護・支援に向けた地域的取決めがなく、なにより、難民条約そのものに距離をおいている国も少なくない。法的議論を機械的に展開すれば、だからこそ難民条約の締結を促そうということになるのかもしれないが、この際、より根本的に、アジアにあって保護すべき難民とはいかなる人々なのかを現実に即して見つめ直すことが大切なのではないか。難民条約を真に普遍的な文書として活かすには、その締結と履行を「上から」強いるのではなく、難民という存在がそれぞれの社会にあってどのような実在として意識されているのかをまずもって精確に把握し、そのうえで難民条約との切り結び（あるいは断絶）に想到することが肝要なのではないかということである。

難民条約を聖域において、ひたすらその普及に力を尽くせば世界の難民問題の解決につながるわけではない。難民条約の枠からあふれ出る第三世界の難民群が世界の難民人口の圧倒的多数を占めている。難民条約の土台の上に立って、アジアを含む真に普遍的な難民法体系の構築に向けた知的実践を始めてもよいように思う。

(7) 難民保護のための闘い

二〇〇七年一一月二九日、カナダ連邦裁判所において画期的な判断が示された。人道大国で鳴るカナダにも難民排除の潮流は厳然と見て取れる。それを最もよく表わしているのが二〇〇四年に米国と締結した「安全な第三国協定」であろう。この協定により、米国を経由して到来した者は、カナダにおいて難民申請を行う資格を剝奪され、米国に押し戻されることになってしまった。これに強く反発したカナダ市民らは裁判に訴え、米国が安全な国ではないことの宣言を求めたのだが、なんとこの訴えを認容する司法判断が下ったのである。

多くの難民法の専門家から提出された意見を参考に、連邦裁判所は、米国の制度が難民条約と拷問禁止条約に違背する危険性を有しているとの判断を導いた。米国の庇護制度は国際難民法から見ていびつな要素を抱え込んでいるのだが、私にとって最も印象深かったのは、同国の設定している「一年ルール」を難民条約・拷問禁止条約に適合しないと裁判所が断じたことである。米国では庇護申請は入国後一年以内に行わなければならないとされている。これは日本にかつてあった六〇日ルールの拡大版といってよいが、迫害の度合いが強く精神的・肉体的ダメージが深い者ほどこうした期限は守りにくいのが実情である。その意味で、難民条約などとの両立性に根本的に疑義を呈した司法判断はきわめてまっとうと評せよう。

連邦裁は、米国の庇護制度の実態を詳細に検討し、同国が「安全な第三国」とは認められない以上、カナダはそうした国と「安全な第三国協定」を締結することは本来できないと明快に判示した。このように難民保護の環境確保に向けて司法の果たし得る役割はけっして小さなものではない。

日本でも二〇〇五年の入管法改正の背景に、司法の場における激しい闘いがあったことが想い起こされる。難民に該当する蓋然性がある者の収容を難民条約違反と明言した二〇〇一年一一月六日の東京地裁決定を皮切りに司法的営みがにわかに勢いづき、二〇〇三年四月九日には同じ東京地裁によって適正な難民認定を怠ったことを理由に損害賠償の支払いが命じられるという、以前であればおよそ考えられなかったような判決までが下されている。司法府全体が難民条約に好意的な姿勢をとっているとはいえないものの、絶えざる難民訴訟を通じ難民認定の水準が高められていることは紛れもない。精力的で献身的な市民・法曹の働きがあればこそである。

こうした市民的営みは、難民が極北の扱いにさらされている現状にあって、いっそうの輝きを放っている。日本の難民政策の礎を確固たるものとし、世界各地の難民問題の解決に有効な力を発揮できる知的・実践的土壌を私たちの間でしっかりと整備していきたいものである。

6　無国籍、人権、国際法

(1)　国際的関心の高まり

国籍とは、「個人が特定の国家の構成員である資格」であり、また、「個人を特定国家に所属せしめる法的紐帯」のことである。無国籍者は、こうして定義される国籍を欠いている状態にある者をいう。

主権国家を基本単位とする現在の国際システムは、私たち一人ひとりの人間がいずれかの国と法的に結びついていることを前提に設計されている。個人の側からすれば、国と結びつくことで様々な処遇を保障され、その一方で国の側は、自国の国籍をもつ人々を保護することによって自らが依拠するシステムの安定を促すことができる、というわけである。

どの国の保護も受けられない人々の出現は、こうしたシステムの実効性と正統性を根幹から揺るがしかねない事態であり、したがって「解決」を要する「問題」として対処されることになる。無国籍者は、難民とともにその代表的な存在にほかならない。

無国籍者の存在は、二〇世紀前半にヨーロッパで生じた事態を機に国際的な関心を集めるところとなった。とくに、一九一七年のロシア革命に際して国外に逃れ出た多くの人々が国籍を剝奪された事態はよく知られていよう。もっとも、当時、無国籍者と難民との区別ははっきりしていたわけでなく、その後も、第二次世界大戦を経て難民への関心が高まる一方で無国籍者への関心は低いままに推移した。国連難民高等弁務官事務所（ＵＮＨＣＲ）にしても、無国籍者の運命についてはほとんど関心を示さないままにあった。

事態が大きく転換したのは冷戦終結期の一九九〇年代にいたってからである。旧ユーゴスラビアやソ連の解体など、再びヨーロッパにおいて生じた事態をきっかけに、無国籍者をめぐる問題が世界的規模の安全保障・人道上の問題として捉えなおされていく。ヨーロッパの外にも、中東や東南アジアなど世界各地に多くの無国籍者がいることが再確認され、ＵＮＨＣＲの活動も相応の広がりを見せていくことになった。

ＵＮＨＣＲは一九八〇年代から帰還難民の国籍回復に向けた取り組みを手がけてはいたのだが、焦点はあくまで難民に当てられていた。それが、一九九〇年代以降、難民とは別の存在として無国籍者の問題が明確に位置づけられ、組織や人員の整備も、世紀をまたいで急速に進んでいった。こうして二〇〇一年に、ＵＮＨＣＲ内において無国籍問題への対応を統合する必要性を説く文書が作成されると、二〇〇五年には各国議員向けのハンドブック、さらに二〇〇九年には無国籍の防止・削減・保護の枠組みを示す文書が刊行され、二〇一〇年になると無国籍問題に対処するための詳細な戦略文書も公刊されるまでになった（いずれもＵＮＨＣＲのホームページからアクセスできる）。無国籍問題は、いまでは、ＵＮＨＣＲ内にあって優先的に処せられるべき課題となっており、その様には隔世の感がある。

ＵＮＨＣＲ以外にもＵＮＩＣＥＦなど人道援助機関や国連の人権擁護機関もそれぞれの任務に即して無国籍者問題への関心を示しており、政府レベルでも、ハンガリーやスペイン、フィリピンなどが新たな国内的仕組みを整えるようになっている。こうした事態の展開に大きな役割を果たしているのはＮＧＯである。なかでも、難民インターナショナル（Refugee International）、プラン・インターナショナル（Plan International）、オープン・ソサイエティ（Open Society）といった欧米系ＮＧＯの国際的指導力には際立ったものがある。その一方で、アフリカや東南アジア、中東、米州、ヨーロッパといった地域ごとに、あるいはそれぞれの国の中で無国籍問題に従事するＮＧＯ・ネットワークも数多く見られるようになった。日本でも無国籍ネットワークが立ち上げられた。

二〇〇九年末現在、ＵＮＨＣＲは約六六〇万人の無国籍者を関心対象に取り込んでいるが、世界全体における無国籍者の実数はなお定かでない。ＵＮＨＣＲは一二〇〇万という推計を出してはいるものの、国際的な関心の高まりにつれて、その数はさらに増していくのかもしれない。

(2) 無国籍の意味するもの

(a) 法律上の無国籍者と事実上の無国籍者

国際法における無国籍者の定義は、一九五四年の「無国籍者の地位に関する条約」(無国籍者条約)第一条一項に、次のように簡明に記されている。「『無国籍者』とは、その国の法律の適用によりいずれの国によっても国民と認められないものをいう」。この定義は、一九六一年の「無国籍の削減に関する条約」(無国籍削減条約)にもそのまま引き継がれている。

人は、出生の時点において、出生地国または父／母の国籍国の法令の適用により、自動的にその国の国民と認められるのが原則であるが、なんらかの事情のため、出生時にいずれの国籍も取得できない人がいる。また、自らの国籍を出生後に喪失し、新たな国籍を取得できないままの者もいる。こうした人々は、無国籍者条約の想定する典型的な無国籍者にほかならず、法律上の無国籍者(*de jure* stateless person/s)と称されるのが一般的である。

これに対して、法的にはいずれかの国籍を有しており、したがって法律上の無国籍者とはいえないものの、国民として享受しうるはずの保護・援助を国籍国から受けられない状態におかれている人もいる。こうした人たちは、実効的な国籍を欠く者として、事実上の無国籍者(*de facto* stateless person/s)と称されてきた(事実上の無国籍者は法的な意味ではどこかの国籍を有しているのだから無国籍者と呼ぶのはおかしいとして、「事実上の無国籍」という用法には疑問も唱えられている)。

現行の国際システムにあって、人は国籍を有していると推定される。そうすると、厳密にいえば、いずれの国籍も有していないことが示されないかぎり、人は法律上の無国籍者とは扱われないことになる。しかし、法律上の無国籍者とただちには断じられなくとも、関係国間の意見の不一致のため、国籍の有無が判然としないままにおかれている人は少なくない。国籍が判然としないのであれば、実効的な国籍を欠く状態にあることは否定できず、それゆえこうした人たちもまた無国籍状態にあることは疑いない。

このほか、出生届けの提出が行われないことにより、出生の時点で取得しているはずの国籍の確認ができないままにおかれている人や、人身売買のさなかに身分を証する文書を取り上げられ、身元の証明がまったくできない状態に陥り帰国できなくなってしまった人も同様である。

(b)　無国籍者はどうして生まれるのか

無国籍者はどのような原因によって生じるのか。ここでは、出生時と出生後に分けて、世界における無国籍発生要因を整理しておくことにする。

第一に出生時の無国籍だが、出生による国籍の取得については大別して生地主義と血統主義という二つの方式がある。父母の国籍のいかんにかかわらず子に出生地国の国籍を付与するのが前者であるのに対して、出生地国のいかんにかかわらず子に親と同じ国籍を付与するのが後者である。

いずれの方式を採用するのかは各国の裁量にゆだねられている。だがその結果として、たとえば血統主義国の領域で生地主義国の国民を親として生まれた子は、いずれの国の国籍も付与されないことにより無国籍者になってしまうおそれがある。親が無国籍である場合も同様である。血統主義国のなかには父系優先血統主義を採用しているところもあるが、その場合には、母が当該国の国籍を有していても、外国人父との婚外子として出生することで無国籍になる者も少なくない。

血統主義は血統に従って親の国籍の承継を可能とする方式だが、親が無国籍の場合には血統により承継されるのは無国籍にほかならず、そうなると、世代を越えた無国籍の連鎖が生じてしまう。こうして、無国籍の永続化を回避するためには生地主義のほうが好ましいという見解が公にされるようにもなっているのだが、しかし、生地主義の国においても無国籍者は世代を越えて再生産されることがある。出生という事実に加え、親が正規の在留資格をもっていることを国籍付与の付加的要件としている場合がそうである。

その場合、親が非正規滞在ということになると、子に出生地国の国籍は与えられない。非正規滞在の親が無国籍である場合には、子は出生地国の国籍を与えられないだけでなく、親と同じ非正規滞在という資格も承継することになる。非正規滞在資格が無国籍とともに世代を越えて連鎖するわけである。このように、近年は、無国籍問題に対処するにあたって、在留資格というもう一つの視角を踏まえるべき状況が広がっている。

第二に出生後の無国籍についてだが、ここではまず、身分行為に伴う国籍の喪失が問題となる。かつて「夫婦国籍同一の原則」の下に妻の国籍を夫のそれに従属させる国が広範に見られたが、この原則は、婚姻中に夫が無国籍になる場合はもとより、離婚や夫の死亡などによってしばしば妻を無国籍状態に陥れる原因となってきた。妻は、外国人の夫と婚姻することにより元の国籍を喪失し夫と同一の国籍を取得しても、夫との関係が解消されると婚姻により取得した国籍も剥奪されることになる。しかしその時点ではすでに出身国の国籍は失われており、こうして妻はいずれの国籍も持たぬ無国籍者になってしまう。

国籍離脱の自由も広く採用されてきた原則だが、他国の国籍を取得するに先立って自国籍の離脱を求める法令の下でしばしば無国籍者が生み出されている。また、外国に一定期間居住したり外国の兵役や公務に就いたことにより国籍の自動的喪失を規定しているところでは、他国の国籍を取得していないと、そうした事態が生じた際に当人は無国籍に陥ってしまう。

虚偽の申請により帰化の手続きを完遂させたことが事後に明らかになった場合や、帰化した者が国の安全を脅かす活動に従事するような場合などに、法令の定めにより国籍が剥奪され無国籍になることもある。さらに、人種、種族などを理由に特定の集団の国籍が剥奪されたり、あるいは特定の集団に国籍が付与されないことで、無国籍者が大量に発生することもけっして稀ではない。その一方で、国籍取得のために設定された条件が制限的で、しかも、行政的支援が不十分であるため、国籍取得のための手続きを遂行できずに無国籍状態を続けざるをえない人々もいる。

このほか、国家の分裂、分離独立あるいは独立の回復などに際して領域が移転する際には、当地に居住する住民の国籍問題が不可避的に生ずる。その場合に先行国と承継国との間で国籍の処理に齟齬が生じ、結果として大規模に無国籍者が発生することも少なくない（旧ソ連の解体時がそうであった）。領域変動に先立って無国籍状態にあった者への対応が不十分であると、そうした人々の無国籍状態が継続することにもなる。

本来であれば国籍を取得しているにもかかわらず、行政実務が差別的であったり、あるいは親の身元を証する文書が欠如したり、担当係官・親の双方が国籍法について十分な知識を有していないなどのため、子の国籍認定が妨げられる事態が生じることもある。医療関係者が出生証明書の発行を拒んだり、非正規滞在が明るみに出ることを恐れて出生の届出自体が差し控えられることにより、子の国籍認定が阻害されることも少なくない。生地主義国のなかには、国外での出生の場合に在外公館などへの登録を国籍取得の要件にしているところもあるが、そうした場合には登録を怠ることで国籍の取得自体ができないことになってしまう。

(c)　無国籍者の受ける法的不利益

ハンナ・アーレントは、『全体主義の起源』において、すべての人間に生まれながらに備わっているはずの人権が、後ろ盾となる政府を失ったその瞬間に、たちまちにして執行しえないものに帰してしまうことを鮮烈に描き出している。世界における人権状況は、国際人権法の発展もあってこの六〇年余の間に少なからぬ変容を見せており、その意味でアーレントの認識が今日そのままあてはまるとはいえないが、ただ、日本を含む世界各地の現状を見据えるならば、彼女の透徹した洞察は二一世紀の深まるなかにあってもなお妥当するところは少なくない。後ろ盾となる政府を欠く者(=無国籍者)と後ろ盾を持つ者との間には、現実においてきわめて大きな溝が横たわっている。

国籍を欠くことによって無国籍者が被る不利益を見定めるには、現実世界において国籍の果たしている法的機能を確認しておく必要がある。便宜上、それらを単純化して整理しておくと、まず国家間関係において想起されるのは、国家による在外自国民の保護(外交的保護・領事的保護)と自国民の引き取りが国籍を媒介にして行われていることである。国籍があることによって自国政府の保護を受けられ、また、自国に戻ることが保証されるわけである。国内での処遇に着目すれば、出入国・在留、参政権、公職就任、社会保障、財産権などの面で「国民」が優先的に処遇されてきているることはいうまでもない。また、国際私法の観点からは、相続などの準拠法を決定する際の連結点として国籍が用いられてきている。無国籍者は、国籍の果たすこうした機能から遮断されたところにおかれる。

無国籍者の苦境が鮮烈なまでに浮き彫りになるのは退去強制の局面においてであろう。国家は自国の安全などを脅かすに至った外国人を国外に退去させる権限を国際法により与えられている。この国境管理権限の裏面を成しているのが自国民の引き取り義務であり、実に、外国人の国外退去が可能となるのは、最終的に当人の国籍国がその引き受けを約束しているからにほかならない。自国民の引き受けを国籍国が拒否することは、外国人を退去させようとしている国の国境管理権限の行使を妨げる違法行為となる。

こうした国家間の権利義務関係の構図からはみ出てしまうのが無国籍者である。滞在国において退去強制事由に該当する行為を実行した無国籍者は、国外への退去が命じられても、送り出し（引き取り）先が見つからないため退去命令が執行できず、そのため場合によっては無期限収容という事態にすら直面することになりかねない。まさしくそうした事態に遭遇し、アメリカでの裁判においてその是非を争った一人がKestusis Zadvydas（以下、Z）である。ドイツの難民キャンプでリトアニア人を両親として出生したZは、いずれの国籍も持たぬ無国籍者としてアメリカに正規滞在していたところ、退去強制事由に該当する犯罪を実行したことにより国外退去に処せられることになった。ドイツから受け入れを拒否された後、退去先の見つからぬZは人身保護請求を提起し、司法判断を求めるに及ぶ。

第一審判決は、無国籍であるZは永遠に収容されることになってしまうとして請求を認容したが、控訴審は、五年に及ぶ収容にもかかわらず、送還不能を示す決定的事情がないとして原判決を覆した。これを受けて二〇〇一年に連邦最高裁の判断が示されることになる。同裁判所は、「適正手続き条項は、米国内のすべての『人』に適用される。その中には、滞在が合法であろうと不法であろうと、一時滞在であろうと永住であろうと、外国人も含まれる」と明言するとともに、収容後六ヶ月を経過した後、合理的予見可能な将来に国外退去の有意な見込みがないことを被収容者が示し、政府がこれに反証できなかった場合には、同人は条件付きで放免されなければならないと判示して、Z側に軍配を上げた。こうしてZは、退去強制先が見つかるまでという限定つきながらも、収容から解き放たれることにはなった（*Zadvydas v. Davis*, 533 U.S.678（2001））。しかし、送還先がないという構造があるかぎりにおいて、無国籍者が長期収容に直面する事態は、世界各地において変わりなく続いている。

(d)　国籍法と入管法の交差

日本の場合、出入国管理及び難民認定法（入管法）第五三条が一項で「退去強制を受ける者は、その者の国籍又は市民権の属する国に送還されるものとする」と定めるとともに、二項において「前項の国に送還することができないときは、本人の希望により、左に掲げる国のいずれかに送還されるものとする」として六つの可能性を提示する。無国籍者の場合には二項の適用可能性があるわけだが、しかし本人が希望したとしても、肝腎の送還を希望する国が受け入れを拒否する場合には、結局、退去強制が実現されないままにおかれてしまうことはいうまでもない。

送還がなされないまま二年半の収容の後に仮放免され、それから三年後に在留特別許可を得て定住者として在留が認められた者もいるが、多くは、収容を解かれても仮放免のままであり、生活上も精神的にも、きわめて不安定な状態におかれ続ける（なお入管法は第五二条六項で「退去強制を受ける者を送還することができないことが明らかになったとき」に一定の条件を附してその者を放免することができる旨を定めているが、こうした特別放免制度の適用を受けた者の数は確認できない）。日本を離れることができず、本国に残る家族との結合が阻まれたままの者もいる。

退去強制でなくとも、無国籍者は滞在国を離れたり滞在国に戻ることを必ずしも権利として保障されていないため、再入国の保障を得てからでないと国境を越えた移動が難しくなっている。移動にまつわるこうした事柄に加え、無国籍者は往々にして身元の証明が困難であるため、教育、労働、社会的サービスなど経済的、社会的および文化的権利の享受に支障をきたし、さらに不必要な身体の拘束の危険にさらされるなど市民的および政治的権利の享受にも重大な問題を抱えることが少なくない。社会的差別の対象ともなりやすく、アイデンティティの確立にも少なからぬ負の影響が生じがちである。

国籍国という後ろ盾を欠くことによりこうした脆弱な状態におかれることはいうまでもないが、しかし、その困難をいっそう助長しているのは、滞在国における在留資格の欠如である。グローバル化の進行により国境を越えた人の移動が増えるにともない、その主たる受け入れ先となっている先進工業国において外国人の在留資格の細分化が進み、在留資格に応じた外国人の処遇の違いが際立つようになっている。熟練した技能を備えた人々とその家族が簡易に国境を横断できる一方で、非熟練労働者とその家族については国際移動が著しく困難となり、しばしば非正規に先進工業国に到達するか、あるいは留まらざるをえないことになる。

そうして先進工業国に移動する場合には身分を偽っていることがあるため、以後、身元の証明が困難になり、滞在国において様々な困難に直面するのみならず、滞在国から退去を強制されても、本国であるはずの国から身元（国籍）不明として引き取りを拒まれる事態に遭遇することもある。

親に在留資格がないことから子どもの出生が登録されない事態も生じている。出生登録がなされないことにより、子どもの国籍は確定しないままにおかれてしまう。子どもの権利条約は第七条一項で「児童は、出生の後直ちに登録される」とし、続けて「児童は、出生の時から氏名を有する権利及び国籍を取得する権利を有する」と規定しているが、これは、出生登録がないと国籍取得権が具体化しないことを示すものにほかならない。

日本にも親が非正規滞在であるために出生届が出されない子どもたちが多数いると推測されている。このため子どもの権利委員会は、二〇〇四年に、「非正規滞在者が自己の子どもの出生を登録することができず、それが無国籍につながっていることについて懸念」し、「日本で生まれた子どもが無国籍にならないよう、条約第七条と適合させるべく国籍法及び関連法及び規則を改正することを勧告」している。

無国籍は伝統的に出身国または国籍国との関連で定義されてきており、滞在国との関係では性格づけられてこなかった。しかしいまでは、国籍の欠如とともに、滞在国における在留資格の欠如が保護という面で重大なギャップを生み出していることが明らかになっている。

(3) 無国籍者に対する国際法の展開

(a) 無国籍問題への国際法の対応

国籍の決定は原則として各国の国内管轄事項に属するというのが国際法の伝統的な立場である。

一九二三年のチュニス・モロッコ国籍法事件に関する常設国際司法裁判所の勧告的意見と一九三〇年の「国籍法の抵触に関連するある種の問題に関する条約」（国籍法抵触条約）がその証左として援用されることが多い。国籍法抵触条約は、重国籍とともに無国籍問題の解決に取り組んだはじめての条約であり、法律上の無国籍防止に向けた国際法の潮流をつくり出す起点となるものでもあった。

もっとも、二〇世紀初期の国際法の関心は、国籍法の抵触をいかに解消するかという法技術的な側面にあり、無国籍者の被る処遇の改善という問題意識はまだ醸成されていなかった。しかし二〇世紀は、時の深まりとともに、ヨーロッパにおいて、大がかりな国籍の剥奪と人間の追放という劇的な事態を押し広げていくことになった。先に触れたように一九二〇年代にはすでに二〇〇万人ものの人びとがロシアの法令により政治的理由から国籍を剥奪されていたが、一九三〇年代に入るとドイツ、ハンガリー、イタリアにおいて多くのユダヤ人が人種的理由によって国籍を奪われ、さらに一九四〇年代にはチェコスロバキア、ポーランド、ユーゴスラビアにおいてドイツ人とハンガリー人が集団で国籍を剥奪されるという事態が生じた。第二次世界大戦終結の時点において、欧州だけでも実に三〇〇〇万人もの難民・無国籍者が出現していたのである。

こうした実情を前に、国連経済社会理事会（経社理）の要請を受けて国連事務局は一九四九年に「無国籍の研究 *A Study of Statelessness*」と題する長大な報告書を作成した。その報告書では、有効な旅券・査証なく他国に入国し、公的機関との接触を避けながら非正規滞在が明るみに出るのを恐れて生活している無国籍者の実態や、退去先がないため無国籍者がしばしば収容を強いられていることも指摘され、多岐にわたる勧告が付されることとなった。

この報告書が提出された後、経社理は「難民および関連問題に関するアドホック委員会」を設置し、難民と無国籍者に関する条約案の作成を求めることもした。そして、同委員会から難民の地位に関する条約案と無国籍者の地位に関する議定書案を受け取ると、総会に対してその承認を勧告した。これを受けて総会は、条約案と議定書案の採択・署名を行う全権会議をジュネーヴに招集することを決定する。こうして一九五一年七月に招集された「難民および無国籍者の地位に関する国連全権会議」は二四－〇という票決結果をもって難民条約を採択したのだが、その一方で議定書案は、さらなる研究が必要として適当な機関に差し戻されることになった。

その後一九五四年四月二二日に難民条約が発効したことを機に、第二回全権会議が一九五四年九月にニューヨークで開かれることになった。この会議には二七カ国が参加し、ほかに日本を含む五カ国がオブザーザー参加した。審議の対象となったのは採択が延期されていた議定書案である。ただ、議定書案は、難民条約の付属文書として予定されていたため、独立の条約として体をなすものとしては構成されていなかった。そこで全権会議は、それ自体で独立した条約になりうる文書を作成するため、難民条約の各条文を無国籍者向けに修正し直す作業を行った。こうして議定書案は最終段階で「無国籍者の地位に関する条約」として全面的に再編されて採択され、署名のために開放されることになったのである。

(b)　無国籍者条約と無国籍者の認定

無国籍者条約は、多くの規定が難民条約をモデルとして構成されている。たとえば、無差別規定(第三条)、宗教の自由(第四条)、法的地位(第二章)、職業(第三章)、福祉(第四章)、移動の自由(第二六条)、身分証明書・旅行証明書の発給(第二七・二八条)、追放(第三一条)、帰化の簡易・迅速化(第三二条)といったものがそうである。ただし、規定の多くは「合法的にその領域内に滞在する無国籍者」に限定した適用を予定されている。また、この条約は無国籍者に対する最低限の法的地位の保障を約束するものであって、無国籍の撤廃までを締約国に義務づけているわけではない。

その一方で、無国籍者条約には、難民条約との比較においていくつかの重要な規定が欠けている。たとえば、避難国に不法にいる難民に刑事罰を科すことを禁じる規定(難民条約第三一条)、ノン・ルフールマン規定(同三三条)、そして条約実施の監督に関する規定(同三五条)といったものである。無国籍者の現況に照らしてみれば看過できないところである。

無国籍者の定義を提供している条約第一条の規定については三点ほど確認しておく必要がある。第一は、ある人が難民でもあり無国籍者でもあるときに、難民条約と無国籍条約の適用はどうなるのか、ということについてである。この問題は起草過程でもかなり議論されたようだが、結論的には、より有利な内容を定めている条約(難民条約)が適用されなくてはならない。つまり、両条約の締約国としては、無国籍者を含むすべての難民について難民条約を適用し、そのうえで、難民でない無国籍者について無国籍条約を適用する、ということである。

第二は、無国籍者の定義が法律上の無国籍者に限定された経緯についてである。その背景にはいくつの理由があったとされるが、最も大きなものは、起草者たちが難民条約と無国籍者条約の重なりを回避したかったというところにある。起草者たちは、法律上の無国籍は各国国籍法の齟齬によって生ずるのに対して、事実上の無国籍は、国籍国による迫害を逃れ出る行為によって生ずるものと考えていた。言い換えると、事実上の無国籍者とは、迫害を理由に国籍国を逃れ出る者、すなわち難民と――不正確にも――同一視されていたのである。こうして、事実上の無国籍者は難民なのだから難民条約によってカバーされる、という前提のもとに、無国籍者条約の適用は法律上の無国籍者に限定してよいとされたというわけである。

第三は、無国籍者の資格認定にかかわる実務上の問題である。無国籍者条約は無国籍をどのように認定するのかについても、無国籍であることの立証責任を誰が負うのかについても、いっさい規定していない。ただ、無国籍の認定を行う国際機関についての規定がない以上、認定作業は、難民についてそうであるように、各締約国が個別にこれを行わねばならないことはたしかである。各締約国は条約を誠実に遵守する一般的義務に照らして、認定のための適切な手続きを自ら設置することを求められているといえる。

ただし各国の実務を見ると、無国籍者としての認定申請を処理する特別の手続きを当初から設置していたフランスなどを除き、多くの国はそうした手続きを設けてこなかった。無国籍者の認定は、他に適当な手続きがないことから、難民認定手続きの枠内で処理されることも少なくなかった。近年ではハンガリーが無国籍問題にきわめて意欲的に取り組んでおり、外国人法制を改正して先進的な無国籍者認定手続きを導入している。アジアではフィリピンの無国籍認定制度が他国にとっても大いに参考になるであろう。

無国籍の立証については、難民認定についてそうであるように、まずは申請者が無国籍であることを主張する文書等の提出を求められる。無国籍者であることを示すうえで求められるのは常居所国または出身国の国籍を有していないということで足りよう。そのためにも、無国籍者の認定には、関係国間の協働作業が必要とされる。無国籍であることの認定を求められている国としても、関連情報を有する関係部署間の協力はもとより、自らの発議で関係国の関連法令等についての情報収集を欠かせない。もっとも、現時点まで、無国籍認定についての国際的基準は明確化されておらず、そのため、認定の内実において国家間でのばらつきが生じている。また、難民申請が同時に絡む場合には、当人とその家族のプライバシー・安全がけっして脅かされないよう、細心の注意を払うべきことはいうまでもない。

(c) 無国籍削減条約とUNHCRの任務

経社理は、前記アドホック委員会の招集を呼びかける一方で、無国籍撤廃について国連国際法委員会（ILC）に条約案の作成を要請していた。ほどなくILCにより無国籍の撤廃と削減にかかる二つの条約案が作成され、一九五九年に「将来の無国籍の撤廃または削減に関する国連全権会議」がジュネーブに招集されることになった。同会議では、日本を含む三五カ国の参加を得て、無国籍の削減に関するＩＬＣ案が検討されたのだが、その一方で無国籍の撤廃に関する条約案は急進的とみなされ審議に付されることはなかった。もっとも会議は国籍の剥奪をめぐって合意に達することができなかったため一九六一年に再招集され、日本を含む三〇カ国の参加により、起草作業開始から一〇年以上を経てようやくその年に無国籍削減条約として採択されることになった。

そこからさらに一四年以上を経た一九七五年一二月一三日に発効したこの条約は、各国の法律を調和させることで法律上の無国籍者を生み出さない状況をつくり出すことに眼目がおかれている。「事実上の無国籍者＝難民」という不正確な認識がここでも広く共有されていたようである。

無国籍削減条約は将来の無国籍の削減に向けられている。最も重要な側面は、出生のときに無国籍に陥る危険性のある者に国籍を付与し、また、国籍離脱によって無国籍に陥る危険性のある者に国籍を保持させることで無国籍の発生を阻止することにある。国籍付与については生地主義、血統主義、居住の事実という締約国との紐帯を確認できる方式を組み合わせて詳細な規定がおかれ（第一－四条）、このほか、国籍の喪失・離脱、国籍の剥奪、領域の移転について無国籍を生じさせないよう注意深い定めがおかれている。

この条約の利益を主張する者の請求を審査し、または適当な機関にそうした請求を提出することを支援する組織体を国連の枠内に設置することも規定されている（第一一条）。そうした組織体の設置は条約発効要件が整った後すみやかに促されるものとされ、現にその要件が整うと、国連事務総長の提案を受けて、国連総会はＵＮＨＣＲにその任を担うよう要請した。国連総会は一九九六年にも、ＵＮＨＣＲに、無国籍者のための機関としての任務を継続するとともに、無国籍者条約と無国籍削減条約への加入を積極的に促すよう要請する決議を採択している。その際ＵＮＨＣＲは関係国の国籍法令の整備・実施に助言と支援を与えるよう要請されてもいる。

(4)　国際人権法と無国籍者

(a)　人権としての国籍

無国籍者の処遇改善・削減をめざす国際法の潮流は漸進的に大きくなってきたが、その中にあって国籍は、人権の問題としての側面を強めてきている。この認識を明瞭に示したのは米州人権裁判所であり、同裁判所は一九八四年に示した勧告的意見において次のように判示した。

「国籍がすべての人間の固有の権利であることは、今日一般に認められている。国籍は政治的権利を行使するための基本的要件であるだけでなく、個人の法的地位に重要な関連性をもつものである。……国籍に関する国家の権限は人権の完全な保護を確保する義務によっても制約されている。」

人権としての国籍という考え方の起点ともなったのは一九四八年の世界人権宣言である。同宣言は、第一五条において「すべての者は、国籍を取得する権利を有する」と謳うとともに、「何人も、その国籍を恣意的に奪われ、または国籍を変更する権利を否認されない」ことにも注意を喚起している。その後、多くの人権条約に国籍を人権ととらえる規定がおかれていく。

一九六五年の人種差別撤廃条約は「国籍についての権利の享有にあたり」あらゆる形態の人種差別を禁止し及び撤廃することを義務づけ（第五条）、一九六六年の自由権規約は、第二四条において「すべての児童は、出生の後直ちに登録され、かつ、氏名を有する。すべての児童は国籍を取得する権利を有する」と定めた。子どもの国籍については子どもの権利条約第七条がさらに踏み込んで次のように定める。「1　児童は、出生の後直ちに登録される。児童は、出生の時から氏名を有する権利及び国籍を取得する権利を有する……。2　締約国は、特に児童が無国籍となる場合も含めて、国内法及びこの分野における関連する国際文書に基づく自国の義務に従い、1の権利の実現を確保する。」

女性の国籍については、一九五七年の「既婚女性の国籍に関する条約」も踏まえながら、一九七九年の女性差別撤廃条約第九条が次のように定める。「1　締約国は、国籍の取得、変更及び保持に関し、女子に対して男子と同等の権利を与える。2　締約国は、特に、外国人との婚姻又は婚姻中の夫の国籍の変更が、自動的に妻の国籍を変更し、妻を無国籍にし又は夫の国籍を妻に強制することとならないことを確保する。3　締約国は、子の国籍に関し、女子に対して男子と平等の権利を与える。」

地域人権条約の中にも国籍に言及するものがあるが、米州人権裁判所の母体である米州人権条約は、ラテンアメリカにおいて広く採用されている生地主義を明瞭に反映させた第二〇条において次のように定める。「1 すべての人は、国籍を持つ権利を有する。2 すべての人は、他のいずれかの国籍を持つ権利を有さない場合には、出生地国の国籍を持つ権利を有する。3 何人も、自己の国籍を変更する権利を恣意的に奪われない。」出生した国を特定して国籍付与義務に言及している点が特徴的である。

一方ヨーロッパでは、一九九七年に「国籍に関するヨーロッパ条約」、二〇〇六年に「国家承継に関連する無国籍の防止に関するヨーロッパ評議会条約」が採択されている。九七年の国籍条約はすべての者が国籍を持つ権利を有しているということを基本原則に据えながら、国籍の恣意的剥奪の禁止、婚姻・離婚に際しての国籍の保持を規定する（第四条）とともに、「締約国の領域内で発見され、その国籍を取得しなければ無国籍になる棄児」や「その領域内で出生し生来的に他の国籍を取得しない子ども」について締約国の国内法で法律上当然に国籍を取得することを規定しなければならないと定めた（第六条）。国籍喪失の事態に関しても、無国籍の発生を防止するための規定がおかれている（第七条）。

二〇〇六年の無国籍防止条約は表題通り国家承継の場合を想定している。この条約は、国家承継の結果無国籍となった者の国籍取得を簡易化し、また、出生による無国籍を避けるため生地主義による国籍の付与を義務づけている。このほか、東ヨーロッパにおける国家承継の事態を受けてＩＬＣは「国家承継と、自然人および法人の国籍に対するその影響」に関する国際法原則について検討作業を行っていたが、その成果が二〇〇〇年に「国家承継に関する自然人の国籍」に関する国連総会決議（国連国籍宣言）となって結実した。この宣言でも、すべての者の国籍への権利、子どもの国籍取得権が確認され、国家承継時における無国籍防止が規定化されている。

(b)　差別の禁止

人権としての国籍は無国籍を回避するための基本原則といえるが、他方で、滞在国での在留資格を欠く無国籍者については在留資格その他の法的地位の改善も喫緊の課題である。

この点で重要なのは、国際人権法の根幹を成す差別禁止原則である。自由権規約委員会が自由権規約について明言しているように、「原則として、規約の定める諸権利は、相互主義にかかわりなく、また、その国籍または無国籍性にかかわりなくすべての者に適用される。したがって、一般的な規則は、規約上のどの権利も市民と外国人との間に区別なく保証されなければならない、というものである」（一般的意見一五）。社会権規約もすべての者に差別なく適用されることを原則としている。

国家には国境管理権限があり、外国人の出入国について国家には伝統的に広範な裁量が認められてきた。しかしその一方で、すべての人間には生まれながらに譲りわたせぬ人権が備わっている。国際人権条約はそうした認識を基礎として作成される国際約束である。当然とはいえ外国人も人間である以上、外国人に対する国家の国境管理権限も国際人権法の制約を相応に受けることになる。

在留資格などによって外国人を区分けすることにも国際人権法の統制が及んでいることは紛れもない。

今日では、主に先進工業国で、国民と外国人という区分けだけでなく、外国人自体について、最も国民に近い扱いを受ける永住者からその対極にある非正規滞在者まで在留資格の細分化がなされるようになっている。在留資格の設定自体は中立的基準といえようが、そうした基準を適用した結果として特定の人々に正当化できない不利益が生じる場合には、そこに法的な意味で差別を疑う余地が生じる。

非正規滞在の状態にある者は、既に述べたとおり身元が不明であることや非正規滞在が顕在化することを恐れるため、様々な社会的サービスを享受できない状態にあることが多い。そうした不利益は在留資格を欠いていることの当然の報いと思われるかもしれないが、しかし、在留資格の欠如を理由にそうしたサービスが確保されない事態は国際人権法の観点からは容易に見過ごせるものではない。実際のところ、在留資格なき無国籍者は、しばしば経済的、社会的地位などにおいて劣位にあるがゆえに非正規滞在に陥ることの多い人々である。そこには国民的・種族的出身などの要素が複合的に作用している場合もあろう。そうとすれば、在留資格という基準が、いずれかの地位あるいは国民的・種族的出身などを理由に特定の人々の権利享受を妨げる「効果」をもたらしていると懸念することはけっして不合理なことではない。

現に人種差別撤廃委員会は、「［人種差別撤廃］条約上、市民権または在留資格にもとづく異なる取り扱いは、条約の趣旨および目的に照らして判断した場合に、正統な目的に従って適用されておらず、また、当該目的の達成と比例していないときには、差別にあたる」との認識を示し、「出入国管理政策が人種、皮膚の色、世系または国民的もしくは種族的出身にもとづいて人々を差別する効果をもたないことを確保する」よう勧告している（一般的勧告三〇）。

また、米州人権裁判所は、非正規滞在者の権利について勧告的意見を求められた際に、差別概念を詳細に検討したうえで、次のような直截的な結論を導いている。「在留資格は、人権の享有と行使を剥奪することを正当化できない。国家は、法の前の平等と非差別の原則の遵守を公共政策目標に従属させたり条件づけることはできない。たとえそれが在留資格にかかわるものを含む場合であっても、である」。

同様に、在留資格を欠く人々の人権に敏感に反応してきている社会権規約委員会も、教育に関する一般的意見一三の中で「非差別の原則は締約国の領域に居住するすべての学齢期の子どもに及ぶ。その中には、法的［在留］資格のいかんを問わず、非市民［外国人］も含まれる」と強調し、健康への権利を扱った一般的意見一四でもこう指摘している。「国家は、とりわけ……少数者、庇護申請者および不法移民（illegal immigrants）を含むすべての者が……健康サービスに平等にアクセスするのを否認しまたは制限することを差し控えることにより、健康への権利を尊重する義務を負う。」

二〇〇八年の社会保障に関する一般的意見一九でも、「人種、皮膚の色、性、言語、宗教…市民的、政治的、社会的その他の地位にもとづく差別であって、社会保障への権利を平等に享有しまたは行使することを害しまたは無効にする効果または目的を有するもの」を禁止するとともに、少数者集団、難民、庇護申請者、国内避難民、帰還民、非市民［外国人］といった権利の享有にあたって従来から困難に直面してきた人々に特別の注意を払うことを求めている。

国際人権法はすべての者に権利を平等に保障することを本旨とする。人権条約機関の上記見解も踏まえ、在留資格の設定が「権利を平等に享有しまたは行使することを害しまたは無効にする効果」を特定の人々に生じさせていないのかを慎重に見定める必要がある。人種差別撤廃委員会と社会権規約委員会は、定期報告審査に際して、非正規滞在者の人権の享受を確保するため在留の正規化を奨励することもあるが、こうした認識はヨーロッパ人権裁判所によっても支持されている。

(5)　国民国家の変容と国際人権法の可能性

(a)　人間の尊厳の保障

無国籍者をめぐる問題の淵源が、主権国家を基本単位とする国際システムにあることは本論の冒頭で述べたとおりである。現代社会にあって主権国家は、同質の国民からなる国家（国民国家）として想定されている。その国民国家は自由主義思想によって支えられているのだが、この思想を説く者の多くは、国家が閉ざされた境界（国境）をもつのは国民を保護するうえで当然のことであり、外国人の入国・在留を認めるかどうか、認めるにしてもどのような条件を課すのかを決定することは主権に不可欠の前提であるとしている。

自由主義思想は、各国における外国人の取り扱いの基調をなしてきている。日本の最高裁も、一九七八年一〇月四日のマクリーン事件判決において、「基本的人権の保障は、権利の性質上日本国民のみをその対象としていると解されるものを除き、わが国に在留する外国人に対しても等しく及ぶ」としながら、次のように述べている。「外国人の在留の許否は国の裁量にゆだねられ、わが国に在留する外国人は、憲法上わが国に在留する権利ないし引き続き在留することを要求することができる権利を保障されているものではなく、……したがって、外国人に対する憲法の基本的人権の保障は、右のような外国人在留制度のわく内で与えられているにすぎない」。

これでは、外国人の人権は実質的に否定されているに等しい。しかし、自由主義に依拠した「憲法は、人である以上、当然に保障すべき権利をすべての人に保障しようとしているわけではなく、もともと同国人という特定の人々の権利のみを保障しようとするもの」（長谷部恭男）なのだとすれば、それもやむをえない帰結ということになるのかもしれない。

国際法も、国家が閉ざされた国境をもつことを認めるものと解されてきたが、二〇世紀後半に飛躍的に発展した国際人権保障の潮流は、外国人の処遇に関するこれまでの考え方を根幹において揺さぶる展開をみせている。その様は、国民（政治）共同体のありかたにも重大な変容を迫るものの として立ち現われている。現に、外国人の権利保障や、無国籍の防止は国際的な人権機関の重要な課題の一つになっており、国連人権理事会も、差別禁止規範の完全なる適用と無国籍の防止を求める決議を繰り返し採択するまでになっている。

国際人権法はすべての者を権利の主体に取り込んでいる。各国は、自国の管轄下にあるすべての者との関係で、国際人権義務を遵守するよう求められている。権利の主体はあくまで人なのであって、国民ではない。その背景には「人類共通の利益」という概念があり、この概念の生成は、国際社会が緩やかであれ国家を超えた共同体としての位相を帯びてきていることを示している。個人はそうしたグローバルな法秩序の構成員として、国籍の有無や在留資格の別にかかわらず、人間の尊厳にふさわしい処遇を世界のどの国にいても保障されるよう国際人権法は求めているのである。無国籍者の処遇をめぐる国際社会の趨勢は、国民国家のあり方を超え出る、そうした人間優先の新しい思想によって支えられているといってよい。

(b) 五つの要請

以上の観点を踏まえ、無国籍問題について日本に求められているのはどのようなことか。五点を指摘して、本論の結びとしたい。

第一は、無国籍問題の全貌を把握するための情報をきちんと収集することである。特に公的機関から距離をおいたままの非正規滞在者の間に広がる無国籍問題については、その全貌がまったく明らかにされてこなかった。とりわけ、出生が届出られていないために法的な意味での存在そのものが確認されないままにおかれている子どもたちについては、早急に実態を把握し、必要な手立てを講ずるべきである。その際、当事者にけっして不利益が生じないことを保証する必要がある。

第二に、国籍（の証明）がないため送還先に指定されている国に引き取りを拒否され、いずれの国へも送還の見込みがない者については、特段の事情がないかぎり収容を停止し、仮放免という不安定な状態の継続ではなく、安定した在留資格の付与をはかる措置を確立すべきである。国籍問題の解決にあたっては、ＵＮＨＣＲの協力も得て、日本への移動に先立って常居所を有していた国と日本との間で必要な協議を行う必要がある。ただし、当人が難民申請者である場合には、その家族も含めてプライバシーの保持に細心の注意を払わなくてはならない。

第三に、上記第一および第二の要請を実現する前提として、いずれの者が無国籍者であるのかを確認（認定）する手続きを整備する必要がある。現状にあっては主に本人の申告により政府関係部署が当人の国籍（の有無）を判断しているのだが、その判断が真正であるとの保証はない。国籍にかかる判断、とりわけいずれの国の国籍も有していないとの判断がもたらす帰結の重大さに鑑みるに、無国籍の確認（認定）は適正な手続きよりこれを行う必要がある。

第四に、日本は、子どもの権利条約、自由権規約、社会権規約、人種差別撤廃条約、女性差別撤廃条約、拷問禁止条約に具体化された国際人権規範を、法律上または事実上の無国籍者との関係で誠実に遵守する義務を負っている。国籍や在留資格の有無などによって人権保障に差異を設ける場合には、それが国際人権法によって禁止される差別にあたらないかを慎重に吟味する必要がある。いずれにしても、無国籍状態にある者に対して、少なくとも、国際人権文書の規定する最低限の権利は保障されなくてはならない。

第五に、日本は、無国籍問題の広がりを視野に入れて、一九五四年の無国籍者条約と一九六一年の無国籍削減条約の締結可能性を真剣に検討すべきである。その際、無国籍者を認定する制度的枠組みも議論されなくてはならない。また、難民条約についてそうであるように、無国籍者条約と無国籍削減条約についても東・東南アジア諸国のほとんどの国が締約国となっていない現状を踏まえ、この地域における人の移動に伴う国籍あるいは人の保護の問題を取り扱う地域的協議の場を設定することについても必要な検討を加えることが望ましい。無国籍問題の処理は一国だけではとうていなしえない。ＵＮＨＣＲなど関係国際機関と提携しつつ、なにより人間の尊厳の保障という人権の視点に立って問題の解決を促していくことが求められている。

7　多文化主義と越境する人間たち

(1)　はじめに

グローバル化の過程は多面的な相貌をもって進行してきている。一面においてそれは、規格化・標準化を世界大で推し進める強力なエンジンにほかならない。

なかでも、競争・効率を基本原理にすえた市場経済が企業のみならず市民生活の隅々にまで大きな影響を与えていることは、世界の多くの人たちが強く実感してところではないか。圧倒的な力を誇る多国籍企業の推進する経営戦略は、同じ価値観・物の見方を世界各地につくりだす直接の原動力ともなっている。

その一方にあってグローバリゼーションは、国境をはじめとする様々な「境界」の力を奪いさることで多様な人間の出会いの場を演出しながら、新たな摩擦・衝突を各所で引き起こす誘因にもなっている。とくに、国境を越えて人の移動が促されることで受入れ社会は必然的に多民族化し多文化化せざるをえないのだが、それが、「テロの脅威」とあいまって、社会の混乱と分裂をいざなう新たな火種になる例がふえている。

(2)　ノルウェーの衝撃

旅行や研究にかこつけて訪れることの多いカナダの首都トロントは、私のお気に入りの街の一つである。ダウンタウンにある市役所広場に日がな身を置いて目にするのは、文字通りの多文化社会の風景にほかならない。髪の色も服装も言語も身のこなしも、どれをとっても愉快なほどに多彩きわまりない。そんな街でひと時を過ごして帰国したときに抱く日本の印象には、「同質的」という言葉がぴったりあてはまる。

もちろん、どちらが良い悪いということではなく、お国柄の違いといってしまえばそれまでかもしれない。なにより、「同質的」に見える日本社会にも、実際には、多様な出自をもつ日本国籍保持者や外国人住民が大勢暮らしている。だからこそ、各地の地方自治体では多文化共生施策がいろいろな形でとりおこなわれてきたわけでもある。

グローバル化の波動を受けて、人の国際的移動はますます盛んになるのだろうが、その受入れに真摯に臨むことは、経済的富を独占してきた先進工業国の果たすべき当然の責務といってよい。日本もその例にもれないとすれば、多文化風景の深まりは、わが社会の進み行く姿にほかならず、また、それこそが私たちの生活を豊かに彩る源泉にもなってくれるだろうと思ってきた。

それだけにとても衝撃的なのは、昨年（二〇一一年）来、欧米諸国の政治指導者たちが次々と多文化主義への懐疑を奏ではじめたことである。オリンピックの興奮さめやらぬ英国の首相も昨年二月、多文化主義政策によって社会が分裂し国家のアイデンティティが失われたためイスラムの若者が過激なテロに走ってしまったと述べ、長年の政策が失敗であったと公言するに至っている。ヨーロッパ諸国や米国などには、多文化主義の担い手たる移民が国家統合の障害になるとして、今ではその存在に否定的な態度をとる者が少なくない。

昨年（二〇一一年）七月に、三二歳（当時）のノルウェー人男性が、政府庁舎を爆破した後、労働党青年部の集会で銃を乱射し、総計七七人を殺戮する凄惨な事件を引き起こしたことを覚えている人もいるだろう。その男性は、ノルウェーの多文化主義を非難し、日本のような単一文化主義の国が理想だという考えを公にした。

「これほどの暴力であるからこそ、より人道的で民主主義的な回答を示さねばならない」という見識ある対応を示したノルウェーがその誇るべき政策をただちに転換するとは思えないものの、現代国際社会の一つの基本作法ともいうべき多文化主義に対する疑念が広がりをみせていること、そして――けっして正確ではないものの――日本が単一文化主義の国とみなされていることの含意は少々考えてみてもよいかもしれない。

以下では、グローバル化過程に随伴して問題化することがふえている多文化主義と移民のあり様について、国際社会の法である国際法の視座を踏まえて考察してみる。

(3)　生物多様性と文化多様性

欧米において深刻な挑戦を受け始めた多文化主義について、国際法は直截には多くを語ってこなかった。人種差別撤廃委員会を始めとする人権諸条約機関や、国連人権理事会の特別手続（現代的形態の人種主義等に関する特別報告者、少数者（マイノリティ）に関する作業部会など）においてときおり言及があるとはいえ、多文化主義の概念について、はっきりとした定義づけはなされてきていない。

もっとも、その一方にあって、この言葉が包摂するいくつかの要素については大方の合意が形成されてきている。たとえば、異なる文化・文化集団の公的認知、国の歴史・アイデンティティの見直し、人種差別の克服と多元的人権文化の創出、といったものである。

多文化主義の理念は、文化の多様性を祝福する思想的前提に立つ。この点は国際法も明瞭に支持しており、現に二〇〇一年に採択された「文化の多様性に関するユネスコ世界宣言」は、生物の多様性が自然にとって不可欠であるように、文化の多様性が人類にとって不可欠であり、「人間の尊厳の尊重と切り離すことができない倫理的な要請」（四条）であると宣明している。この宣言では、文化への権利を人権として擁護する重要性も強調されている。

ユネスコは二〇〇五年に、グローバル化過程が文化の多様性に負の影響を与えているとの認識も踏まえて文化的表現多様性条約を採択し、「すべての文化（少数者および先住民族に属する人々の文化を含む。）の平等な尊厳および尊重の承認」とその保護を各締約国に義務づけるに及んでいる。文化への権利は社会権規約や自由権規約、子どもの権利条約など人権諸条約においても広く承認されているが、ユネスコ条約がそうであるように、この権利は少数者・先住民族などとの関係において格別の意義を帯びている。

一般に、自由主義思想にあって国家は中立的であることを求められる。国家は特定の宗教や文化を優先してはならず、中立を保たなくてはならない、ということである。だが、政策決定過程は実際には価値中立ではありえない。現実世界を見れば歴然としているように、国家は支配的集団の価値を濃厚に背負って現われ出ている。その国家が「中立」でいることは、支配的集団の文化的選好をそのまま是認し維持するにも等しい。その結果、少数者集団に属する人々は自らの文化を公的な場で享受することがとても難しくなってしまう。

だからこそ国際条約は、文化への権利を承認する一方で、その意義をとりわけ少数者との関係で強調してきているのである。国家は、少数者の存在に特別の配慮を払い、その権利を積極的に擁護するよう求められている。そうでなくては、少数者は多数者にかんたんに飲み込まれてしまいかねない。文化の多様性を真に意味ある形で実現するには、そのことをなにより念頭においておく必要がある。

(4)　少数者が社会を豊かにする

国家を中心に据えた国際法にあって、個人は長く、国家のみに帰属することを求められてきた。しかし、変容する国際社会の実情を反映して、国際法はいまでは、個人の帰属先として集団（少数者、先住民族など）や地域機構さらには国際共同体といった種々の可能性を認めている。保持する国籍が一つでなければならないこともない。個人は複数のアイデンティティをもち、様々な文化の影響を受けうる存在であることが認められるようになっているといってよい。

もっとも、個人のアイデンティティが多元化し、社会が多文化によって覆われるようになると、国家の一体性が崩れてしまい、一部の人々を過激な行動に走らせてしまうのではないか、と懸念する向きもあるかもしれない。欧米において顕在化する多文化主義への否定的態度も、こうした懸念に由来している。

だが現実を見やれば、過激な行動の背景には、往々にして強い社会的排除の圧力が働いている。多文化主義が暴力を誘発しているというよりも、文化の多元性を抑圧する力学こそが社会の不安定化をあおっているのが実情である。その一方で、ノルウェーの事件のように単一文化を志向する行動には、人種差別の影を見て取ることができる。自文化（支配的文化）を優越的で絶対的なものとみなす心性が、他者を敵視する攻撃的な姿勢につながってしまっている。

国際法の基本スタンスは、少数者とその文化を公的に擁護することによって社会の安定と発展がもたらされる、というものである。自由権規約二七条は、少数者に属する者が「その集団の他の構成員とともに自己の文化を享有し、自己の宗教を信仰しかつ実践し又は自己の言語を使用する権利を否定されない」と定めるが、この条項を解説した一般的意見二三（一九九四年採択）において、同規約委員会は次のようにいっている。「これらの権利の保護は、関係する少数者が文化的、宗教的および社会的アイデンティティを残し、継続的に発展させることで、社会構造全体を豊かにすることに向けられている」。

また、二〇〇五年に国連総会で採択された世界サミット成果文書も、「民族的、種族的、宗教的または言語的少数者に属する者の権利の促進および保護が社会的安定と平和に寄与し、社会の文化的多様性と遺産を豊かにする」と明言している。多様である社会はそれだけ豊かであり、少数者の権利が積極的に擁護される社会はそれだけ安定する、ということである。

もちろん、それぞれの文化は社会のなかで孤立してはならず、相互に作用しあう存在でなくてはならない。このため国際法は教育の果たすべき役割を重視しており、一九九二年に国連総会で採択された少数者の権利宣言（四条四項）は、各国に対して、少数者の歴史、伝統、言語、文化についての知識を奨励する措置を教育の分野でとり、少数者に属する者が社会全体についての知識を得る適切な機会を持つよう求めている。子どもの権利条約も二九条一項(c)で、子どもの教育が、「文化的同一性、言語及び価値観、子どもの居住国及び出身国の国民的価値観並びに自己の文明と異なる文明に対する尊重を育成すること」を指向すべきことを謳いあげている。

こうした国際法文書すべてに共通しているのは、少数者が多数者からの保護を必要とする「弱者」ではなく、社会の発展に欠かすことができない「対話のパートナー」と位置づけられていることである。少数者は、支配的集団の周縁に装飾物のように配置される存在などではなく、他の集団と対等に交流・対話をはかり、新しい価値観・歴史の見方を注入することで社会の変革に寄与する能動的存在とみなされている。各国は、それを現実化する制度的枠組みの構築を国際法により義務づけられている。多文化主義の理念と国際法の現代的展開との間に強い親和性があることを、ここからも見て取ることができるのではないか。

(5) 国境の管理と人間たちの移動

二〇一〇年三月に公表された「第四次出入国管理計画」を通して、日本政府は「積極的な外国人受入れ施策を推進していく」こと、「国際社会の一員として、難民の適正かつ迅速な庇護を推進していく」ことなどを明らかにしている。この計画に基づき、より多くの外国人・難民の受入れが予定されているのであり、そうである以上、わが社会も、国際法の要請を踏まえ、少数者を対話のパートナーと位置づける制度設計に力を尽くしていくべきことはいうまでもあるまい。

そのためにも重要なのは、強度の人種主義が日本社会にも根強く広がっていることをまずもって確認することである。朝鮮半島出身者（の子孫）に対する差別はあからさまというしかなく、人権諸条約機関などからも何度となく是正勧告を受けている。朝鮮学校が各種学校たる外国人学校の中にあって唯一高校無償化法の適用対象からはずされたままにある背景にも、朝鮮人に対する人種差別の位相が見え隠れしている。人種差別撤廃委員会が朝鮮学校の処遇に強い懸念を表明しているのも当然である。今後、多くの外国人・難民を受入れ、活力ある日本社会を築いていこうとするのなら、こうした眼前に広がる人種主義の克服になによりもまず取り組んでいくべきだろう。

ところで、グローバル化の過程でより多くの人間が国境を越えて移動するようになっていることから、移動の自由が国内だけでなく国際的にも実現しているかのような印象をもつ人もいるかもしれない。しかし、現実はまったく反対に、先進国の国境管理がきわめて厳格化している様を見せている。日本の第四次出入国管理計画を見ても、「我が国社会に活力をもたらす外国人」については「円滑な受入れ」が約束される一方で、「不法上陸」は水際で食い止め、「不法滞在者・偽装滞在者」については積極的に摘発していくことが明記されている。

かつて経済学者のJ・K・ガルブレイスは、移住を「貧困に抗する最も古くからの人間の行動である」と評していた。実際には最貧困層の人間が移動することは困難なのだろうが、それにしても、不均衡な経済構造の下にある人間たちの生存と繁栄をかけた闘いが移住の歴史であったことは間違いない。ところが、先進国の国境は、そうした人間たちの生存と繁栄の想いとはほとんど無関係に管理されている。そこに不条理の淵源があったように思う。

だが、グローバル化の過程は、国家の主権的決定権限の幅を大きく切り縮めている。国境・外国人の在留管理は、そうした中にあって国家に残された数少ない裁量権行使の場とみなされているのだが、国際法は、国家の最後の牙城というべきこの領域にも先鋭的に規制を及ぼすようになっている。

なにより、外国人の権利保障は在留資格の枠内で与えられているにすぎないとした一九七八年の最高裁マクリーン事件判決の認識は、国際法的にはもはや通用力を失ってしまっている。国際人権保障は、在留資格にかかわりなくその国の管轄下にあるすべての者に及んでおり、非正規滞在者にも差別なく人権が確保されるべきことは人権諸条約機関が一般的意見などを通して何度となく確認してきているところである。

退去強制の局面にあっても、拷問や迫害が待ち受ける国への追放は許されず、また、家族生活やプライバシー、子どもの最善の利益などを保護する特別の必要がある場合には退去強制そのものが禁じられるようにもなっている。

(6) グローバル化のパラドクス

グローバル化が進むこの時代は自由主義が世界に広められた時でもある。よく知られているように、自由主義は基本的人権と民主主義を根幹に置く思想である。ただ、これらはいずれも国境によって閉ざされた政治共同体を前提としており、国際法もまた、主権国家からなる国際社会像を打ち立てることで自由主義のプロジェクトを支える役割を担ってきた。

しかし、「普遍性」を理念とする人権の射程は絶えざる拡張の歴史を呈してきたことを忘れてはならない。人権が適用される人的範囲は、時の経過とともにどんどん広がってきている。差別禁止規範も「強行規範」としての性格を明確に帯び、在留資格の在り方だけでなく国籍（市民権）付与の在り方にも差別がないよう、厳しい監視を及ぼすようになっている。

外国人は文化的偏見、人種主義、排外主義などの差別的取扱いを受けやすく、なかでも女性・子どもに負の影響が不均衡に生じがちである。差別禁止規範は、国家に対して、差別を控えるだけでなく、外国人に向けられるこうした社会的差別を取り除くため積極的な措置を講ずるよう求めるものでもある。

民主主義の原理にしても、非正規滞在者を含め、真正で実効的な居住実態のある外国人を社会・政治過程から排除し続けることには否定的な認識を押し広げずにはいない。人権と民主主義の原理を徹底して唱導する営みにより、政治共同体（国民）を閉ざされたままに据え置くことはますます困難になっている。

国境・在留管理は、主権国家の生命線というべきものであり、現に国際法による介入に先進国政府はけっして好意的ではない。多文化主義にしても、多数の移民の流入を受けて、これに懐疑的な声が欧米で高まっていることはすでに述べたとおりである。だが、多文化主義にしても国境管理の規制にしても、国際法にあってそれを突き動かしている原動力は先進国政府が主導してきた自由主義・民主主義の原理であり、国際人権機関の活動にほかならない。

グローバリゼーションには様々な政治経済的利害がかかわっており、この過程に無条件に賛意を表することには消極的にならざるをえない。しかし、複雑なその過程において深まりゆく規範的潮流が、国家（先進国）の在り方に変革を迫り、不安定な地位におかれがちな人々の利益に資する局面を押し広げていることも否定できないところである。その成果を精確にすくい取り、日本でも包括的な移民・難民政策を構築したいものである。

8　朝鮮学校の排除と人種主義

(1)　はじめに

政権交代の妙は、今までであれば困難というしかなかった政策の実現を期待できるところにある。人権保障の領域ももちろん例外ではなく、現に、独立した国内人権救済機関の設置や個人通報制度の受諾などに向けた千葉法相の就任当初の発言は、長年にわたってその現実化を働きかけてきた人々にこの上ない期待を抱かせるに十分なものがあった。

その期待はいまでもついえたわけではないものの、迷走深める政権の体たらくを前に、果たして本当にかなうものなのかという疑念が高じつつある。それだけに、高校無償化法（「公立高等学校に係る授業料の不徴収及び高等学校等就学支援金の支給に関する法律」）については、首相自身の人権感覚、歴史認識、そして時代への感性を疑わせることがないよう、しっかりとした対応が強く求められるところである。

(2) 人権基準に照らした日本の責任

この法律それ自体は、政治的思惑がどうあれ、日本が国家として誠実に遵守することを約束している国際人権条約の要請に沿ったものとして積極的な評価に値するものに相違あるまい。たとえば国際人権保障の要というべき社会権規約（経済的、社会的及び文化的権利に関する国際規約）は、教育についてのすべての者の権利を謳いあげるとともに、一三条二項において、技術的及び職業的中等教育を含む種々の形態の中等教育の機会が「特に、無償教育の漸進的な導入により」すべての者に対して与えられるよう求めている。日本政府は「特に……」の部分に拘束されない権利を留保しているが、無償化法が規約の本来的要請に合致したものであることには変わりない。

また子どもの権利条約も二八条二項で、締約国の管轄の下にあるすべての子どもに中等教育の機会が与えられるよう求め、「無償教育の導入、必要な場合における財政的援助の提供のような適当な措置をとる」ことを特に例記している。日本はこの部分には留保も解釈宣言も付していない。

問題は、この法律の審議過程で、朝鮮学校を名指しして除外しようとする議論が公然と噴出したことである。中井拉致問題相の発言に明瞭に現われていたように、経済制裁の対象になっている朝鮮民主主義人民共和国（北朝鮮）との外交関係が朝鮮学校の生徒たちの処遇に直接の影を落としていることはここに改めて確認するまでもなかろう。朝鮮学校に向けられる敵対的なまなざしは今に始まったものではないとはいえ、既視感満載のこの情景は、政権交代後に出来したものであるだけに、いっそう深い嘆息を誘わずにはいない。

その正式名称が示すように、この法律の適用にあたり授業料の無償化は公立高校について妥当し、私立学校等に在学する生徒・学生には就学支援金が支給されることになる。法律の実施のために必要な細部は文科省令で定めることが予定されているが、朝鮮学校については日本の高校に類する課程が置かれているかどうかにつき第三者機関を設けて検討し、改めて支給基準が示されるようである。

外国人学校の中で朝鮮学校だけにこうした別異取扱いを求める議論の後背に見え隠れするのは、人間を特定の国と関係づけて色分けせずにはおれぬ思考態度であり、さらにいえば、社会的被傷性の強い人々に不利益を強いて跼蹐《きょくせき》せぬ、歴史的視座を欠いた傲岸な人種差別意識にほかならない。

いまや公知の事実といっても差し支えないだろうが、朝鮮学校に通っている生徒の中には日本国籍の人もおれば韓国籍の人も相当な割合でいる。外国人登録にあたって用いられてきた「朝鮮籍」という記号にしても、それが必ずしも北朝鮮と同視されるわけではないこともよく知られていよう。朝鮮学校に通っている子どもたちと北朝鮮とをただちに結び付けてしまう発想は、端的に評して、あまりに拙速というしかない。

のみならず、そもそも北朝鮮政権がいかなる政権であろうとも、朝鮮学校の子どもたちにその「ツケ」を払わせるのは、まるで、本人が責任を負えない違反行為のために罰を科す集団的懲罰のようなもので、おどろおどろしきことこのうえない。忘れてならないのは、朝鮮学校の処遇は北朝鮮の問題なのではなく、日本国内の人権問題だということである。日本は、その管轄の下にあるすべての者の人権保障を種々の人権条約を通じて国際的に約束している。そしてそうした約束は、憲法九八条二項により、日本法の一部となり、法律よりも上位の効力を与えられている。朝鮮学校の処遇は、そうした国際人権基準に照らして評価される日本自身の振る舞い以外のなにものでもない。

もとより、国際人権法はすべての人間をまったく同じように扱えなどとはいっていない。ただ、人間を区別する場合にはそこに合理的で客観的な理由がなければならず、そうした正当な理由なき区別は差別として許容できない、といっているのである。こうした国際人権法の論理に即していえば、「日本人拉致問題により北朝鮮が制裁の対象になっているから」という理由は、朝鮮学校の生徒たちを他の外国人学校を含む私立学校等の生徒たちから区別する正当化事由にはとうていなりえまい。朝鮮学校を「無償化」政策の対象からはずすことと拉致問題の解決とは別次元の問題であって、両者の間に真正な連関はなく、なにより、子どもたちの教育機会を毀損するような手段をとること自体が国際人権法上は不正との評価を避けられない。そしてその責は北朝鮮ではなく、日本に帰せられる。なぜなら、これは日本の政策によって引き起こされる、日本の中の人権問題だからである。

(3)　人種差別撤廃に刻まれた記憶

朝鮮学校の処遇は、人種差別撤廃委員会の審査に際してもさっそくに懸念をよんだ。同委員会は、人種差別撤廃条約の履行を監視するために設置された国際機関で、締約国による条約実施状況を定期的に審査することを重要な任務としている。日本は二〇一〇年三月に九年ぶりに二度目の審査を受けたのだが、審査後に公にされた同委員会の総括所見は、朝鮮学校に通う子どもたちを含む集団に向けられる露骨で粗野な発言と行為が引き続いていることを憂慮するとともに、高校無償化法から朝鮮学校を排除することを示唆する政治家のやり方についても懸念を表明している。朝鮮学校の不利益処遇が人種差別の問題として認識されている、ということである。

人種差別の禁止は、あまた存する国際法規範の中にあって、いかなる逸脱も許されぬ強行規範（ユス・コーゲンス）として別格の扱いを受けているものである。この規範が国際法の世界に浸潤したのは二〇世紀半ば以降のことであり、とりわけ人種差別撤廃条約が誕生した一九六〇年代以降における その位置づけは、国際法の構造的変容を示して余りある。別していえば、そこには国際法の記憶をめぐる闘いの跡が確然と見てとれるのである。

一般に記憶は、過去のある時点の出来事を表象するものとして静態的な位相を呈し、法の内にあって法（権利義務関係の確定）に資する役割を担う。しかしその一方で、法は記憶そのものとしてもある。現に、法律や条約に刻まれた原則、規則、手続きは「法における記憶の場」というべきものであり、そこにあっては、法もまた過去との対話に従事することを避けられない。法には過去に働きかけ、過去を再／記憶化する能力があり、この能力は、とりわけマイノリティにとって有意性をもつ。社会の支配的圧力にさらされ、集団としての一体性を脅かされる人々にとってみれば、その集合的記憶に法の外観を備えさせることは、集団の過去を想起させ、さらに、現在におけるその存在を認知させるうえでこのうえない制度的保障というべきものである。

他のすべての法と同じように、国際法もまた記憶の場として構成されている。国際法がいかなる過去をどう想起するのかは、国際社会全体の現在と未来の在り方を指し示すきわめて重大な問題である。人種差別撤廃規範には、植民地の記憶を法の世界に組み入れようとするマイノリティの力によってそのスペースを押し広げられてきた側面が見てとれるが、その一方では過去の記憶を封印しようとする力も強く働いており、両者の間の激しいせめぎあいが当該規範の相貌に深く刻まれているといってよい。人種差別撤廃規範をアリーナにした過去の記憶をめぐる闘いは、激しく政治化されながらも、専門家集団の間で法解釈という形をとりながら現在に引き続いていることはいうまでもない。

人種差別撤廃規範は、国際法において過去の記憶化の最前線を成すものといってよい。人種差別撤廃条約の前文にすでにして植民地主義と人種差別との関係性が示されているが、こうした認識は二一世紀の幕開けとなった年に南アフリカ・ダーバンで開催された反人種差別世界会議においてさらに踏み込んで確認されるところとなった。その要諦は、植民地主義の清算なくして人種主義の撲滅なし、ということであり、人種差別の背後に広がる植民地支配の過去を法の射程に組み入れる営みが本格的な足跡を記したということでもある。九・一一による圧倒的な逆風を受けつつも、その営みは命脈を絶やすことなく航路を刻み今日に至っている。人種差別を語る際に、過去への責任を法の言葉を用いて問う契機が拡大されてきているということである。

朝鮮学校の子どもたちが被る差別も、人種差別の問題である以上、植民地主義と切り離しがたくあって、切り離しがたくあるしかない。彼女らの処遇は教育を受ける権利というすべての子どもが平等に保障されるべき人権に直接にかかわる問題であり、もっぱらその観点から議論することももちろん正当なことには違いない。実際のところ、教育権の保障はどんなに強調しても強調しきれるものではない。だが同時に、人種差別の位相がそこに抜きがたく装着されている以上、これを植民地主義の問題として認識することもまた重要なことには違いあるまい。教育権の保障と人種差別の禁止の視点を連動させた対応こそが朝鮮学校との関係ではなにより求められているのではないか。韓国併合一〇〇年目にあってなお朝鮮高校の除外が公然と語られる状況を前に、過去の記憶化の意義をとりわけ痛感せずにはいられないところである。

(4)　多元的な社会へ

人種差別撤廃委員会は、日本の定期報告審査に際して、朝鮮学校や中華学校などの外国人学校が助成金・税の免除などで差別的取扱いを受けていること、学校の認可や上級学校への入学にあたって障害があること、アイヌその他の民族集団の子どもが自らの言語について指導を受ける十分な機会がないことなどにも懸念を表明している。こうした類の懸念は子どもの権利委員会や社会権委員会、自由権規約（市民的及び政治的権利に関する国際規約）委員会などからも繰り返し発せられているものである。

条約機関の一連の判断を促しているのは、社会における多様な声・文化を公的な場できちんと保障することの重要性である。マイノリティ集団は社会にあってマジョリティ集団と対等なパートナーとして位置づけられなければならないという認識であり、批判的多元主義（critical pluralism）というべき理論に強く共鳴するものといってよい。この理論にあって国家はマイノリティ集団と積極的な対話に従事するだけでなく、すべての集団が対話の場にパートナーとして参加できるよう制度を整えることを求められる。マイノリティが政策決定の場に効果的に参加する権利を保障した、一九九二年のマイノリティ権利宣言（国連総会で採択）にその旨が濃厚に現われ出ている。

国際人権法は、多様な集団間の相互作用を通して社会が発展していくとの前提に立つ。だからこそ人権条約機関は、朝鮮学校などマイノリティ集団に対する特別の配慮を日本に対して何度も要求しているのである。差別は論外として、ただ単に形式的に同等の扱いをすればそれでよい、という消極的な義務のみを課しているわけではない。マジョリティ集団からマイノリティ集団を隔離するパターナリスティックな多元主義（paternalistic pluralism）を要求しているのでもない。ダイナミックな社会へと発展していくために、マイノリティの文化・言語を積極的に支援することこそが求められている。そこでは国家自身のあり様も多様な集団の文化・声を容れて変革を重ねていかねばならない。

朝鮮学校やそこで醸成・継承される文化も、除外や排除の対象ではなく、社会・国家の変革を促す対等なパートナーとしての位置づけを与えられてしかるべきである。もとよりそれは過去の記憶を抹消してしまう副作用を伴うものではない。むしろ、批判的多元主義が深まるほどに、多様な声・価値が前景化し、法の再記憶化能力も高められていく。高校無償化をめぐる朝鮮学校の取扱いには、この意味において、国際法の歴史的・規範的潮流を反映した、より大きな文脈もかかわっている。法律の実施にあたっては、そのことも銘記しておいてもらわなければならない。

9 〈書評〉『非正規滞在者と在留特別許可――移住者たちの過去・現在・未来』

（近藤敦・塩原良和・鈴木江里子編著、日本評論社、二〇一〇年）

戦間期に欧州に出現した大量の無国籍者・難民が無権利状態に陥った情景を前に、ハンナ・アーレントは「譲渡することのできぬ人権、つまりいかなる特殊な政治的身分とも関りなく人間であるという単なる事実のみに由来する権利などというものがそもそも存在するのか」という問いを発し、「われわれの経験は、人権が無意味な「抽象」以外の何ものでもないことをいわば実験的に証明したように見える」と述べていた（『全体主義の起源2』（みすず書房、一九七二年）二七四、二八五頁）。

アーレントが当時、念頭においていたのは法律上の無国籍者といってよいが、現在は、形式的な国籍の有無にかかわらず滞在国において効果的な保護を受けられぬ一群の人々の存在が深刻な問題となって立ち現れている。その中心を占めているのが非正規滞在者にほかならない。その数は、全世界で二千万ないし三千万人に及ぶ。先進工業国への越境移動は、不均衡な国際秩序が作り出す不可避的事象の一つだが、経済大国・日本ももとよりその例外たりうるわけではない。本書は、歴史的視座、社会学的考察、判例批評、比較分析の手法を用いて、日本の「非正規滞在者・庇護希望者にさらなる希望をもたらしうる改善策を展望する」（序章）ためになされた共同研究の結晶である。明確な問題関心をもって差し出される一一篇の研究成果（と、序章）は、執筆者たちの廉直なまなざしを映し出し、どれも掛け値なしに読み応えがある。

戦後日本社会が今日に至るまでどのように非正規滞在者と向き合い、在特（在留特別許可）のあり様を変容させてきたのかを鳥瞰するには、三章に配置された鈴木江里子の論考を見るのが最適である。市場の要請やメディアの姿勢が非正規滞在者の処遇に直截に連動してきた実情が手にとるようにわかる。二一世紀を迎える頃から在特を受ける者が急増し、出身国の内訳も多様化し始めた。「通達」による不透明きわまる運用の仕方も、「ガイドライン」を通した透明な形へと変貌してきている。そこには歓迎すべき人権意識の浸潤もあるのだろうが、鈴木の透徹した分析眼は安易な楽観論を許さない。入管行政の新たな展開はバック・ドアの閉鎖を伴い、非正規滞在者包囲網を広げ、その排除を強化する力学を伴っていることに注意を喚起する。鈴木の口吻が伝えるように、非正規滞在者を翻弄し続けてきた企業や日本社会の責任も、むろん消し去られるわけではあるまい。

在特の法的根拠が入管法にあることはいうまでもないが、その始原は案外知られていないのではないか。挽地康彦とテッサ・モーリス＝スズキの論考（一、二章）は、占領期に遡ってその空白を埋める。冷戦イデオロギーの影響を強く受け、入管制度は共産主義破壊分子との闘いの最前線をなすものとして整備された。好ましい人々とそうでない人々を選り分けるため国家には大幅な裁量が認められ、現に法相は一九五〇・六〇年代にその権限を広範に行使して在特を与えるやり方を確立した。それが、今日にいたるまで姿を変えずに生き延びていることをモーリス゠スズキは批判的に照射する。在特の対象は長く朝鮮半島出身者に集中してきたが、挽地の精密な史的考察が解き明かすように、裁量権行使の背景に日韓の政治的なやりとりが濃厚に反映されていたことも見落とせない。

挽地とモーリス゠スズキの精察に接して、記憶の奥底に沈殿していた一つのことを想いおこしてしまった。密航や不法入国という言葉をはじめて知ったのは、物心ついてほどなくしてである。〝一本足頭突き〟で鳴るプロレスラー（故人）が実は力道山を慕って韓国からやってきた密航者であったこと、プロレス団体の顧問をしていた大物代議士の口利きで在留が特別に認められたこと、などがファンの間で公然と語られていた。馬場・猪木とともに三羽烏《さんばがらす》の一角をなした彼が日本にやってきたのは一九五〇年代末のことだったが、この一件は当時の国境の風景からすると必ずしも特異な出来事ではなかったことが挽地らの論考を通して再確認できる。なお、モーリス゠スズキは、有力者の働きかけが在特申請の結果を左右し得ることに加え、元入管職員の入管申請取次行政書士が「紹介料」をもらって政治家を斡旋してきた事実にも論及している。不透明な在特裁量は、禍々《まがまが》しき利権の温床にもなりかねぬ危うさを随伴しているということでもあろう。

行政手続きで在特を得られなかった場合には、司法的救済を求めることができる。児玉晃一と中島眞一郎の論考（六、七章）は、在特裁判の実態を分析するものである。児玉の調査によれば、これまで勝訴は三二例にとどまっている。その最も大きな原因は、児玉が教えてくれるように、法相の裁量権がきわめて広範なものと認められ、限局された場面においてのみその行使に逸脱・濫用があったと判断する手法を裁判所が採ってきたからである。もっとも、二一世紀に入ると少ないながらも裁判官の意識に変化が生じたのか、勝訴例が地裁のみならず高裁に及び、さらに最高裁においても原告勝訴を維持する判断が出てきた。内容的にも、比例原則を用いた判断が出てきているところは特に注目に値するのではないか。その一方で中島の論考は、当事者の立場に即して裁判例を類型化するとともに、自らが支援し在特を得られた四つの家族事例を紹介・分析する。裁判過程はもとより、判決後の顛末が丁寧に描出されているところに、この論考のまなざしが端的に見て取れる。

日本の状況をよりよく把握するには各国との比較が有効だが、その任を直截に引き受けているのが近藤敦・李漣珍・久保山亮の論考（八、九、一一章）である。近藤は正規化の方式を一般アムネスティ、在特、特別アムネスティと三つに区分けして、欧米はもとより、アジア、中南米まで調査の網を広げ、各国の実情を紹介している。近藤の主張は明快であり、日本でも在特の弾力的な運用か特別アムネスティが実施されるべきことを強く推奨している。他方で久保山は、欧州に焦点をあて、立体感あふれる精細な考察を手がける。五つの滞在正規化レジームを提示するこの重厚な論考から学ぶべきことは少なくない。なかでも正規化措置には国家と社会の側が負うべき責任という考え方が付随するという指摘は重要である。人権条約の果たし得る役割や、正規化と政権政党との関係性についての分析、さらに循環移民という概念の利用も含めた日本への具体的な提言も実に興味深い。また、李は、アジアに目を転じ、韓国における一般アムネスティと在特の解析を行う。市場と人道の要請が、裁量権のプリズムを通して不十分な合法化政策に逢着してきたことを説得的に解き明かす論考に仕上がっている。

本書には、このほかに三篇の研究成果が収録されている。これらの存在により、本書の学術的幅員は確実に広がった。その一つは在特と婚姻との関係性を「恋愛結婚イデオロギー」の視点に立って解き明かす山本薫子の論考（四章）である。「ガイドライン」は、日本人（特別永住者）との法的婚姻の成立を在特の積極要素として明記している。そこで前提とされる婚姻とは、男女が「真実の愛情」によって結び付いた結婚——近代以降のイデオロギーであり、日本では高度経済成長期以降に一般化したもの——とされるのだが、在特はそもそも「手段」としての結婚を事実上奨励してもおり、そこに大きな矛盾が胚胎していると喝破する山本の分析は、ことのほか印象的である。

在特を得るための条件が当事者に一定の規範的役割を要求するものであることは、高谷幸の研究（五章）でも詳らかにされる。高谷の考察は、日本人の子をもつ移住女性が在特を得るために「日本人の母役割」を割り振られる様を明らかにしている。近代家族におけるジェンダー化された女性役割を正統なものとして追認し固定する効能がそこに込められている。もう一つ高谷が強調しているのは、非正規滞在者が非正規状態にあることによって社会関係を構築することが困難になるという側面である。日本人男性に依存する女性の場合には、とくにその位相が強い。この場合には、正規化プロセスに入ることもさりながら、なにより男性への精神的従属を脱しなくてはならない。高谷のこの分析は、人間を「非正規滞在者」として一括りにしてしまう「法の暴力」（デリダ）の議論と深く共振している。

残るもう一篇は、オーストラリアの難民申請者政策を論じた塩原良和の論考（一〇章）である。本書全体のテーマに照らすといささかすわりがよくないところもあるが、とはいえ、脅威を排除するため「やむを得ない措置」として国境で行使される暴力が、国内社会にも不安定な状況を広げていく旨を実証的に説きあかす塩原の論旨は明快である。国内で自由や尊厳を守るためにも、国境のあり様から関心を遠ざけてはならない。この論考は日本社会への大切な警鐘と見るべきものでもあろう。

＊　＊　＊

多くの人に紐解かれるべき知的刺激あふれる本書は、「そこに書かれていること」を通して多大な知見を提供してくれるだけでなく、関心を共有する者に対して、「そこに書かれていないこと」への想像力をかき立てずにもいない。本書を括りながら考え続けたのは、一一人の論客たちが暗黙裡にせよ依拠している法／政治思想はいかなるものか、ということであった。

「国境における人の往来をまったく管理しないということは現実的ではない」という一節（二四六頁）に塩原が思想的意味合いを託しているのかは判然としないが、本書では全篇を通して「閉ざされた国境」とその内に存する政治共同体の存在が所与の前提とされ、非正規滞在者は共同体構成員〈私たち〉の〈他者〉として位置づけられている。近代思想の常道であり、非正規滞在者の苦境からの脱却も、共同体構成員に組み入れられることで実現するものとされる。構成員の概念をどのように把握するかは一義的に定まっているわけではないものの、本書の執筆者たちは概ね社会構成員性 societal membership という考え方に立脚しているように見受けられる。この考え方によれば、滞在社会とのつながり（社会統合）の深度によって構成員性の付与が判断されることになる。適用される具体的基準こそ異なれ、近藤や久保が描出する各国の正規化は基本的にこの考え方に基づいており、欧州人権裁判所の判例も日本の「ガイドライン」も、同様の思想的基盤に立っているといってよい。

広く受容される社会構成員概念の採用に異論を唱えるつもりはないが、ただ、法／政治思想の問題として、つまりは現時点で直ちに実務に受け入れられるかどうかは別として、「非正規滞在者・庇護希望者にさらなる希望をもたらしうる」筋道はこれ以外にはないのだろうか。非正規滞在者は、社会・経済生活の実態を〈私たち〉に近づけることによってしか救われないということなのか。この点で、本書には現われ出ていないけれど、共同研究の実施にあたって、「人権」の役割についてどのような議論が交わされたのかが気になるところである。「人である personhood」ということのみによって、非正規滞在者の尊厳を保障する制度的回路は開かれないものか。高谷や鈴木の論考が触れている、正規化プロセスにも入れぬ究極の非正規滞在者たちは、社会的に統合されていないという理由で不安定な日々を強いられ続けてよいものなのか。

グローバル化が世界を覆う今日、先進工業国の国籍（シティズンシップ）はプラチナカードにも等しくなっている。どの国に生まれ出るかによって私たちの運命はまったく違ったものになる。しかしそれは、自律した個人の合理的選択の結果などではなく、まったき偶然の帰結である。非正規滞在・在特をめぐる問題も、結局のところはその偶然性（恣意性といってもよい）に由来するものにほかならない。そうである以上、非正規の生み出す不利益を当人に一方的に負わせることには抑制的であってしかるべきではないか。国籍あるいは在留資格というものに対して、根源的な次元でもっと懐疑的なまなざしを向けてもよいように思う。また、在特を国の裁量とみなすことを可能にする「閉ざされた国境」の法的根拠は、国際法、それも国際慣習法に見出されてきた。だが、そのような慣習法規は真に存在しているのか。存在するとして、いったいいつどのように形成されたものなのか。議論の大前提として、国家の国境管理権限にかかる国際法言説を系譜学的に辿り直してみる必要もありそうである。

本書がいざなってくれたもう一つの思索は、高谷の論考と共振している法の暴力にかかわる。既に述べたとおり、非正規滞在者は〈私たち〉とは異質な〈他者〉として定位されている。問題は、〈他者〉を非正規滞在者という枠に強引に括ってしまうところにある。権利確保のために避けられぬ戦術的選択であることは分かるが、とはいえ、そこには多様な実在たりうる人間をただ一つのカテゴリーに押し込める言葉／法の暴力が発現していることも見逃してはなるまい。そしてなにより心に留めおくべきは、そうした法の暴力が〈私たち〉の中心性を強化してしまう構造的必然である。非正規滞在者という〈他者〉は、正規化プロセスを通して〈私たち〉に生まれ変わる（あるいは近づく）ことで生活の安定をかなえる。言祝ぐべきことには違いないのだろうが、しかし同時に、そこには〈私たち〉の中心性を強化する力学が働くことにもなる。別言すれば、非正規滞在者を社会構成員に組み入れる議論は、〈私たち〉の再構築・再生産という政治性を色濃く湛えてもいるのである。

オーソドックスな国民国家論からすれば、そこにはまったく問題がないのかもしれない。だが、未来に開かれた多元的社会を構想するのであれば、正規化プロセスは、〈他者〉を生まれ変わらせる以上に〈私たち〉を変革する契機とすべきものではないのか。「非正規滞在者の正規化」という語句に重ねて登場する「正規」という言葉も絶えざる再解釈（脱構築）に晒されてしかるべきである。本書の序章は、日本の「多文化共生」政策が「包摂」の背後に好ましくない外国人を管理し排除する論理を隠し持っていることを指摘している。「多文化共生」が、〈私たち〉の強化・再生産ではなく脱中心化（変容）に資すべき旨を示唆しているのであれば、まったく同感である。非正規滞在・在特をめぐる議論も、〈私たち〉のあり様を根源的に捉えなおす批判的思考に支えられることで、いっそう実りあるものとなろう。本書は、そのことを考える格好のようすがにもなっている。

本書に接し、入管法制／政策に関する研究がますます多角化し、厚みを増していることを実感できた。日本における非正規滞在・在特にかかる研究として、本書は今後、必読の文献として永きにわたり参照され続けていくに違いない。

10 〈書評〉『国際難民法の理論とその国内的適用』

（本間浩著、現代人文社、二〇〇五年）

(1) 難民条約五〇周年

国際人権法の要ともいうべき世界人権宣言が半世紀を迎えた時がそうだったように、国際難民法の礎たる難民条約が五〇周年を画した二〇〇一年もまた、世界各地でこの重要な法文書の来し方行く末が様々な切り口をもって語られる年となった。一九九〇年代に難民保護という本来の任務を放棄したのではないかとまで揶揄されたUNHCRは、庇護の理念の蘇生と自らの役割の再定礎を目的としてグローバルコンサルテーションを招集し、各国政府、研究者、NGOとの間で精力的に議論を推し進めていった。その討議に供された諸論考を収録したRefugee Protection in International Law：UNHCR, s Global Consultations on International Protection（E. Feller et.al. eds.）が出版された二〇〇三年には、Problems of Protection：The UNHCR Refugee and Human Rights（N. Steiner et.al. eds.）とThe Refugee Convention at Fifty：A View from Forced Migration（J.Van Selm et.al. eds.）という、いずれ劣らぬ刺激的な論文集も刊行された。これらをあわせ読むことで、二一世紀初頭における国際難民法の現状に相当程度、精確に接近することができるのではないかと思う。

ダイナミックに展開する国際難民法のグローバルな潮流と連接しながら、日本における難民法の議論を主導してきた代表的な存在が本間浩教授（著者）であることに異論を唱える向きはあるまい。この国の難民法研究の端緒を本格的に開いた『政治亡命の法理』（一九七四年）は国際法学の古典として永遠の生を永らえるにふさわしい強靱な力を湛えた一書だが、著者はその後も、ドイツの庇護手続の実態を委曲を尽くして解析する『個人の基本権としての庇護権』（一九八五年）や、難民問題の実相を深い歴史的視座をもって平易に解き明かす『難民問題とは何か』（一九九〇年）などを断続的に世に送り出してきた。そして二〇〇五年に至り、飽くことなき学問的関心の下に著されたのが『国際難民法の理論とその国内的適用』である。本書と上記諸論文集との時代的切り結びは濃密であり、大家にしてなお同時代に謙虚にかつ批判的に向き合うその知的廉直さに、改めて深い敬意を表さずにはいられない。学問研究の原点である旺盛な知的好奇心と執拗なまでの問題関心の持続によって生み落とされた本書には、研究者としての歩みをけっして絶やさぬ著者の清冽な息遣いが奥深く刻み込まれている。

(2) 難民の概念と認定——実務への示唆

本書の目的は明確である。「難民保護の根源的な原理を熟視」し、「そのうえで、難民保護に関してあるべき原則の仕組みを考察し、それを尺度として日本の制度における問題点を検討する」（一

○頁）ことである。「あるべき原則の仕組みを考察」するにあたっては、難民保護の経験を幾重にも積み重ねてきた欧米諸国、とりわけ著者の造詣の深いドイツの法実務が参照の対象とされている。

難民問題に接近する著者の方法論を名指せば、自由主義思想にもとづく法実証（実定法）主義ということになろう。私（評者）自身はポスト構造主義的なアプローチに魅力を感じ、その手法をもって難民認定の政治性を告発してきた一人なのだが、本間教授は、そうした法外要素に重きをおくやり方をやんわり斥けて、こう述べている。「難民の認定は、国際政治上の政策的判断によって決定されるという一面がまったくなかったわけではないが、なによりもまず、欧米の自由主義的価値観を基礎とする国内法の枠内または基準の下に決定されているのである」（八七頁）。

著者の採用する方法論は、グラール・マッセンやグッドウィン・ギル、ウォルター・ケーリンといった国際難民法の主流を担う法学者たちが綿々と受け継いできたもので、おそらく最もオーソドックスといってよいのだろうが、その特徴をさらに敷衍すれば、次のような点を指摘できよう。第一に難民条約を重視し、第二に同条約上の難民概念の明確化に力を注ぎ、第三に難民認定手続の精錬を求め、第三に難民保護を担うUNHCRの役割を重視する、といったところである。国家の有する領域主権／国境管理権限の優越性を所与の前提として言説を構築する点にも共通性がみられる。

領域主権に関連して一つ付言すれば、自由主義思想の中にもむろん国境の開放性を打ち出す有力な論者は少なくないが、それでも国境の閉鎖性を自由主義の帰結として描き出す論者が多数であることは知ってのとおりである。ロナルド・ドゥオーキンやジョン・ロールズがそうであり、マイケル・ウォルツァーがそうである。ウォルツァーが述べるように、避難の地を求める難民であれば誰でも受け入れるということになると、洪水のように人が押し寄せてきてしまう、という恐れ――ただし、私はその実証的根拠を寡聞にして知らない――が、国境の開放を阻む決定的因子とされている。

世界人権宣言や領域内庇護宣言が個人の庇護（被付与）権にまで踏み込めなかった最大の要因もまた、大量難民流入の勃発可能性にあった。国境によって内（私たち）と外（彼ら）とを二分し、内の保全を最優先する自由主義思想は近代国家のあり様を彩ってきた基本原理であり、欧米を発出源として世界に広められた国際法の思想的バックボーンでもある、その政治思想が、歴史の偶然と必然との間で揺らぎを見せながらも今日まで根幹において変わらずに維持されてきている様が、難民保護の史的展開を簡潔に描写した本書第一章から見て取ることができる。

国家が庇護を与える国際法上の根拠は領域主権にある、というのが著者も認める一般的な法認識であるが、しかし、「難民庇護の効果として、当該者を領域主権の内側に入れることによって当該者に対するその本国からの侵害の矛先から当該者の生命、自由を守ることになる、という仕組みは、庇護国がその国境を越えては実行できない人権保障システムをその保護によって補完しうるという意義を有する」（五四頁）ことも否定できない。こうして、領域主権を基礎とする難民保護は人権保障と密接な関係をもつことになる。

難民条約が主権と人権とをうまく架橋して難民保護の公正さを担保できればよいのだが、「難民条約には難民認定手続および認定基準に関する規定が欠けているばかりではなく……難民認定の希求者または申請者の出入国管理上の処遇および難民と認定された者の受け入れに関する規定も欠けている」（八八頁）。難民条約のこうした「重大な欠陥または限界」（九頁）を補うのは、各国の国内政策であり、現にドイツやフランスなど欧米諸国はそれぞれの国の憲法に具現化された人権保障原則を拠り所に庇護制度の拡充をはかってきている。著者は、こうした国々と対照的な日本の状況、とりわけ裁判所の姿勢を念頭におき、一般国際法上、各国の主権的事項とされていることを理由にただちに国内法上も国の自由裁量に委ねられていると解することは「誤りである」（四八頁）と厳しく論難する。国際法上国家に委ねられた権限を各国がどのように行使するのかは国内法にかかっており、日本でも、憲法の基本的人権尊重原理が、庇護付与にあたり国に一定の制約を課していることが何度となく強調されている。

庇護付与にあたり鍵となる概念は「迫害」といってよいだろうが、難民条約の中核に位置しているにもかかわらず、この概念は非常に抽象的で曖昧である。本書でも、迫害と人権侵害との「重なりと乖離」が丁寧に論じられているのだが、各国で迫害の解釈が異なっているために、迫害の同定作業は「混迷をきわめたままである」（六四頁）と著者は告白する。

こうした原理的な問題を論じた後に、本書は、難民条約の国内適用との関連で最も関心が集中する難民認定手続の分析に分け入っていく。「難民認定に関心の置かれるようになるのは当然である、ということができる。……難民資格認定の結果、法律上の権利として、または事実上当然に、当該認定国による受入れを得ることができるのであるから」（九四頁）。難民認定手続については、UNHCR執行委員会「結論」などを通じ一定の水準の充足が国際的に強く求められてきており、本書では、この面でも先進的な実績を残すドイツの実情が詳しく論じられている。特に印象深いのは、申請の道を閉ざさない制度的配慮と難民認定機関／異議申立機関の専門性・独立性の相貌である。

UNHCRの関与の実態にも関心が払われているのだが、ここでも日本との違いが浮き立っていることを強く感じてしまう。特にフランスでは、「UNHCRによって、マンデート難民として認定された者は、難民条約上の難民および憲法にいう『自由のために祖国を逃れる者』とともに難民条約上の地位が与えられる」（一一一頁）という。著者は、マンデート難民の排除すら厭わぬ日本の行政府と司法府の判断を舌鋒鋭く批判してこう述べる。「UNHCRが当該難民認定希求者を厳密な意味のマンデート難民として認めた場合には、当該者から難民認定申請を受けている国が、自国の難民認定基準とUNHCRのそれとの違いという理由で難民不認定の決定を下すことができるだけの合理的理由はもはや存在しない、といわざるをえない」（一一四頁）。

二〇〇五年になり、日本で初めて難民認定手続が改編された。改定入管法の実施状況には依然として不透明なところが多いが、それでも、本書では、従来の入管法の問題点を整理しつつ、改定後になお残る重大な懸念を四点に集約して的確に論じている。その四点目は難民審査参与員制度についての指摘であり、私は、そこに、ことのほか強い共感を覚えた。難民認定は独立性と専門性を欠かせぬ高度に技術的な営みであり、現在のように、そのことが適切に踏まえられないままに作業が進められていくことには大きな危険性（公正な難民認定が歪められてしまう危険性）を感じずにはいられない。

本書は、このように難民認定手続の制度的形姿を見つめると同時に、難民認否を決定的に左右する立証責任と立証基準のあり様にも精密な分析を加えている。「証拠欠乏の状態」にある難民申請者には面接による事情聴取が不可欠である。本書ではドイツの先進例が紹介されているが（一三九頁）、私が個人的に関心を持っているカナダでも、申請者と直に面接することなく難民認否の決定を行うことは憲法上許容されていない。著者が指摘するように、申請者の面接が軽視されがちな日本の実務慣行は早急に是正されてしかるべきであろう。

立証責任は申請者と認定機関との間で配分されるというのがグローバルスタンダードであることに異論はないと思う。ドイツでも、個人的体験について具体的に語る責任が原則的に申請者に課せられる一方で、「認定機関の側が自らの判断で当該者の申立から迫害のおそれを少しでも察知しうる場合は、認定機関は自らの権限に基づいて、この一般的状況について調査しなければならない」（一四五頁）とされる。ただし、認定機関が調査を行うにあたり、「政府機関を出所とする情報を出身国情報を把握するための根拠とするには、慎重な扱いが必要とされる」（一四八頁）。「申請者の陳述内容を認定機関が否認する場合、その否認については認定機関が立証責任を負うのであるが……その立証のための証拠収集が当該者に対してはもちろん、その家族など関係者に対しても危険のおそれを及ぼすようなことがあってはならない。ましてや、否認のための証拠収集方法として、当該者の本国にいる家族など関係者のもとで調査することはあってはならない」（一五〇－一五一頁）。この一節は、クルド難民を対象に日本政府が公然と行ってきた醜悪な調査活動を念頭に置いた痛烈な掣肘にほかなるまい。

立証基準については、米国連邦最高裁の示した「合理的可能性」の基準が紹介されている。常道といってよいが、ただ米国では、難民認定とノン・ルフールマンの場合とで立証基準が異なっており、しかも後者のほうが厳格な立証（「明白な蓋然性」の基準）を求めるというなんとも奇妙な法状況が続いている。著者は、こうした問題点の摘出も怠らない。

本稿の冒頭で記した二〇〇三年刊行の三つの論文集との同時代的切り結びを最も強く感じたのは、難民保護をめぐる現今の複雑な問題群に踏み入っていく第五章である。「特定の社会的集団の構成員であること」を手がかりに難民概念を拡張する各国の先例の分析、女性難民、子ども難民の実態、変容する迫害主体とくに準国家的迫害・破綻国家における迫害の位相、国内避難可能性（internal flight alternative）、後発的難民の取り扱いといった、いずれも一筋縄ではいかぬ現下の問題群が次々に俎上に上げられ、巧みに調理されていく。日本の今後の難民認定実務にとって宝庫のような有益な分析がちりばめられているといってよい。最終の第六章は大量難民保護問題への対応としてフランスにおける「補完的庇護」の制度などに論及するが、簡潔にまとめられたこの章にも、日本の難民政策に示唆を与える重要な思考の環が随所に配置されている。

(3)　批　評

「日本の人権尊重原理が、頑なで守旧的である状況を脱して、柔軟に対応しうる活性化した原理に変わることができるかどうかが、国際難民法の日本国内での適用問題を通じて試されている」(一三七頁)。本書は、こうした問題関心によって徹頭徹尾貫かれ、ドイツなど欧米諸国の豊富な経験を日本の難民保護の土壌に効果的に生かしていく術を模索するよう強く呼びかけるものとなっている。私が大学院博士前期課程に入学したのは一九八一年のことであるが、同年は、日本が遅まきながら難民条約への加入手続をとった記念すべき年でもあった。同条約の日本における国内適用の問題は、したがって、歴史の偶然としてではあるが、私の研究生活の歩みとともにある。それゆえにこそいっそう著者の呼びかけに応答すべき責任を回避するわけにはいくまいと思いつつ、しかし同時に、法領域を共有する評者の責任として、本書に対する若干の問題提起を避けてとおるわけにもいかないと思っている。三点指摘する。

まず第一に、難民条約を「聖域」において議論を展開する著者ら法実証主義者の営みは、確かに難民概念や難民認定手続の精緻化を促してきてはいるが、現実をみやれば、その精緻化された難民認定手続の場にたどり着ける難民申請者が激減しているという圧倒的なリアリティが出来している。著者が深い信頼をおくドイツなど先進工業国における難民申請数は、いまや冷戦終結前の水準にまで低落してしまった。難民申請を希望する人間たちが減ったからなのではない。多くの人々が指摘するように、先進工業国があらゆる手段を使って「北」に難民を移動させない仕組みを世界大で張り巡らせているのである。大掛かりな難民封じ込めあるいは難民排除政策といってよい。先進国が協働して実施するこうした政策が日々深化していく様は、本書ではまったく描かれていないものの、難民認定手続の精緻化という著者たちが精魂を傾ける貴重な営みを根底から無化してしまうほどの衝撃的なものではないのか。冷厳な現実の深まりを前に、法実証主義アプローチはいかなる対抗力をもちうるのだろう。

また、難民概念の精緻化はそもそもいったい誰のために行われているのか。少なくとも、難民としての保護を求める人々の経験や声が反映されているわけではないことは確かである。難民としての保護を求める人々の圧倒的多数は「南」の領域にとどまったままでいる。しかし彼ら／彼女らは難民条約上の難民として処遇されることはない。そもそも、同条約の規格にそぐわないとされているからである。難民条約や同条約上の難民概念をつくり上げ精緻化させている動力は、難民として助けを求める人間たちの具体的な声や経験ではなく、先進工業国の政策決定・司法エリートたちが奉じる価値的枠組みにほかならない。女性難民との関連で高く評価されるジェンダー・ガイドラインにしてもその果たしている機能は先進国の政策的判断から切り離して考えることはできまい。難民概念の精緻化は、先進工業国のエリートにとって好ましい難民像の深化そのもののように見える。

法実証主義者は、UNHCRに無批判なまでに高い評価を与えがちでもある。だが、この組織こそ、過去一〇年来、世界の難民たちを冬の時代に追いやった張本人の一人であったことを忘れてはなるまい。先進国の資金供与に頼らざるをえないUNHCRは、本来の人道的任務と政治的現実との間で絶えず揺れ動き、時には綱渡りのような芸当を演じてきてもいる。この組織に拭いがたく備わったそうした脆弱で不安定な位相の考察ぬきに、人道の外観だけを信じて終わるわけにはいかないだろう。むろんフランスにおけるマンデート難民の処遇は日本からみれば夢のようではある。だが、マンデート難民は実際にはどれだけ認められているのだろう。他方で、日本においてUNHCRがマンデート難民を認めなくなっているという現実は著者の位置からはどのように見えるのか。

第二に、著者は、多くの国際法学者がそうであるように、自由主義思想に立って庇護の国際法的根拠を領域主権に見出すとともに、人権原則の実現を各国の国内政策、特に憲法原理の問題と位置づけている。本書は、国際難民法と国際人権法との連関についての考察をけっして欠かしているわけではないが、それでも国際人権法がすべての国に――人権条約に限定していえば締約国に――、その管轄下にある「すべての者」への人権保障を義務づけているという法状況への関心はそれほど高くないように見受けられる。だが本書でも引用される難民法の泰斗ジェームス・ハサウェイ教授の解析した迫害概念は世界人権宣言・国際人権規約を直接の引証基準にしており、のみならず、迫害概念と国際人権法とを連結するこうした法解釈は、学説の域を越え、とりわけ英米法圏では難民認定実務に浸透するまでになっている。そこにおける迫害概念の同定／難民の保護は、単なる国内政策の域にとどまるものではなく、国際人権法によって課せられた国際義務の履行という側面も併せ持つというべきであろう。

もとより人権の実現は著者のいうように「領域性」から切り離して語ることはできない。しかしそうではあっても、いまや領域主権（管轄権）の行使は国内法によって制約を受けるだけでなく、国際人権法や国際人道法によっても直接に制約を受けるようになっている。国際法規範に照らして迫害が定式化される理論・実務状況が広がっていく情景を見るにつけ、庇護の問題はもはや国内法／政策の問題に還元してしまえるものではなくなっているのではないかという思いを強くする。難民認定の公正さが「難民の本国に対しても信頼を与えるのでなければならない」（八七頁）のであれば、迫害概念と難民保護を国際的正統性を担う国際人権法に直接に連結させるのはなおのこと重要になるのではないか。

第三に、著者は、本書において日本の裁判所に対する失望の念を隠さない。その一例として、難民不認定処分取消の訴えを斥けた名古屋地方裁判所の判断が引き合いに出されている。著者が強く批判しているのは、「行政庁がすでに下した判断の後の事情変化を司法府が判断すること」を差し控えた点である。「本国における……事情変化のために重大な人権侵害のおそれが生じ、またはいっそう深刻化している場合、それにもかかわらず、司法府がその事情変化前の行政庁の判断に対する事後審査のみに徹して、司法府の判断可能な時点における重大な人権侵害のおそれの有無についての判断を回避するとすれば、人権擁護の最後の砦としての司法府の役割を放棄することを意味する」（七八頁）と著者はいう。なるほどと思うが、ただこのケースとは逆に、不認定処分が処分時には違法であったが判決時（口頭弁論終結時）には適法になってしまった場合、つまり、難民としての保護を求める原告に不利な事実状態の変動があった場合について、著者はどのように考えるのか。この場合には、処分時を違法判断時とする説を採用するのだろうか。

いずれにせよ、日本の取消訴訟においては「原処分後の事情の変化は原処分の適否の判断に影響を与えない、というのが通説・判例であり、実務的にも確定している」（日本弁護士連合会人権擁護委員会編『難民認定実務マニュアル』（現代人文社、二〇〇六年）一九四頁）とすれば、この法状況をどのような理路をもって修正するのか、もう少し行政訴訟一般を踏まえた説明があってもよいように思う。

ところで、この国では、難民不認定処分についての司法判断は、ほぼすべて取消訴訟という類型の下に示されてきた。そして不認定処分が取り消される場合には、裁判所が難民性を実質的に判断するのが一般的である。つまり、難民不認定処分取消訴訟の実態は実質的判断代置方式審査であるといってよい。裁判所自身が難民認定をしてきたのである。

しかしこうした訴訟のあり方が果たして制度的に適切といえるのか、私には確信がもてない。難民認定は、高度の判断能力を備えた専門家が、申請者との公正な面接を経て初めて成しうるはずのものである。「事実のあてはめ」という表現をもって性格づけられる難民認定であるが、実際のところ、難民要件は法的評価を必要とする規範的要件といってよく、信憑性の評価にしてもおよそ

「事実のあてはめ」とは対極に位置する営みといってよい。「あてはめ」ではなく「判断」が難民認定過程を支配しているのが実情なのである。それだけに、難民不認定処分取消訴訟にしても、本来は、実体的判断過程統制審査として運用されてしかるべきではないかという思いが拭い切れない。二〇〇四年に行政事件訴訟法が改正され、義務付け訴訟が法文上明定されることになったが、難民不認定処分取消訴訟の実質が判断代置のままであるとすると、拒否処分対応型義務付け訴訟との区分けについても相応に整序しておく必要性があろう。

このほか、難民訴訟については、認否処分の行政行為としての類型化や、要件事実論との関連での主張立証責任の所在など、多くの重要な問題が未整理のままにおかれているといってよい。他国・国際法において培われてきた難民保護をめぐる様々な知見を日本の司法の場で具現化するには、行政法・民事訴訟法等が育成してきた精微な諸概念との連接とその効果的な援用を欠かすわけにはいくまい。もとより、この指摘は著者には釈迦に説法にほかならず、そもそも本書の射程を踏み越えてしまっているのかもしれないが。

著者は、「本書で紹介し、検討した諸国の経験則を利用して、以後、その観点から、日本の判例を中心とする諸経験を評価しようと思っている」（二頁）という。「ただし、その評価作業の成果を発表できるのは、数年後の学園生活終了後になるであろうし、老骨の身に鞭打っても私の能力が続くかどうかにかかっている」（三頁）というのだが、むろんこの件は、著者の暖かな人間性を投影した謙譲の精神の表出というべきものであろう。数年後に刊行が期されるその新たな大作の中で、この拙い書評で呈した問題提起への応答をいくばくかでもいただけるなら、評者としてこの上ない喜びである。

11　遍在化する境界と難民の認定

(1)　はじめに

グローバル化が進めば、国境や境界が無くなると言われていましたが、実際にはあちこちに境界が立ち上がっています。それが、「遍在化する境界」という言葉に込めた意味です。国際関係論の専門家である土佐弘之氏の知見に触発されて私も使うようになった言葉でもあります。

いうまでもなく境界は人間の動きを封じ込めるものですが、しかし何らかの形でそこに穴をあけて、あるいは壁を低くして、境界を通過していく人たちがいる。そうすることによって、民主主義のあり方も閉鎖的にならずにすむところがあります。そうした役割を演じているのが、難民や難民申請者、あるいは非正規滞在者に分類される人たちにほかなりません。そういう人たちに対して、私たちはどのように連帯することができるのでしょうか。また、国際人権法や難民法はどのような貢献をできるのでしょう。この講演では、マクロな視点とミクロな視点に立って、お話をしていきたいと思います。また、本年（二〇一二年）の一月末から難民審査参与員の仕事を始めて二十数件を担当しましたので、その中で得られた経験についても、少しばかりご紹介させていただきたいと思います。

(2) 私たちが生きている時代の風景――監視統治の時代

(a) 時代をどのように見るのか

最初に、私たちの生きている時代をどのように見るのか、というところから考えてみましょう。生きている時代をどのようにとらえるかは、それぞれの人の感性であるとか、物の見方によってだいぶ違ってきますので、私がお話しする内容が皆さんに共有されるかどうかはわかりません。ただ、研究者や移民・難民問題に関わっている多くの人たちによって、少なからず共有されるところもあるのではないかと思います。それを一言で言い表すと、こういうことになるでしょうか。すなわち、今は監視統治の流れが非常に強くなっている。しかしそれは、人々に「安全」を確保し、物事を効率化し、便利にしていく側面もある。このため、監視統治の強化を歓迎する声も相当に大きい。言い換えれば、安全や便利といったものに至上の価値をおく思考態度の広がりによって、監視統治の深まりが正当化され、現に広く支持されている。私などは、監視とか統治といった言葉を聞くと皮膚感覚として脅威を覚えてしまうのですが、社会の現実を見るに、一概にそれを悪いと断言してしまうと、むしろ強い反発を受けることになる。そんな時代なのでしょう。大切なのは、監視統治の深まりを悪として切り捨ててしまうのではなく、その文脈を脱臼させ、書きかえていく営みなのだと思います。

(b) 新しい外国人在留管理制度

二〇一二年七月に、新しい外国人在留管理制度がスタートしました。ご承知のように日本では一九四七年五月二日、外国人の在留を管理するため外国人登録令が発せられました。この日付一九四七年五月二日は、日本国憲法が施行される前日です。つまり、大日本帝国憲法下最後の日に作られたのがこの外国人登録令なのです。日本国憲法の下で解体されることになる内務省の息が強くかかった形で生み出されたものといってよいでしょう。それがその後外国人登録法となり、この七月に廃止されることになったわけです。

この外国人登録制度が一貫して対象にしてきたのが、在日朝鮮人でした。表現の仕方には、在日韓国・朝鮮人、在日コリアンなどがありますが、少なくとも当初は在日朝鮮人というしかなかった。その在日朝鮮人を監視、あるいは規律の対象に取り込んだのが外国人登録令でした。しかしその後、特に一九八〇年代から日本における外国人をとりまく風景は大きく変わっていきます。一九七〇年代の終わり頃からすでに多くの外国人が日本に労働の場を求めてやってきて、定着していく状況になり、これに応じて研修であるとか技能実習といった在留資格が設けられ、さらに、定住者として日系人の受入れが始まります。そしてグローバル化が一九九〇年代からさらに拍車がかかり、気がつくと、在日朝鮮人のみを管理の対象とするような制度は、もはや現実的には機能しないような状況になっていました。

新しい在留管理制度の下では、三カ月以上日本に〝合法的に〟在留する人たちは、住民基本台帳に登録され、住民として位置づけられることになりました。それは一面で行政サービスを効率的に提供し、「外国人との共生」を進めて行く上で、明らかに効果的なところがあります。その意味でそれを肯定的に評価することは一概に間違いとはいえない。しかし他面で国家が近代の歴史の中で住民との関係をどのように構築してきたかという歴史の視座に立って見てみると、絶えず社会というものを掌握しようとするというのが国家の歴史であったことがわかります。現在、日本では、住民基本台帳ネットワークを通して日本国籍を持っている人たちの情報は一元的に管理されるようになっています。それが、三カ月以上在留する外国人にも及んでいくわけです。社会に対して、日本という国家が侵入していく度合いがますます強くなっていくわけです。つまり、社会を掌握する国家の力が強くなっていくということ。言い換えれば、監視装置の強化です。そうやって住民を掌握することにより、国家としては、必要な時に、必要な資源を回収することが可能となる。そういう仕組みができあがっていくことでもあります。

もう一つの在留管理制度の強化の特徴は、他者を排除するということです。住民基本台帳に載ってこなくなる外国人を「他者」として排除するわけです。日本社会に不要な存在としての他者を制度的につくりあげていくことにほかなりません。ここに、非正規滞在者や在留資格のない難民申請者が入ってきます。つまり、便利あるいは効率というものを追求する裏面において、他者が名指しされ、制度的に排除される力学が働いていく。それがはっきりと見えるようになっていきます。一面において大変便利な仕組みは、他面では大変に暴力的な状況を広げていくことになります。それをどれだけ、肌感覚として感じられるかというところに、社会の行方が関わっていると考えます。

(c) セキュリタイゼーションとプライバタイゼーション

こういう制度が導入されるようになったのは、日本に在留している外国人の層や風景が根本的に変わってきたからでもありますが、しかし同時に、在留管理を法務省入国管理局のもとに一元化していく流れは、非正規滞在者が日本において安全を脅かす危険な存在であり、犯罪の温床と煽られてきたからでもあります。これは世界的に見られる現象で、セキュリタイゼーションと呼ばれ、日本語では安全保障問題化、あるいは安全保障化と訳される現象です。危機を煽ることによって新しい制度をつくりあげていく。日本における在留管理制度変容の背景には、このセキュリタイゼーションの力学も働いています。

セキュリタイゼーションは、実は国境内に在留している外国人だけではなく、国境を通過しようとする場で、より強く働いています。新しい在留管理制度は、現在の日本の入国管理のあり方と密接につながっています。これまでの在留管理は、在日朝鮮人をターゲットにしてきたのですが、在日朝鮮人の多くは日本の国境を通過してきた外国人ではありませんから、実は、入国管理と在留管理が結びつかないこともありました。しかし現在における外国人の過半は、国境を通過して日本に入ってくる人たちですので、国境管理と在留管理が接合していくことになります。その両方が、セキュリタイゼーションの力学によって結びついているのです。

現在の日本の国境管理のあり方は、先進自由主義諸国に共通にみられる現象をそのまま体現しているものでもあります。これは一方では、セキュリタイゼーションという言葉に代表され、他方ではマーケットと市場の要請、経済的な利益増進の追求といってよいものです。この二本柱が国境管理の特徴といえます。とりわけこのセキュリタイゼーションが、管理や防止という形で国境のあり方を変えているところが際立っています。

また、脅威を水際で阻止し、あるいは日本に寄せ付けないためにバイオメトリックスなどが導入されたり、日本に移動する前の段階で移動を阻止することがますます行われるようになっているのですが、そうした事前の防止措置を国が直接行うのではなく、民間に委託するという、プライバタイゼーションの現象が進行してもいます。例えば、航空会社が航空機に搭乗する前に、旅券等の審査を行う体制を強化したり、入国審査官を外国のハブ空港に派遣してそこでチェックを行う。このように、入国管理を域外で行い、その一部を民間に委託して実施するようになっているわけです。

脅威の未然防止という点ではビザを発給しないことが、一番効率的な手法の一つです。ビザは、最も古くからの領域外での入国管理の道具であると言われています。どの国にビザ要件を課すのか、どの国に課さないのかということは、入国管理政策の端的な現れなのですが、ビザの申請に関しても、現在は最終的な決定権は国におきながら、現場での処理を民間に委ねていく、つまり、様々な事務的手続きのプライバタイゼーションが拡大してきています。例えば、"VFS Global"という会社は、入国管理に携わる巨大企業といえ、先進自由主義諸国を中心に、世界三八か国の査証業務を代行している実態があります。

こうした形でセキュリタイゼーションとプライバタイゼーションが進んでいるわけです。これを世界的規模で言い直すとどう表現できるかというと、「グルーバルノース」といって、豊かな先進自由主義諸国が共通して国境を管理する状況が深まっている。先進自由主義諸国はグローバル化の流れの中で、国境や領域を強化し、決して境界がなくなるわけではなく、むしろそれは強化されている。「再領域化」とも言われています。ただしこの再領域化あるいは国境管理の強化は、市場・経済のフローを促進することを大前提として進んでいます。

他方で、人が移動してくる源となっている「南」、「グローバル・サウス」は、ますますその領域性を希薄化される状況になっています。つまり日本を始めとする先進自由主義諸国は、軍事的あるいは非軍事的な手段を使って、当該国の同意を時に得ずして、国境内へ介入して行く契機をどんどん強めています。つまり国境自体がどんどん力をなくしているのがグローバル・サウスの状況なのです。その一方で、「南」に介入する豊かな自由主義諸国は、国境管理を強化しているという、極端に対照的な情景が世界で進んでいます。

しかし他方で、日本がその典型ですけども、安全なグローバル・ノースを構成している人間集団がどんどん少なくなっています。少子化が進んでいるということです。このことによって人間を外部から入れなければ国家が立ちいかない状況が進んでいます。そのため完全に国境を遮断してしまうわけにはいかず、人間を入れなくてはいけない。そこで経済のフローということで、高度人材と呼ばれる人をどんどん入れる。そうして高度人材を囲い込んでしまう状況が世界的に進行しているところがあります。高度人材でなくても、経済力の違いから、人口移動の圧力は絶えず存在しているため、現実にはいかに国境を強化しても、人間の移動は止まらない状況があります。このようにグローバル・ノースの側で、国境を強化してはいるものの、人は確実に移動してくる。それは、一方では高度人材として積極的に囲い込もうとして、他方では本当はいらないと国は考えているけれども、人間の意思がそれを突破してやってくる。こうして日本の内部も多様化が進んでいく状況になっています。

(d)　「分け前なき者」たちが共同体を豊かにする

こうした中で、必然の状況というべきか、日本社会の多文化化が進んでいきます。日本が守ることを約束している国際人権諸条約は、多文化化の促進を法的に奨励するものでもあります。そして国境に穴をあけて入り込んで来る人たちは、高度人材の名の下に日本に入る人たち以上に、日本のあり方を意図せざる形で変えていく力を持っている人たちだと思います。ランシエール（Jacques Ranciere）という学者の言葉を使うと、「分け前なき者」が自分の分け前を求める、そういう現象です。

実際に、「分け前なき者」たちが自分の分け前を求め出ることによって人権の歴史は築かれてきました。「分け前なき者」たちから発せられる、自分たちも平等に扱えという声が高まることによって閉ざされた政治共同体の境界が広がり、その分人権の射程が広がって行くわけです。つまり「分け前なき者」たちこそが、人権を強化し、閉ざされた境界・政治共同体の中を豊かにしていく可能性を秘めている。そういう状況が、国境が強化される今日でもみてとることができます。そしてその重要な核となっているのが、難民申請者であり難民なのです。

そこで、次に、難民認定手続きを通して、「分け前なき者」たちによる政治共同体の境界の揺さぶりにどのように連帯して行くことができるのか、あるいは、民主主義を実践する分け前なき者たちの声に難民認定手続きはどれだけ呼応することができるのか、ということを考えてみたいと思います。

(3) 難民認定手続きは「閉ざされた政治共同体」を開く可能性を押し広げられるか

(a) 不可避の恣意性 ―― トビアス・ケリーの苦悩（イギリス）

ここでは、二つの外国の状況を紹介したいと思います。一つは、トビアス・ケリー（Tobias Kelly）という社会文化人類学者が、『移民に人権はあるのか？』というタイトルの本に寄稿した論文(1)を紹介します。ケリー氏は、難民認定あるいは迫害を逃れて来た人の保護に関してイギリスのシステムが十分に働かない状況をきわめて批判的に分析しながら、しかし、それは不可避の結果であるということをその論文で考察しています。

イギリスの難民認定手続きは数次にわたって改正されてきていますが、現在は、Border Agency における一次審査があり、その後 Asylum and Immigration Tribunal で二次審査を行う制度になっています。ケリー氏は、イギリスのシステムはどんなに修繕を重ねても、本来的に恣意的な過程を変えることはできないと言っています。実は、同じような研究したアメリカの人たちも、どんなに修繕を重ねても、本来的に恣意的な判断を変えることはできないだろうと言っています。

この論文で興味深いのは、恣意的な判断はいけないのかを問いかけていることです。ケリー氏はある事件を取り上げます。二〇〇九年に、アリ・カリリ（Ali Khalili）というイランからイギリスに避難して来た人のケースです。イランで拷問を受けるということを訴えて、イギリスでの保護を求めました。

カリリ氏はイランにおいてキリスト教を伝道した、酒を飲んだ、そしてイスラム教を侮辱した、ということで、イランの諜報機関に捉えられて拷問を受けたと主張しました。拘禁施設で足首を鎖に繋がれて、両手を天井に縛られ、そして殴られた、ということを訴えるために、医師の診断書も提出しました。その診断書には、カリリ氏がＰＴＳＤ（心的外傷後ストレス障害）にかかっており、同人の体には確かにくるぶしに鎖のあとが残っており、顔を強く殴られ、その結果として神経が傷ついていることも窺える、という内容が記されていました。ところがカリリ氏は、Border Agencyの段階でも、Tribunal の段階でも難民とは認められませんでした。理由は、当然ですが、迫害を受けるおそれは認められない、というものです。

この事案について、ケリー氏は詳細な分析を行っています。イランの国別人権情報は、多くの人権団体のものをはじめとして、詳細なものがすでに存在しており、そして現にこの Tribunal でも確かにイランでは拷問が行われているとしており、医師による診断書の真正も認めました。それなのに、カリリ氏を難民と認めるわけにはいかない、という結論になったのはどうしてなのでしょう。Tribunal はこういっています。確かに拷問があったことはわかった。しかし、どこで拷問を受けたのかはわからない。医師による診断書も、確かにくるぶしのところにチェーンで縛られた跡があるということがわかり、顔が殴打されて傷ついていることを示してはいるが、しかし、カリリ氏が主張するように、拘禁施設の中で縛られたのか、そこで殴られたのかまではわからない。ひょっとすると、自分でやったものかもしれない。国別人権情報が豊富に提示され、医師による診断書が提出されたにもかかわらず、それはカリリ氏が拷問を受けた、あるいは迫害を受けるということを証明しているわけではない。Tribunal は、このようにいうわけです。

こうした結果が導かれた背景には、カリリ氏の供述に矛盾があるという判断がありました。Tribunal は、カリリ氏が福音伝道を行っていたというけれども、キリストの生誕の日を知らない、聞いたけれどもわからない、キリストの親が誰なのかもわからなかった、として、そこに最も大きな意味を見いだしました。このことから、カリリ氏はキリスト教徒ではない、伝道したわけはない、となり、そして逮捕され、拘禁施設に連れて行かれ、そこを脱出したという説明にも、時系列にあやふやなところがあるとして、供述には信憑性が認め難いとされ、それが国別人権情報や医師の診断書の消極的評価にもつながっていったわけです。

信憑性の評価というのは最も難しいけれども、難民認定にあたっては核心的なところです。UNHCR（国連難民高等弁務官事務所）は、信憑性評価に関する指針を以前から出しています。その指針では、"on balance, capable of being believed"、訳すと、「結局のところ、信じることができる」もしくは「まあ信じられないわけではない」という程度で、主張事実があったと認めてもよいと言っています。この"capable of being believed"というのは、判断する人自身が信じている必要はなく、他の人の中にひょっとしたら信じる人がいるかもしれないという程度でよいということなのです。このように信憑性評価の基準は低く設定されているのです。

しかし、私は信じないけれども、他の人の中には信じる人がいるかもしれないということはどうしたらわかるでしょうか。信憑性の評価基準が低いといっても、高い場合と低い場合とで一体どこに線を引くことができるのでしょう。それは、現実には、判断する人の胸三寸となっていかざるを得ない。つまりいくら言葉の上で客観性をもった基準を設定しても、それが実際にどの程度のものなのかは、正直にいえばわからないのかもしれません。ケリー氏が分析した事案においては、"capable of being believed"の基準がどのように処せられたかというと、申請者が誠実かどうか、つまり誠実さ（sincerity）の問題に置きかえられてしまいました。カリリ氏が、拷問を受ける施設に連れて行かれるところまでの時系列や聖書に関して、少々いい加減なことを言ったので、誠実さに重大な疑問符がつき、供述に信憑性がなくなってしまったのです。結局、信憑性の基準というのは、有るようで無いのではないかとケリー氏は言います。

また、迫害を受けるおそれが〝十分に理由がある〟といえるかどうかの立証基準も問題になりますが、その場合の〝十分に理由がある〟とは、イギリスでは「合理的な見込み」（reasonable likelihood）であると言われています。言い換えると、一〇件に一件程度（one in 10 chance）でいいということです。一〇％程度でよいと、量的に表現されるわけです。アメリカなどでもこうした表現がされています。十中八九迫害を受けるところまでいく必要はなく、一〇件中六件の割合で迫害を受ける必要もない。一〇のうち一程度の危険でよいというのが〝reasonable likelihood〟の意味です。けれども、「これが一だ」というのはどうすればわかるのでしょうか。目の前には一つのケースしかないのです。それが一〇分の一の割合でいいと量的に説明されても、どうも判然としないところが判断権者には残ります。刑事手続きの有罪の立証基準よりも、民事手続きの蓋然性の優越の基準よりも低い「合理的な程度」（reasonable degree）でよいといわれても、それらの境界線を具体的に引くのは易しいことではありません。そのため、「合理的な見込み」にしても、英国の法廷では、「実務における法的フィクション（practical legal fiction）」と呼ばれてしまっているとケリー氏は紹介しています。

つまり難民認定にあたって、どれだけシステムを精密にし、その外観に客観性の基準をかぶせたところで、結局、個別の判断は恣意性を持たざるを得ないのではないかと言うことです。それを構造的に促しているのは、難民申請者が提示できる証拠がきわめて少ないという事情です。場合によっては本人の供述しか主張を裏付けるものがないというケースもあります。難民認定の場合には、証拠がほとんどないか、あるいは決定的といわれる証拠が見つからないというケースが構造的につきまとっているといってよいでしょう。

先ほど述べたとおり、難民認定の最も重要な部分である信憑性の評価が非常に困難であることから、迫害を受ける国に送り返すことを禁じるノン・ルフールマン原則にしても、絶対にそれから逸脱してはいけない強行規範（jus cogens）としての地位をあたえられたところで、実務上は、きわめて脆弱な履行基盤のもとにおかれてしまう。つまり規範の絶対性が現実には全く担保されないに等しい状況になっているのです。恣意的な判断は、信憑性評価・立証基準同定の困難さと証拠の欠如によって、難民認定に不可避的につきまとう構造的な帰結なのでしょう。

恣意的な判断は、同じようなケースなのに、異なる判断が下されてしまう場合にはっきりと見て取れます。そうした一貫性のない判断は、制度的にあってはならないことではないか、と思われるかもしれません。しかし一貫性のない判断はいけないことでしょうか。別の言い方をすれば、一貫性ある判断をできればよいのでしょうか。たとえば、全てのケースを不認定にする、これは見事なばかりに一貫性のある判断ですが、それは正しい結果でしょうか。一貫性をもって不認定になるケースが積み重なるよりは、むしろ、どっちに転ぶかわからない一貫性のない判断のほうがはるかに意味あることかもしれません。一貫性のあるなしそれ自体に正しさの判断基準をおくことはできないと思います。

とはいえ、一貫性のない判断はよく考えるとやはり釈然としませんし、少なくともあまり褒められたものではないといえばそのとおりです。そうとした場合、ではどうしたら良いかについて、ケリー氏は次の三つの選択肢のどれかをとるしかないのではないかと言っています。

一つ目は、もう法的な評価はやめましょう、恣意的な判断しかできないのであれば、いっそのこと政治的な判断に委ねてはどうかというもの。二つ目は、恣意的な判断しかできないのであれば全員受け入れる選択をしてしまってはどうか。これであれば、難民保護の観点からは間違いはありません。もっとも、すべてを政治判断に委ねたり、あるいは、全員を受け入れるということは、理論的にはあり得るのでしょうが、現実にはおそらく無理でしょう。そこでケリー氏は、最後に、恣意的になることを認めつつ法的評価を続けていくしかないではないか、という選択肢を提示します。法的評価はせざるを得ない。しかしそれが常に正しいという前提は捨て、つまり法的評価の恣意性を認めた上で、今のシステムを続けて行かざるを得ないのではないかというわけです。

ケリー氏のこの考え方はどう評価できるでしょうか。私はそのとおりかなとも思いますが、ただそうはいっても、恣意に流れぬ公正な判断を求める声は絶えずあり、現に各国において、それを少しでも実現しようとする営みが積み重ねられてきています。その一つとして、次にカナダの例を紹介したいと思います。

(b) 公正さの追求　――フランソア・クレポの調査研究（カナダ）

カナダでは、多くの調査報告書が刊行され、数次にわたる難民認定手続きの改正が行われるなど、公正さを追求する営みが続けられてきています。フランソア・クレポ（Francois Crépeau）という移民・難民分野においてカナダできわめて高い信頼を集めている研究者がいます。彼は、カナダの難民認定手続きについて大がかりな調査を、私の知る限り二度行っています。ただ、それらの調査はいずれも既に一〇年ほど前のものにはなりますが。その調査結果として、彼は次のようなことを指摘し、いくつかの提言を行っています。[2]

カナダには、ＩＲＢ（Immigration Refugee board）という機関があります。日本でいう入国審査官のような人がセキュリティチェックを行って、犯罪歴等がないことを確認してから、ＩＲＢに事案を送付し、ＩＲＢに日本でいえば難民申請書にあたる文書を提出します。そのあとで、委員（ボードメンバー）がインタビューして判断をするわけです。ＩＲＢメンバーの人選は、市民権移民大臣のもとに設置される委員会が候補リストを作成し、カナダ総督がそれを認めるという形で決せられます。ＩＲＢメンバーの人数は、法令で枠が決められていますが、クレポ氏はこのメンバーの選定手続きに重大な欠陥があると言っています。政治的な「ひき」によって能力や資質がない人が選ばれており、それが連綿と続いていると言うのです。しかも、一年ないし二年の任期で任命されたあと、再任の際には、業務評価がきちんと行われていない状況がある。なにより、どのような人がＩＲＢのメンバーになるかという資質要件が明確でないと指摘しています。

難民認定に携わる人が持つべき資質に関連して、他者に対する感受性をしっかり持っているかどうか、また偏見というものを過度に持っていないかどうか、のチェックがなされていないところを特に問題としています。彼が強く指摘していたのは、根本的に資質が欠如している場合には、訓練によってそれを補い切ることはできず、どんなに訓練を重ねても偏見や他文化への感受性がない人の改善をはかることは困難ではないか、ということです。そのため人選（入り口）の段階のチェックがとても大切になる。訓練、研修があればよいわけではないということです。そして、ＩＲＢの横のつながり、メンバー間のつながりが信頼できる形でできていないため、相互の情報交換がなされていない。そのためお互いがどのような判断しているのかを専門的な知見で情報交換できるシステムがないことも問題視しています。

実際の信憑性評価にあたっては、申請者にだまされない、あるいは嘘をみぬくことを自分の役割としているかのような態度を強く持っている人がかなり存在し、申請には根拠がないのではないかとの前提で、面接に臨んでいる。供述の矛盾を過度に重視し、矛盾があった場合、特に当初提出された書面に書かれている内容と、口頭でインタビューし、聞いた内容が違っている時に、これは大変な矛盾だとして過度に強調するケースがあると言うのです。難民認定にあたる担当者に望まれる態度は、嘘を暴こうとするのではなく、申請者に対して敬意をもって接し、申請内容に注意深く耳を傾け、そして真実が明らかになるような雰囲気をかもしだすことでなければなりません。それができていない、と彼はいいます。

こうした状況認識にたって、メンバーの専門性や資質を向上させる仕組みや、メンバー人選の仕組み、さらに独立性の確保などを提言しています。このような形で制度を改善しようとする営みが行われているのです。ただし、さきほど紹介したケリー氏の指摘のように、制度をどれだけ改善しても恣意的判断は免れないという根本的なところをどう考えるかという問題はなお残ることになります。

(4) 難民審査参与員という希望／障害

(a) 制度改革の端緒

日本においても一九八二年一月一日に難民認定手続が発足して以来、今日まで多くの問題点が指摘され、そして二〇〇五年に改正された入管法によって難民審査参与員の制度が導入されることになりました。でも、難民審査参与員は大きな希望をもたらすものである反面、大きな障害になっているのかもしれません。

制度を改革しようとするスタンスはまっとうなものであったと思います。入管実務六法に書かれている解説を見ますと、「不法入国者の退去強制業務を行う入国管理局が、事案によっては、不法入国者等でもある難民認定申請者の庇護に関して適切な判断することができるのかとの観点から疑問が呈されることがあった。そこで行政不服審査法による異議申立制度を基本としつつ、手続の公正性、中立性、透明性をより高めるために難民審査参与員制度を設けた」と書かれています。不法入国者等の退去強制業務を行う入国管理局が難民認定をできるのか、という問いを正面から受け止めたのです。必ずしも抜本的な改善には至りませんでしたが、それを受け止めたというところは、重要な進展ではなかったかと思います。

上記解説からは、手続きを公正・中立・透明にするために、難民審査参与員が設けられたとされます。入管法の施行規則をみますと、審査参与員は一人で審査に当たるのではなく、三人一組になるとされています。その三人組の内訳ですが、一人は法曹実務家です。なぜ法曹実務家が入ってくるかといいますと、事実認定の経験が豊富だからということです。もう一人は外交官やNGOで働いていた人など地域情勢、国際問題に明るい人。そして三人目が法律の専門家、つまり国際法や行政法等の専門家です。この三人が一組になるのですが、事実認定の経験が豊富であるということは、「希望」になるのでしょうか。また国際法の専門家であることはどうでしょう。「希望」でしょうか。これはむしろ障害になりえるかもしれません。

しかし制度設計の時点では、なるほどと思わせるところがあったことはたしかです。難民審査参与員は、法務大臣に対して意見を提出する「諮問機関」なのですが、現実の実務にあっては意思決定をおこなっていると言っても過言ではありません。なぜなら、難民審査参与員と異なる判断を法務大臣はこれまで一件も下していないとされているからです。※　つまり難民審査参与員が異議申し立てに理由があると判断すれば、法務大臣はそういう裁定を下すことになっている。ただ正確にいうと、三人一組ですので、難民審査参与員の多数意見と異なる判断をこれまで法務大臣は下していない、ということです。つまり異議審査過程において、難民審査参与員はきわめて大きな力を発揮しており、実質的な決定権者にすらなっているといって差し支えないのではないでしょうか。

ところで、いま私は難民審査参与員の「多数意見」が法務大臣に採用されている、といいました。一見するとそこには特段の問題もないように思えるかもしれませんが、私には、どうして多数意見が優先されるのかがよくわかりません。なぜなら先ほど信憑性の評価に関連して確認したことですが、〃capable of being believed〃「信じられないわけではない」というのは、私は信じないけども、他の人の中には、信じる人がいるかもしれないということでした。また「十分に理由のある」という基準が「合理的な見込み」（reasonable likelihood）であり、それは一〇のうち一でよいというのであれば、三人のうち一人が難民として認めるといっているのであれば、難民として認定すべきではないでしょうか。多数意見が採用されている論拠はどこにあるのでしょう。それに対して根本的な疑問があがってこないのもなぜなのか、というところにも釈然としないものがあります。

難民審査参与員は難民認否を行うだけでなく、人道配慮に基づく在留許可を与えるべきかについての意見も示すことができるのですが、その場合の基準がどうも判然としません。ご承知のように、日本には在留特別許可にかかるガイドラインがあります。難民申請者に関しては、難民認定手続のもとで人道配慮についてもまとめて行うことになっているので、当然のごとくそのガイドラインを参照して判断を下すことが制度上求められていると考えられるかもしれません。現に、一次審査の不認定理由書には、ガイドラインに照らして在留配慮をする必要が認められないと記述しているものが見られます。

しかし本来難民認定過程で人道配慮を行うというのであれば、ヨーロッパなどでおこなわれているような、補完的保護、つまり難民要件には該当しないけれども、保護を必要としている状況があるので本国には戻せず、在留を認める、ということでなくてはならないのではないでしょうか。そういう補完的保護のような形での人道配慮を難民審査参与員が行うのであれば、制度的にすっきりします。でも、実際にはそうなっていない。良く言えば非常に幅広い、悪く言えばかなりいい加減な取り扱いのもとに申請者の人生の行方が決められているように思います。ここも、きちんとすべきところではないでしょうか。

難民審査参与員という制度は、いずれにせよ、一面では希望そのものなのかもしれません。しかし他面においては障害になるのかもしれない。希望と障害が混在したかたちで制度改革が端緒につき、今日まで運用されてきているということです。その過程でどうやら不足しているものがあるということもわかってきました。そのことを次にお話しさせてください。

(b) 制度改革に不足していたもの

制度改革の設計においては、公正性、中立性、透明性を高めることが目指されていました。しかしこの中には専門性は入っておらず、また独立性も入っていません。それでは、専門性と独立性はどうなっているのか。「専門性」に関しては、簡単な質問をいくつかしてみることで、その内実がわかると思います。第一に、難民の要件は正しく理解され、また解釈されているでしょうか。例えば迫害とは何か、という問いに正確に答えられるでしょうか。迫害主体が私人である事案に遭遇した場合、これをどのように処理したらよいか、きちんとした基準を持っているでしょうか。迫害理由をきちんと答えられるでしょうか。「十分に理由のある」恐怖とはいったい何を意味するのでしょうか。特定の社会的集団の構成員である、ということはどういうことでしょうか。「十分に理由のある」恐怖とはいったい何を意味するのでしょうか。このような難民要件の核心的な部分について、きちんと答えられるかどうかが専門性を問う第一歩になると思いますが、この関門を自信をもってクリアできるでしょうか。

第二に、判断基準時をどこに置くのか。つまり難民認定はかなりの時間を費やしますが、いったいどの時点における事実をもとに判断を下すのかについて、ここが原則です、と答えられるでしょうか。第三は、信憑性の評価基準です。これは先述のとおりどうしても恣意的にならざるを得ないということですが、少なくとも文言上、例えばＵＮＨＣＲは信憑性の評価をどのように行うべきと言っているのかについて正確な知識をもっているでしょうか。もし持ちあわせていないとすれば、実際のケースにおいて、どのように心証が形成されているかについて疑問がいっそう募ります。第四に、施行規則では、意見書は一人で作成するのが原則のようですが、一人で意見書を作成したことのある人はどれだけいるのでしょうか。

難民審査参与員の立場にある人には失礼な物言いになっているかもしれませんが、こうした問いは私自身に付き付けられているものでもあります。総じて、専門性には少なからぬ問題があるのかもしれませんが、そうとした場合に、それは個々人の責任というより、制度的な問題というべきです。研修や相互の勉強会、検討会といったものがほとんどない、あるいは皆無に等しい状態がこのところ続いているため、専門性を磨くことが個々人に委ねられてしまっている。

もちろん、もともと専門性をもっている人が難民審査参与員になったのだから専門性を磨く機会はそれほど作らなくてもよい、と言われるかもしれません。でも、その場合の難民参与員の専門性とは、刑事手続における事実認定の経験が豊富であるとか、地域情勢や国際問題に明るい、あるいは国際法等を知っているという意味での専門性であり、難民の要件、信憑性の評価、そういったものに関する専門性を持っているというわけではない。実際の難民認定にあたっては、難民の要件についての正確な理解やきちんとした信憑性の評価をできるという専門性が決定的な要素になりますので、その意味での専門性を高めていく必要性は確実にあるのです。

また、「独立性」も深刻な問題として残されたままです。制度改革の端緒のところで受け止められたはずの問題点、つまり、不法入国者等の退去業務を行う入国管理局が事案によっては不法入国者等でもある難民認定申請者の庇護に関して適切に判断することができるのか、という問題への対応に、独立性をめぐる問題が集約されてくるでしょう。

不法入国者等の退去強制業務を行う入国管理局の中に難民認定の仕組みがあり、そこに難民審査参与員が位置づけられているということは、入国管理局の制度文化を受け止めて難民審査の業務を行うということを意味します。入国管理局というのは不法入国者等の退去強制業務をつかさどっています。国境を守るという制度文化をもつ場が、独立して難民認定を行う場として適切なのかどうかということに関しては、重大な疑問符がついてくると思います。制度文化は判断権者のメンタリティにとても大きな影響を与えるものです。自分はどんな役割をもって難民審査をやっているのかという意識の形成に関して、大きな問題が出てくるのです。

この点について、面白い研究報告があります。オランダの移民帰化局で難民審査にあたっている人を調査したものですが、社会学者の手によるもので、とても興味深い結果を出しています。[3]判断権者は自分がどのような任務を負っているのかという役割定義をして判断に臨むというのです。役割の定義（role definition）と言うのは、一方の極においては、国境の門番（gate keeper）、つまり私は一人として嘘を言っている者の国境突破は許さないという国境の門番としての役割を全身にまとい難民認定に携わる人がいる。他方では、私は迫害のおそれが少しでもある人は絶対に助ける、という難民の擁護者（refugee advocate）の役割をもって難民認定に携わるという極がある。両方とも理念型ですから、一〇〇%その役割意識しか持ってないという人は現実にはいないとは思います。理念型としてこの二つの役割があり、この二つの極の間でグラデーションをもっていろいろな役割意識がもたれるというわけです。

その調査では、役割定義をどのようにして持つのか、そして、どうしてその役割定義を自らが抱え込むようになったのかということを調査するわけです。面白いのは、政治的なバックグランドがリベラルであるかコンサーバティブであるか、あるいは専門的なバックグラウンドが司法の中にいたかNGOにいたか、という、いってみれば政治的なバックグランドや専門的なバックグランドによって、判断の結果が異なっている、つまり判断の結果に差異が出ているということをその調査が示していることです。

政治的バックグランドがリベラルで、専門性をNGOで磨いて来た人には、庇護政策は寛大であるべきだという姿勢が見られ、その観点から認定を下している。他方においてコンサーバティブな人は、庇護政策は寛大であってはならないという観点から、厳しい難民認定を行う。そういうような結果が出ているということを述べています。難民審査参与員も間違いなく、先の二つの理念型の二つの極の間のどこかに自分を位置づけて、その役割を果たそうとして難民審査に当たっていると思います。その際に難民審査参与員を取り巻いている制度文化が入国管理局のそれである場合には、「国境の門番」こそが正しい役割であるという意識を、無自覚のうちに植え付けられてしまうかもしれない。つまり難民と認定しないことが前提であり、難民と認定する場合には制度的緊張を強いるような環境ができているのかもしれません。

カナダにおいては現在四五％くらいの難民認定率ですけども、難民として認定するのが私の役割であるという人が相当数を占めているのでしょう。そのため認定しないということになると、認定しない理由をかなりきちんと書かなければならないのかもしれませんが、支配的な制度文化が国境の門番ということになると、反対に、認定する理由を詳しく言わなければならないという意識になる。制度文化は無視できず、日本では入管の中に難民認定手続きがあるので、国境の門番に有利な制度文化が働き、それが独立性に相当の影を落としているところがあるのかもしれません。

(5)　境界の浸透性を高め、政治共同体を活性化させるために

先述のケリー氏の論文を紹介した際に、恣意的であることがどうしていけないのか、一貫性がなければならないのか、と話しましたが、日本の場合には、ほとんど難民の認定がなされませんので、きわめて一貫性のある判断がなされてきているのかもしれません。逆説的な言い方になりますが、日本では根本的な問題は、判断が恣意的でないこと、つまり恣意性がないところにあると言えます。ケリー氏は、本来、信憑性の評価には幅があり、それは構造的な問題であると言っているわけですけども、日本では構造的な問題はないのかもしれません。なぜならば、同じような―かなり厳しい―信憑性の評価のもとに、難民として認定しないという決定が一貫性をもって行われてきているからです。恣意性のない一貫性を持った判断を行ってきているのが日本の難民認定機関ということになると思います。

そうであるのなら、むしろ「もっと恣意性を」、という声がでてきてもおかしくない。もっと恣意的でよい、という声を出すことが、きわめて意味のあることなのかもしれません。現在の状況では、難民審査参与員が、日本における難民の封じ込め、つまり閉ざされた政治共同体を押し開き、

分け前を求める者たちを一緒になって封じ込めているに等しくなっています。つまり、「人格が高潔であって、公正な判断をすることができる学識経験者」が第三者として加わって、オールジャパンの形で「分け前なき者」たちに分け前を与えない状況が作り出されているといえるのかもしれません。

このような状況の中で、境界の浸透性を高めて、政治共同体を活性化させるために、一体何ができるでしょうか。オランダの移民帰化局の難民認定に携わる人たちを調査した調査報告は、公正な判断をするためにどうしたらよいかについて提言をしていますので、それを紹介しましょう。それはフィードバックをすることでした。判断権者は、自分が下した判断についてフィードバックがない場合にはその役割をますます強くしていく傾向にあるようです。難民審査参与員制度に当てはめた場合のフィードバックとは、難民審査参与員が作成した意見書を公開する、あるいは申請者に提示する、ということになるでしょうか。全文が公開されるようになれば、判断権者の判断に対するフィードバックがあることになります。そうすることによって自らが担っている役割をというものを相対化していく契機が生まれ出ます。その調査報告は、結論部分で、判断権者はフィードバックを通して自らの役割に敏感になり、規範に忠実な判断をするようになると言っています。

難民審査参与員についても、意見書をもう少しフィードバックが得られるような形にしていくことが、専門性や独立性を高めていく大きなよりどころになっていくのではないかと思います。そのためにも、本日、私が紹介したような各国において研究がなされているように、難民認定過程について独立した研究が重ねられていけばいいと思います。難民認定にあたる者の交流が国境を越えて行われることも、とても大事ではないでしょう。しかし最終的には、制度文化が入国管理局のそれである中で独立性を保った仕事をしていくには力がいるし勇気も必要になる、という状況を変えなければならないでしょう。独立性をいかに担保するか。専門性の向上とともに、ここが大きな課題になります。

やはり現在の仕組みでは、限界があるかもしれません。もちろん現在の仕組みの中でもできることはたくさんありますので、それを追求して行くことは重要です。しかし、そうであっても、独立した難民認定機関が必要だという声を出し続けて行く重要性はなくなることはないだろうと思います。

（1）　Tobias Kelly, "The legalization of human rights and the protection of torture survivors : asylum, evidence and disbelief," in Marie-Benedicte Dembour and Tobias Kelly (eds.), *Are Human Rights for Migrants?* (Routledge, 2011), pp.184-200.

（2）　詳しくは、阿部浩己「カナダの移民・難民法制―在外研究覚書」神奈川法学三七巻二号（二〇〇五年）七三―八〇頁。〃

（3）　Peter Mascini, "Explaining Inequality in the Implementation of Asylum Law," *Refuge*, Vol.25,No.2 (2008), pp.164-181.

※二〇一三年に、法相は、四件（七人）について、難民審査参与員の多数意見を覆して難民不認定の判断を示した。

III

世界の中で

12　グローバル化と世界人権宣言 ――「もう一つの世界」へ

(1)　ワシントン・コンセンサスと貧困の拡大

ベルリンの壁が崩落し、国際政治構造を呪縛していた東西冷戦が終焉したとされる一九八九年に、フランシス・フクヤマは「歴史が終わった」と高らかに資本主義勝利宣言を謳いあげた。この年、ワシントン・コンセンサスという名辞によって表象される新自由主義政策の世界的定式化がなされ、国際金融機関を中核にグローバリゼーションの潮流が本格的に世界を覆っていくことになる。

一九九五年には市場主義の正統性を制度的に刻印する世界貿易機関（WTO）が生み出され、さらに、国境なきグローバルマーケットで踊る多国籍企業のために数多特典を用意した多国間投資協定（MAI）構想が国際商業会議所などによって強力に推進されていく。もはやオルタナティブなどない、と言い放ったマーガレット・サッチャーの傲岸な心性は、政策決定エリートだけでなく、おそらく日本を含む先進工業国の多くの研究者によって骨がらみ共有されたのではないか（このメンタリティは二一世紀が深まる今日にあっても本質的には変わっていまい）。「国民の福利を実現する」はずの国家は、「企業益の実現をはかる」行政国家へとその姿を劇的に変えはじめた。

一九九八年夏から翌年暮れにかけて、私はカナダのトロントで在外研究に従事する機会に恵まれたが、リベラルというよりプログレッシブな雰囲気が漂うこの国（地域的には例外もあるが）もまた、福祉国家の急速な後退という現実を目の当たりにしつつあった。記憶の回路をたどればすぐに想い起こすように、「歴史が終わった」とされた一九八九年は、国連総会で子どもの権利条約が採択された年でもあった（ちなみに死刑廃止条約の採択も同じ年である）。カナダではその年、この画期的な条約の制定を記念して、二〇〇〇年までに子どもの貧困を撲滅するとの決議が下院において全会一致で採択されていた。

第二次世界大戦後から、先進工業国にあって子どもの貧困は一貫して減少傾向を示していた。この傾向が逆転するのは一九八〇年代である。貧困の定義は各国によって異なるのだが、カナダでは、全所得の五六％以上を衣食住に費やさなければならない家庭を低所得層に分類し、そこに貧困という類型をあてはめてきている。一九八九年の時点で子どもの貧困率（全子どもに占める、低所得家庭の子どもの割合）は一四％であったところ、これを二〇世紀中に零にするというきわめて野心的だが、まっとうな決意が示されたというわけである。

ところが、その後いくつかの政策が実施に移されたにもかかわらず貧困率は容易に低減せず、約束の期限であった二〇〇〇年に子どもの貧困率は逆に一七％に上昇してしまった。絶対数でいえば実に一一三万九千人、六人に一人もの子どもたちが、世界で最も住みやすい国のなかで貧困にあえいでいたことになる。

いうまでもないことだが、貧困はカナダの子どもたちを平等に襲っていたのではなく、社会的被傷性が強い家庭を狙い撃ちしていた。現に、母子家庭での貧困の急増と、親が若年（三〇歳以下）か低学歴の家庭、あるいは先住民族・移民・障害者といった有標性ある家庭における子どもの貧困率の高さが際立っていた。グローバリゼーションの大波が、国際的次元での南北格差のみならず、南北を横断して各国の国内における格差の拡大と貧困創出の誘因となっていたことは一目瞭然であった。カナダにおいて子どもたちのおかれた事態は、その様を端的に物語っている（生活保護世帯が急増する日本も同様である）。

(2)　人権・民主主義の意味するもの

カナダ滞在中に毎日購読していたのはトロント・スターという新聞である。日本と同じくどの国にあってもマスコミの独立性（と気概）は圧倒的な市場原理の前に風前の灯の観があるが、それでも、カナダ最大の都市を中心に同国最多の購読数を誇っていた同紙の定期コラムには知的好奇心をそそるものが少なくなく、なかでも、怖じることなく権力の本質に迫り、体制翼賛型の知のあり方に激しく警鐘を鳴らすナオミ・クラインのコラムは格別の光彩を放っていた（ただし、二〇〇四年から翌年にかけてトロントに再度滞在した際には、彼女のコラムはもうなくなっていたのだが）。

『ブランドなんか　いらない』という著作を通して日本でも一躍知られることになったクラインは、ワシントン・コンセンサスの下に運命視されるフクヤマ＝サッチャー的思考に敢然と異議を唱え、「もう一つの世界は可能だ」というフレーズによって、「下からのグローバリゼーション」を現実化するための希望を紡ぎだす言説実践に力を注いでいた。一九九九年のＷＴＯ会合を流会に追い込んだ「シアトルの闘い」と、ダボス会議の対抗会議として二〇〇一年に出来した「世界社会フォーラム」を、そうした対抗思潮の生み出した象徴的出来事として脳裏に深く刻んでいる向きも少なくあるまい（これらに先行して一九八九年にはアジアを中心に「ピープルズ・プラン二一」運動が始まり、一九九四年にはメキシコ・チアパスでの先住民蜂起があったことも忘れてなるまいが）。

もっとも、事の真相がいまだ不鮮明な九・一一事件の衝撃と米国主導の「対テロ戦争」の遂行により、台頭しつつあった新しい社会運動は一瞬にしてその勢いを封じ込められ、全能性を付与された安全保障言説を背景に、国家主権の本丸ともいうべき政府の中枢機関までもが企業に売り渡される事態が深まっていった。しかし、アフガニスタンやイラクでの驚くべき惨状が明るみに出るや、醜悪きわまる安全保障言説への懐疑の眼差しがいくばくかの広がりを見せ、こうして、グローバリゼーションについては、政策決定エリートと民衆──といっても多様なのだが──との間で、再びその正統性をめぐる闘いの場が切り開かれつつある、といったところだろうか。

グローバリゼーションをめぐる言説実践の場では、人権と民主主義をめぐる綱引きが激しく行われてきている。いわずもがなだろうが、（上からの）グローバル化推進勢力と対抗思潮との間では、同じ人権・民主主義ではあっても、その内実はまったく異なってイメージされている。実現しようとする人権・民主主義の中身が根本的に異なっているのである。

歴史をほんの少し遡行して、冷戦さなかの時点に立ち戻ると、当時、市場／企業と人権とは敵対的な関係におかれていた。人権を擁護しようとする進歩的な勢力は、冷戦の政治的文脈にあってマルクス主義のラベリングを受け、地政学的にソ連とのつながりをほぼ例外なく疑われていた。対外投資を規制しようとする政治勢力が台頭したところでは、米国の容赦ない介入が待っていた。血塗られたラテン・アメリカの歴史に常に米国ＣＩＡの影が付随していたことはいまや公知の事実といってよいだろう。一九七三年にＣＩＡと米国企業の支援を受けてアジェンデ政権を転覆させ、自ら大統領に就任したアウグスト・ピノチェトの姿にその陰影が最もよく宿っている。

人権を擁護する進歩的な政権が半ば自動的に社会／共産主義に色分けされたこともあり、市場／企業にとっては、労働運動（つまりは市民の基本的人権）を弾圧し、外資導入に積極的な軍事独裁政権の方が好ましい交渉相手になったことはいうまでもない。もとより、独裁体制ゆえに労働者の権利保護や社会保障に労を割かずにすむことは、企業の側からすればコスト削減＝収益増進を意味するに等しく、となれば、企業益と人権保障とがまさしく敵対的な関係に立つとみなされたのも当然ではあった。

ところが、冷戦が終わり人権の国際的正統性が浮揚すると、にわかに言説構成に変化が生じる。多国籍企業の活動は社会を発展させ人権の実現に好ましい環境を創出する、という研究論文が実証的データをともなって刊行され、その一方で、企業の社会的責任（ＣＳＲ）という概念に結びつけながら、人権の遵守を標榜する企業が数を増していった（現に、二〇〇〇年に国連事務総長が音頭を取って開始されたグローバル・コンパクトには多くの多国籍企業が名を連ねている）。

かつてレーニンは、剰余資本が人々の生活条件の改善のために振り向けられることがあればそれはもはや資本主義ではないと喝破していたが、現実の企業は人間の福利を意識した活動をせざるをえなくなっている。人権の視点からすれば何をおいても歓迎すべき事態のようにもみえるが、しかし事はそれほど単純ではない。問題は、そこで意図された福利・人権の内実がどのようなものなのか、ということである。

(3)　サバルタンの視座

企業が人権の擁護にコミットしつつあることが事実だとしても、その履行状況のチェックについて企業側は「自主的な取り組み」を強調することが多く、国際的な人権擁護機関による監視は容易に受け入れようとしない。人権理事会の発足とともに廃止されてしまった人権小委員会において、企業の守るべき人権規範を包括的に明示する先鋭的な試みがなされたが（二〇〇三年の「人権に関する多国籍企業および他の企業の責任に関する規範」の採択）、経営者団体は起草過程において消極的な姿勢に終始し、この試みは上部機関・人権委員会において文字通り「仕切り直し」と相成った。

看過してならぬより本質的なことは、米政府や多国籍企業が言挙げしてきた人権・民主主義の偏頬さである。イラクに対して米政府が輸出しようとしているものに現れ出ているように、端的にいってしまえば、自由権（の一部）を人権と等号で結びつけ、民主主義にしても、複数政党制・定期選挙に基づく立憲政体（それも、市場原理を標榜する政府）がイメージされてきたにすぎない。

これに対して、新しい社会運動の潮流が想定している人権は包括的なものであり、自由権のみならず、社会権を含み、さらに人民の自決権や発展の権利、平和への権利といった集団的権利をも包摂している。人権を市場原理に奉仕させることや、経済成長を無批判に発展（開発）と同視する認識に対しては根本的次元で疑念が呈されている。民主主義のとらえかたにしても、形式的なものではなく実質的なものであり、しかも重要なことには、国際秩序自体の民主化も要求の対象になっている。国際秩序の民主化は政策決定エリート主導のグローバル化言説にはけっして登場しないものであり、ここにこそ、民衆の追い求めるグローバリゼーションとの決定的な違いが現れ出ているといって過言でない。不均衡な国際秩序の深化を求めるのか、その民主的変容を求めるのか、という違いである。

リチャード・フォークの言葉を借りるなら、「下からのグローバリゼーション」が打ち出す人権言説はサバルタン言説と言い換えてもよいものだろう。※フォークはあらゆる人権を包摂するサバルタン言説こそが真の普遍的妥当性を有しうると示唆するが、実際のところこの言説は、世界人権宣言に込められた国際人権法の理念・秩序観に最もよく沿うものである。とりわけ、同宣言の定める二つの条項は、不均衡な国際秩序と貧困の拡大する現状にあって改めてその規範的重要性を再確認されてしかるべきものに相違あるまい。その一つ、第二五条一項はこう宣明している。「すべての者は、自己及びその家族の健康及び福祉のための相当な生活水準……についての権利、並びに失業、疾病、障害、配偶者の死亡、老齢その他不可抗力による生活不能の場合に保障を受ける権利を有する」。また、もう一つその意義を再認識すべきなのは、「すべての者は、この宣言に規定する権利及び自由が完全に実現される社会的及び国際的秩序についての権利を有する」と謳う第二八条である。

人が尊厳をもって生きるための基本的能力が欠如した状態（＝貧困）を脱するうえで、世界人権宣言第二五条は有効な規範的礎として機能しうるはずである。条文が抽象的な文言によって構成されていることはたしかだが、世界人権宣言を引き受けた社会権規約の履行監視機関・社会権規約委員会の精力的な活動により、その規範内容はいまや格段に精緻化されるにいたっている。

他方で、第二八条はあらゆるレベルでの民主的参加を実質化することに向けられるものでもある。政党を媒介にした形式的民主主義でよしとするのではなく、家庭から職場、コミュニティ、自治体、国家と、あらゆる場を通貫する民主主義の実現である。国境を越えて大きな影響力を行使するトランスナショナルな制度的実体の民主化もその例外ではない。不正義を除去し、被害者の尊厳の回復をはかる観点から、「不処罰の連鎖」を絶つ営みもまたサバルタン言説を通して導かれる第二八条の一側面にほかならない。「この宣言に規定する権利及び自由が完全に実現される社会的及び国際的秩序についての権利」とは、現在の文脈にあってそういう意味合いをもつ。

政策決定エリート主導のグローバル化は、実質的な意思決定の場を私たちから限りなく遠ざけていく。そして国家（政府）は、公的業務を民営化することにより、国境の内においてすら自らの責任を公然と回避している。こうした状況を前に第二五条と第二八条の規範的価値を現実に投射するには、国家の「社会的再エンパワーメント」を欠かせない、とフォークはいう。企業益を実現する国家へと変質した（市民から逃げていく）国家を、人々の福利を衡平に実現する組織として構築しなおすということである。むろんそれは、旧来型の思考を延伸して、国家に政治権力を再集中させるということではなく、歴史（国際法）の現段階にあっていまだなすべき社会的責務（義務）を国家にきちんと果たしてもらうというにすぎない。遠ざかる国家を捕捉することに加え、権力の脱中心化と、あらゆる場における民主化の実現が同時に追求されるべきことはいうまでもない。

(4)　差別の禁止から入国の自由へ

グローバル化は、人権・民主主義に正統性の源泉を見出しながら推し進められている。時に世界人権宣言を引き合いにしながら、誰もが人権・民主主義を口にする時代である。それだけに、いかなる意味で人権・民主主義が語られているのかをしっかりと見極めなくてはならない。人権に敵対的だった人々が人権について口にし始めた、ということをもって欣喜するのではあまりにナイーブにすぎる。人権・民主主義は高度の抽象性ゆえに簡単に「ハイジャック」されてしまう危険性を内包していることを忘れてはならない。肝腎なのは、いかなる人権・民主主義を通して、いかなる社会を導こうとしているのか、ということであろう。

民衆の主導するサバルタン言説にもう一点付言しておくと、差別禁止規範（世界人権宣言第二条）の現代的意義もまた強調されてしかるべきものである。特に、人の越境移動に随伴する重層的な差別を自然化しようとする潮流に抗う拠り所として、差別禁止規範の有する価値はきわめて大きい。

グローバル化の深まりとともに、人の越境移動に関しては、政治難民／経済移民二分論が所与のもののごとくイメージされるようになっている。厳格化する国境管理を前に、難民受入れのスペースを確保しようとしてこうした二分論を意識的に採用するむきもある。だが、国境を越えた人の移動は単純に二つに分けて考えられるような代物《しろもの》ではない。現にサラ・コリンソンによれば、移民はグローバル移民（高度の技術を持つ者など）、リベラル移民（自由貿易協定などにより国際的に移動を保障されている者）、トランスナショナル移民に類型化され、二分論の対象となる難民と経済移民はこの第三の類型に属するにすぎない。つまり、上記二分論は、移民が経済的利害によって幾重にも階層化されている実態から関心を遠ざけるだけでなく、国境管理が特定の階層に属する人間の移動に焦点を当てて強化されている現実を透過させる効能をもつ。

また、二分論の政治力学により、後者の項に分類される集団は前者の集団に劣後するとみなされるのが常である。そしてそこから周縁化、排除の力学が発出されることにもなるのだが、経済移民の多くが非正規滞在者によって占められている現状を思い起こせば、政治難民／経済移民二分論が実際には非正規移民の周縁化、排除を促す方向に作用するものであることは容易に理解しうるのではないか。

サバルタン言説は、そこに差別禁止の楔《くさび》を打ち込む。この言説に強くコミットしている社会権規約委員会は、すでに、社会権の保障が法的地位にかかわりなく及ぶとする一般的意見を公にしており、人種差別撤廃委員会も一般的勧告三〇（二〇〇四年）において在留資格に基づく一定の外国人の処遇を人種差別とみなす認識を明示している。先進工業国における在留資格の再編が特定の集団に不均衡に不利益を生じさせているのであれば、それを（人種）差別の問題として定式化し、法的に是正を求めていくことができるのである。

非正規滞在者が差別に直面しなければならぬゆえんが国内法によって割り当てられた〈非正規性・不法性〉にあることはいうまでもないが、さらにつきつめていうならば、彼ら／彼女らの非正規性は、入国の自由がないことによってもたらされているものにほかならない。入国する自由が保障されていないからこそ、その処遇が受入れ国の恣意によって左右されてしまうのである。

国際人権法が出国の自由を認める一方で（外国への）入国の自由を保障していないのは、国家の国境管理権限に配慮してのことである。世界人権宣言第一三条の起草過程でも「自国を離れる権利は他国に入る権利と相互に関係する。この関係性が国際関心事として扱われ、国連加盟国が協力してその便宜を提供すること」が希望されていたのだが、最終的にその願いが規範化されることはなかった。しかし、宣言採択当時の主たる政治的関心は旧ソ連圏からの出国制限に向けられていたのであり、これに対して今日は、人権の観点からすれば、あきらかに他国への入国・在留の側面を議論すべき状況にある。だからこそ、人権小委員会では、一九八〇年代から九〇年代にかけて、二人の特別報告者が入国の権利の承認を求める先進的な研究を断続的に刊行しえたのでもある。

グローバル化を背景にした在留資格の再編が非正規滞在者への差別をもたらす真因になっている実情を受けて、事態是正のため入国の自由を定式化すべきとの声が高まることに特段の不思議はない。六〇年前に置き去りにされたこの自由に国際人権の光を当てることは、〈非正規・不法〉の名の下に多くの人間の尊厳を奪い続けているグローバル化の奇怪な相を逆照射し、世界人権宣言の希求する衡平な秩序、すなわち「もう一つの世界」に向かう民衆の道を拡幅することにもつながっていこう。格差と貧困がむき出しの現実となって地球全域を覆う今このときこそ、世界人権宣言の本来的価値を捉えなおし、その崇高な理念を創造的に発展させていくべきではないのか。

※　サバルタン言説とは、従属を強いられた非エリート集団（サバルタン）のあり方、価値観、運動形態などを基軸にすえた表象／陳述行為のことをいう。

【参考文献】

ナオミ・クライン〔安濃一樹訳〕「もうひとつの可能な世界――弾圧から蘇る希望」世界二〇〇七年一二月号一二九―一四〇頁。
Richard Falk, “Interpreting the Interaction of Global Markets and Human Rights”, in Alison Brysk (ed.), *Globalization and Human Rights* (2002), pp. 61–76.
Sarah Collinson, “Globalization and the Dynamics of International Migration : Implications for the Refugee Regime”, UNHCR Working Papers No.1 (1999).

13　死刑廃止条約発効後の二〇年　――世界はどのように変化したか

(1)　はじめに

今日の集会（二〇一一年）は死刑廃止国際条約発効二〇周年を記念してのものですけれども、この条約が作られたのは一九八九年のことです。もともとは一九八〇年に提案があったのです。当時、西ドイツが、死刑廃止条約を作ろうということで提案したのですが、なかなかその提案が通らず、一〇年かけて、一九八九年にやっと成立することになりました。条約は、それから二年経って発効しました。

この条約が一〇年かけて成立した背景には、紛れもなく東西冷戦構造の崩壊がありました。旧ソ連、あるいは東ヨーロッパの国々が条約に賛成するか、少なくとも反対にまわらないという態度を示したことによって、一気に成立することになったのです。私は、その一九八九年にアムネスティ・インターナショナルの代表団に加えてもらって、国連の人権委員会に行っておりました。一九八八年までは、条約案がなかなか動かないので、その年も同じようになるのかなと思っていたら、人権委員会で旧ソ連代表が、「死刑廃止条約にわが国は賛成する」と発言したのです。その時に、私は非常に強い驚きを覚えて、これは全然ちがう雰囲気だなと思っていたところ、あれよあれよという間に条約案が採択され、個人的にも非常に印象深い条約となりました。

この死刑廃止条約を中心に今日はお話をしていきますけれども、二つのことに特に触れたいと思います。ひとつは、世界的に死刑廃止の潮流は不可逆なものだということです。紛うことなき死刑廃止の潮流があります。どんどん大きくなってきているんですね。日本の中にいるとあまり感じ取れないかもしれませんけれども、きわめて明確な死刑廃止の潮流が、継続的に大きくなってきているることを、統計などをご紹介しながら、お話したいと思います。そして、もうひとつ、死刑廃止の潮流が大きくなってきていることは歓迎すべきことのように思えるんですけれども、しかし、それで本当に世界はよくなったのだろうかということについて、少し疑問を提起させてもらいたいと思います。

(2) 国際機関で起きている出来事

(a) 国連総会　死刑執行の停止

ここ数年来、国際的な場において、とくに人権擁護機関において、日本における死刑問題が何度も取り上げられてきています。日本に限らず、死刑問題一般が取り上げられる機会が増えているといってもいいかもしれません。その代表的なものをいくつかご紹介させていただきます。まず国連総会という国連を構成している一九〇を超えるすべての国が参加するところですけれども、ここで死刑の執行停止を要請する決議が、二〇〇七年から断続的に採択されるようになっています。以前も、一、二度、死刑執行停止を国連総会で決議しようという動きはありましたけれど、いずれも十分な賛成票が集められないだろうということで、結局決議案は上程されませんでした。二〇〇七年になって、今年は大丈夫だという見込みのもとに、国連総会に決議案が出てくることになりました。

国連総会は、本会議で最終的に決議を採択するのですが、その前に、下ごしらえというわけではないですけれども、いくつかの委員会に分かれて、決議案を検討するんですね。死刑執行停止決議案は、人権・人道の問題を担当する第三委員会でまず検討されました。中心になったのはＥＵです。なかでもイタリアやドイツには、重大な不正義に手を染めた過去の経験もありますので、死刑廃止をリードしていこうとする気概が見られます。こういった国々に主導されて、ＥＵが決議案を出したわけですが、どういう理由で死刑執行の停止を求めたかというと、これはくり返すまでもないんですけれど、死刑は人間の尊厳を毀損するものであるということ、重大な犯罪を抑止する力について決定的な証拠はないこと、それから、もし裁判で誤りを犯してしまったら取り返しがつかないということ。大きくはこの三つの理由で、死刑について、いったん執行を停止して、もう一度検討してはどうかという決議案を提出したわけです。死刑を持っている国に対して、まず死刑犯罪を減らしてください、そして、さらにその後に執行を停止して、最終的に死刑廃止を導くようにと、そういう内容の決議案でした。

第三委員会では、九九カ国が賛成して、五二カ国が反対、三三カ国が棄権にまわりました。第三委員会での議論の時に、日本政府も発言に立ちましたが、「日本では圧倒的に世論が死刑を支持しているので、死刑は廃止できない」という、昔からの主張を展開して、反対にまわりました。アメリカや中国やシンガポールといったような国も、「死刑は主権の問題である」、あるいは「植民地主義的な押し付けには反対」という、ある種正当といえば正当なところもあるのですが、そういう価値観の押しつけに対する反発なども交えながら、反対の立場を表明しています。しかし、第三委員会で通り、最終的に本会議では賛成票が増えて、一〇四カ国が賛成、五四カ国が反対、三四カ国の棄権という結果で、決議が採択されました。

翌二〇〇八年に、もう一度同趣旨の決議案が出てきて、本会議で賛成票が増え、反対票が減る。そして、二〇〇八年からは二年ごとに検討することになりましたので、二〇一〇年もまた決議案が出てきましたが、本会議において、さらに賛成が増え、反対が減るということになりました。二〇〇七年から断続的に同じ趣旨の決議案が採択されているわけですけれども、賛成票が増えてきているることがわかります。ブータンであるとか、モンゴルであるといったような近隣のアジアの国ぐにも賛成にまわっています。反対票を投じていたタイも棄権票を投じるようになり、だんだん日本周辺の従来死刑を支持していた国も、死刑に疑義を呈する立場を示すようになっていることがわかります。

(b)　**国連人権理事会（普遍的定期審査）の勧告**（二〇〇八年六月一二日）

それから、国連の人権理事会で、日本の人権状況が二〇〇八年に審査されましたけれども、その時も、死刑執行停止の勧告が出ています。これに対して、日本政府は直ちに「それは受け入れられない」という見解を表明しました。

(c)　**拷問禁止委員会の「結論及び勧告」**（二〇〇七年五月一八日　初回報告審査）

拷問禁止委員会でも、二〇〇七年に死刑の問題が取り扱われて、いくつかの勧告が出ています。とくに死刑囚、あるいはその家族の取り扱いであるとか、死刑判決を一審のレベルだけで確定してしまうのは、これはだめだと。過ちがあるかもしれないので、一回の裁判だけで終わらせてはいけないという勧告が、死刑執行の停止を求める勧告とともに出てきています。

(d)　**自由権規約委員会の「総括所見」**（二〇〇八年一〇月三〇日　第五回定期報告審査）

二〇〇八年には、自由権規約委員会においても、死刑廃止を前向きに検討するように、その望ましさをちゃんとみんなに伝えるようにという趣旨の勧告が出ています。

このように、二〇〇七年から国連総会ですべての国に向けて、そして、日本に対しては、人権理事会や拷問禁止委員会、自由権規約委員会などで、次つぎに同趣旨の内容の勧告が、ここ数年来採択されています。これは、死刑廃止に向けた世界的潮流の一端でありまして、それを次に詳しく見ていきたいと思います。

(3)　死刑廃止への世界的潮流

死刑をめぐる世界的潮流に関して、国連事務総長が作成している文書がありますが、二〇一〇年の報告書でも、「死刑問題に関する情勢が示しているのは、廃止への潮流が続いているということだ」という結論が示されています。

死刑廃止の潮流というのは、ではどのような形で続いているのかということを、次にデータ、事実を拾いながら見ていきたいと思います。

(a)　データ／事実から見えるもの

まず最初に、死刑を廃止しようとする波が、いつごろから起きてきたのかということですが、一九五七年に、自由権規約、正式名称は「市民的及び政治的権利に関する国際規約」というんですけれども、その条約の草案ができたんですね。その時点では一〇カ国しか、まだ死刑を全廃していませんでした。ヨーロッパを見ても、死刑はまだ広範に行われていて、西ドイツだけが死刑を全廃しているという状況でありました。それから、九カ国が通常犯罪のみについて廃止していました。「通常犯罪のみ」というのは、ご存じのとおり、軍刑法における死刑は残しておくけれども、一般市民に適用される刑法上は死刑を廃止するということです。「全廃」というのは、軍の刑法であろうと、一般市民向けの刑法であろうと、全部廃止するということです。通常犯罪については九カ国ということで、全部合わせても、まだ一九カ国しか死刑を廃止していなかったということなんですね。でも、ここから死刑廃止の波が、少しずつ大きくなっていきます。

一九六六年には、自由権規約が正式に採択されました。その時には、二六カ国に増えています。でも、まだヨーロッパでは、西ドイツだけだったんですね、全廃していたのは。ところが、一九六六年から、大体一年に一カ国ぐらいのペースで、一九八八年まで死刑廃止国が増えてきます。その波は、だんだんヨーロッパを覆い、ラテンアメリカ、中南米を覆っていくわけです。一九八八年から二〇〇〇年にかけては、一年に三カ国ぐらいのペースで死刑廃止国が増えています。今度はアフリカであるとか、アジアにもその波が及んでいくことになります。

数字を追っていきますと、一九八八年末、つまり死刑廃止条約が作られる直前の年には、死刑を全廃していた国は三五カ国、通常犯罪のみ廃止していたが一七カ国。そして、一〇年ほどにわたって死刑が執行されず、法律上死刑が残っているけれども、死刑が事実上執行されない状態になっている国のことを「事実上の廃止国」といいますが、これが二七カ国。しかし、まだ存置国が一〇一カ国ということで、世界全体の半数以上の国が死刑を存置している状態でした。それが、一〇年後の一九九八年になると、全廃が倍になっていることがわかります。さらに、二〇〇七年には九〇、二〇〇八年には九四、二〇〇九年には九五、二〇一〇年の末には九六カ国というように全廃国が増え、死刑の全廃と通常犯罪についての廃止、さらに事実上の廃止までを合わせると、過半数を優に上回る国が死刑廃止にまわっていることがわかります。

廃止の波は、ヨーロッパ全域を覆っています。それから、アメリカ合衆国を除くアメリカ大陸、それから中央アジアにも及んできました。アフリカにも、はっきりとこの波は及んでいます。一九八八年の段階で、アフリカは死刑廃止国がゼロでした。それが今は三〇カ国以上が死刑を廃止している状態にあります。それから、国際刑事裁判所という、国際社会における最も重大な犯罪を裁くために設けられた法廷における最高刑に死刑が選ばれず、終身刑が選ばれていることも忘れてはならないと思います。そして、これまで死刑を持っていたモンゴルも、二〇一〇年一月に死刑執行停止を宣言しましたが、日本の近くの国の動向として、これも見落とせないでしょう。

このように死刑廃止の波が、どんどん世界に広がってきていることがわかります。死刑廃止の潮流が続いているのは、先ほどの事務総長の報告書にあったとおりです。でも、死刑を持っている国が、まだ五八カ国もあるではないか、と思われるかもしれません。たしかにそうなのですが、しかし、その五八カ国の中で、死刑はどうなっているのかを見ると、そこにも、死刑を封じ込めていく潮流がはっきりと見てとれます。

まず、死刑相当犯罪が、死刑存置国の中でも急速に減ってきていることが指摘できます。それから、「絶対的法定刑」といって、ある犯罪を犯した時に死刑しか科すことができない形で死刑を科す国も減っているわけなんですね。死刑執行数もどんどん減少してきています。

二〇一〇年の死刑執行数を、アムネスティの報告書からここに示したんですけれども※、中国が何人を死刑執行しているのか公表しないため、実際の数字はわからないわけなんですが、いま国際社会における最大の死刑大国が中国であることは間違いありません。突出した数の死刑執行がなされているのが中国であります。しかし、その中国においても、死刑封じ込めの潮流が見てとれるようになっているんです。今年（二〇一一年）の五月に、中国では刑法が改正されて、死刑に相当する犯罪が今まで六八だったのですが、それが五五に減らされています。そして、下級審に対して、死刑を科す場合に、二年間の死刑執行の猶予を選択する判決を下してもよいことになりました。つまり、死刑判決を下すときに、二年間死刑の執行を猶予し、その二年のあいだに悪いことをしなければ刑を軽くするということが可能になるように刑法が改正されたんです。中国の中でも、ポツポツと死刑廃止の声はあがっていましたけれども、今はひとつの運動として、死刑廃止の潮流が見てとれるようになったという分析もなされるようになっています。死刑大国の中国でも、死刑をめぐる議論が、ようやく行われるようになってきたと言っていいかと思います。

※　二〇一〇年の死刑執行数（source : AI, Death sentences and executions in 2010, p.5）Bahrain（1）, Bangladesh（9+）, Belarus（2）, Botswana（1）, China（1000 s）, Egypt（4）, Equatorial Guinea（4）, Iran（252+）, Iraq（1+）, Japan（2）, Libya（18+）, Malaysia（1+）, North Korea（60+）, the Palestinian Authority（5）, Saudi Arabia（27+）, Singapore（+）, Somalia（8+）, Sudan（6+）, Syria（17+）, Taiwan（4）.

それから、死刑をいったん廃止した後、もう一度導入した国もありますけれども、再導入してもやっぱり死刑を廃止する方向に戻ることが、一般的に見てとれると思います。

このように、死刑を持っている国においても、死刑を封じ込める潮流がはっきり見て取れるわけなんですね。その封じ込めの先にあるのは、もちろん死刑の廃止です。

こうした死刑の封じ込めを応援するために、国際法は、国際人権法のルールを使って、いくつかの試みを展開してきています。すでに話したことと重なるところもあるのですが、現在の国際法の水準からいいますと、絶対的法定刑として死刑を科すことは禁止されています。つまり、ある犯罪について裁判官が死刑しか科すことのできないということは、その裁判官に対して、誤った判決を下させることになるかもしれない、ということですね。実際、自由権規約委員会では、ザンビアであるとか、フィリピンを相手取った個人通報事件で、絶対的法定刑としての死刑について規約違反の判断が出ています。それから、死刑確定囚の処遇についても、残虐で品位を傷つける処遇にあたるという判断が示されることもあります。

そしてもうひとつ、「適正手続きの強化」ですけれども、これは後に触れるアメリカとの関係でも大きい反響を及ぼしているところなのですが、外国人が身柄を拘束される時には、必ずその国の領事と連絡をとれるようにしなければいけないんですね。身柄を拘束された外国人に対して、「あなたの国の領事と連絡をとれますよ」ということを告げなければいけない。領事に対しても「あなたの国の国民が、いま身柄を拘束されていますよ」ということを通知しないといけない。そういうことが領事関係条約によって決められています。

「ラグラン事件」と呼ばれる事件がありました。ラグランという名前の兄弟が、もう何十年もテキサスに暮らして、アメリカで永住権を持っていた人たちですけれども、国籍はドイツでした。その兄弟が、アリゾナで重大な犯罪行為を犯して、死刑を宣告されることになったんですね。死刑が確定するという時になって初めてドイツが、自分の国の国民が死刑判決を受けていることに気づいたわけです。そこで急いでアメリカに対して、死刑執行を待ってくれ、領事関係条約を守っていないじゃないかと主張し、条約違反を国際司法裁判所に訴えたわけです。国際司法裁判所は、ドイツからの訴えを受けて、直ちに仮保全措置といって、とりあえず死刑執行を停止しなさいという命令を、アメリカに対して発しました。仮保全措置を守ってもらう間に条約違反があったかどうかを審理しますから、ということだったのです。アメリカの大統領は死刑執行を停止したかったようなのですが、その決定権限はアリゾナ州知事にありました。大統領は死刑執行を思いとどまってくれと州知事に要請したんですけれども、同州の側は、「わが州は国際法によって拘束されるものではない」ということで、死刑を執行してしまいました。

この事件はアメリカとドイツとの間で起きたものでしたが、アメリカの中で領事と面会する機会を剥奪されている最大の外国人集団はメキシコ人ではないでしょうか。アメリカには多くのメキシコ人がやって来るわけですが、さまざまな事情で犯罪を犯し、中には死刑判決を受ける人がいます。その人たちが領事と面会できていないということで、メキシコ政府もアメリカを訴えました。同じように国際司法裁判所は、アメリカに対して「死刑執行を停止しなさい。そして、領事関係条約を守っているかどうかを審理しますから」と言ったんですけれども、先ほどと同じパターンで今度はテキサス州がそれに従わない。アメリカでは州と連邦との間の権限配分があって事態は少々複雑なのですけれど、国際法としては、領事関係条約を守れない場合には、死刑執行を停止して、ちゃんと審理をし直せということを求めているということには変わりありません。アメリカが、どうやって事態を収拾しようとしているかというと、議会で連邦法を作って州に国際法を守らせようという試みをしているんですけれど、なかなかその法律ができない。そこが非常に大きな問題として残っています。ただ、適正手続き、つまり領事とちゃんと連絡をとらないで死刑を科すことは紛れもない国際法違反として、あってはならないことなのです。

それから、死刑の待つ国に対して引き渡しをすることも禁止されています。これは、アメリカとカナダの間でよくあるケースでした。アメリカから死刑囚が脱獄して、カナダに逃げてくるケースが、ときどきあったんです。いまは、知りませんが……。カナダはすでに死刑を廃止していましたので、アメリカ政府から引き渡してくれといわれた時に、引き渡すと死刑になってしまうことがわかっているのに、引き渡していいのかが問題になったんですね。一九九〇年代までは、引き渡してもいいという認識が一般的でした。カナダ自身が死刑を執行するわけではないので、引き渡していいと。でも、二一世紀に入ってからは、引き渡して死刑になることがわかっているのであれば、引き渡した国が自ら死刑をするにも等しいと認識されるようになりました。そして、カナダは死刑を廃止しているのだから、死刑を執行する国に引き渡してはいけないという判断が、出てくるようになったんです。

このように、国際法は、死刑を持っている国に対して、死刑の機会を減らしていく力を強めてきています。

(b)　死刑廃止をいざなう国際的動因

どうして死刑廃止の潮流が大きくなってきているのでしょうか。死刑廃止をいざなっている要因がどういうものなのかを、いくつか摘示してみたいと思います。どういう要因が機能して、死刑の廃止や死刑の封じ込めが世界に広がっているのか、ということです。

このことに触れる前に、これまでの死刑廃止のパターンを振り返っておきましょう。一九六二年に、マルク・アンセルという人が国連の委託を受けて死刑問題の報告書を作ったのですが、その報告書を見ると、死刑廃止をする場合にはほぼ例外なくこうなっているということで、次のようなパターンを示しています。まず最初は、死刑相当犯罪が減る。次に死刑を減軽する、つまり死刑が宣告されても、それを例えば恩赦などを使って減軽することが行われる。そして三段階目として、事実上の死刑廃止状態になる。最後に法律上の廃止をする。こういう四段階を経るんだと、一九六二年の時点で言っていました。

しかし、先ほど見た一九六六年から八八年、さらに八八年から二〇〇〇年にかけての死刑廃止の潮流を見てみると、四段階を経て廃止する国というのはほとんどなくなっています。一気に第四段階に来る国が相当数あります。死刑廃止が段階的に行われる場合ももちろんありますけれども、一気に死刑廃止にいくケースが、特徴的に見られるようになっています。

その背景に何があるのか、何が死刑廃止を突き動かしているのかということですが、ひとことで言うと、これまでは死刑は刑事政策、主権の問題だと考えられていました。ですので、それぞれの国が自由に決めればいい、国民世論が支持しているのであれば死刑を廃止できないという議論も成り立つ余地があったということです。しかし、一九八〇年代、九〇年代、二一世紀にかけて、死刑は基本的人権の侵害だという認識が急速に広がりました。とくに、生命権の侵害とか、拷問・非人道的刑罰に死刑があたるという認識が広がったんです。世論が死刑を支持していても、それが人権の侵害にあたるのであれば死刑は許されないという考え方が広がっているわけです。

こういう動きをリードしてきたのはヨーロッパの国ぐにですけれども、それだけではなく、大規模に人権が蹂躙されていた国が民主政権に移行する時に、一気に死刑廃止に行くケースも見られます。東ヨーロッパの国ぐにや、アフリカの国ぐになどがその典型ですね。それから、国によっては、政治指導者とか裁判官が、強いリーダーシップを発揮して、死刑廃止をもたらしたところもあります。フランスなどは、ご存知のとおり世論は多数が死刑を支持していましたけれども、傑出した政治指導者の働きかけによって死刑が廃止されましたし、さらに一九九〇年にハンガリーが、九五年に南アフリカの憲法裁判所がリーダーシップをとって、生命に対する権利を尊重するためには、死刑を認めるわけにはいかないという判決を下したりしています。それから、もちろんアムネスティのようなＮＧＯからの働きかけもずっと続いているわけです。

今年（二〇一一年）は死刑廃止条約が効力を生じて二〇周年ですが、二年前の二〇〇九年に死刑廃止条約ができてから二〇年を迎えておりました。その時に、国連人権高等弁務官がステートメントを発表して、どうして死刑に反対するのかを言っていましたが、そこでも、生命権を尊重するうえで死刑は認められないことが強調され、さらに、誤った裁判が行われる可能性が否定できない、取り返しがつかないから死刑は認められないこと、そして抑止力が証明されていないこと、刑罰に応報的なものが残っているのはいかがなものか、ということも加えて、死刑に賛成できない旨が述べられていました。公式の国連の見解といってよいでしょう。

こうした認識を裏付けるべく、死刑廃止を義務づける条約がどんどん作られてきています。すでに国連の死刑廃止条約は紹介しましたが、それ以外にも、ヨーロッパで死刑廃止条約ができていますし、アメリカ大陸・米州でも死刑廃止条約はできています。そして、アフリカにも死刑廃止条約を作ろうという提案が去年から本格的に出てきています。生命権を守らなければいけませんし、非人道的な刑罰は認められない、という観点から、こうした条約が作られてきているということであります。

このように死刑廃止への世界的潮流があって、中国でさえ死刑廃止の波が少しずつ出てきているわけですが、日本に対してとても大きい影響を及ぼしているアメリカ合衆国の状況についても、触れないわけにはいかないでしょう。アメリカが死刑を廃止することになったら、日本政府にとっての選択肢はきわめて限られたものになっていくと思いますが、そのアメリカでも死刑の封じ込め、そして、その先の死刑廃止が見えてくるようになりました。

アメリカというのは、政治のあり方がほとんど病気だと思いますけれども、その病気を治癒する力が育ってきているところも見逃してはいけないと思います。アメリカは日本と同じように、公式の見解を表明する時には、やはり世論というものを使うんですね。「国家主権の問題だ、民主的社会なんだから自分たちの問題は自分たちで決める。国連などからわざわざ言ってもらう筋合いはない」という立場をとるわけです。日本政府が「世論が死刑を支持しているから、私たちの国では死刑を廃止できない」と言っているのと同じです。つまり、死刑は主権の問題なのであって、人権の問題ではないというのが、アメリカ合衆国の立場であります。世論が死刑を支持するのなら、死刑はそのまま維持するというのが、民主的社会のありうる姿ではないかと言っているわけです。

ところが、そうした中にあって、連邦最高裁判所の姿勢が少しずつ変わってきているんですね。アメリカ合衆国というのは、世界の中でも例外主義的な生き方をしてきている国のひとつですが、連邦最高裁も、国際的潮流や他国の判決をほとんど参考にしないことがこれまでは多かった。他国の裁判所がアメリカ連邦最高裁の判決を参考にすることはありますけれど、アメリカ連邦最高裁は孤高の立場を保っているような感じでもあったんです。ところが、その連邦最高裁が、国際的な潮流、国際人権法の動向に敏感に反応するようになってきました。とりわけ死刑をめぐって、そうなんです。

いくつか紹介します。例えば二〇〇二年に、知的障害を持った人に対する処刑は残虐な刑罰にあたる、二〇〇五年に、少年犯罪に対する死刑の執行は違憲だ、と判断を下した時には、はっきりと国際人権法の潮流を意識していました。それから、二〇〇八年には薬物注射による死刑執行の合憲性が争われたのですれども、最終的には合憲ということになりましたが、スティーヴン判事は、反対意見で、国際的潮流を踏まえて死刑反対論を展開しました。最高裁のこういう姿勢が法曹界全体に対して及ぼす影響は小さくないと思います。

処刑の実態を見てみますと、アメリカ合衆国は死刑を持っているとはいっても、州レベルで状況はかなり違っています。現実に死刑が執行されているのは一握りの州です。それも特定の州にほとんどすべてが集中していると言ってもいい状況が、見てとれるわけです。ほとんどの州において、死刑は法律上は残っていても、象徴的なものにすぎない。そういう段階になっています。

今年に入ってイリノイ州でも死刑が廃止されましたので、いま一六州で死刑を廃止していることになります。死刑廃止を十年来議論してきたイリノイ州は、裁判制度が完全でない以上、誤って死刑を執行してしまう可能性を否定できないということで、死刑廃止に踏み切ることになったわけです。イリノイ州が最新ですけれども、二〇〇九年にはニューメキシコ州が廃止していますし、二〇〇七年にはニューヨーク州やニュージャージー州も廃止しています。死刑廃止の州が増えてきているわけです。

世論調査を見ても、一九九四年の段階では、アメリカに住んでいる人たちの八〇%が死刑に賛成でしたが、二〇一〇年は、まだ高いですけれども、六四%に死刑の賛成率は減っている。そして、死刑廃止に賛成という数字が三〇%に達しています。

死刑が残っている州は限られてきていますし、死刑が執行されている州も一握り。そして、さらにほんのわずかの州にほぼすべての処刑が集中しているということで、全国レベルで死刑が同じように実施されているわけでは、もはやなくなっているということです。

このように死刑廃止、死刑封じ込めの潮流というのは、死刑大国の中国やアメリカに対しても、大きな影響を及ぼしてきていることが分かります。

(4) 国連超法規的・略式・恣意的処刑特別報告者の勧告(二〇〇六年三月二四日)

これは紹介だけなんですけれども、二〇〇六年に、超法規的・略式・恣意的処刑を調査する特別報告者の報告書が出ていますが、そこでは、日本の死刑問題が特に取り上げられています。その報告書の中で、一番大きな問題として指摘されていたのは、世論が死刑を支持しているというのが日本政府の主張ではあるけれど、肝心のきちんとした情報が市民に提供されていないではないか、ということです。情報提供の重要性が強調されていたわけです。それから、死刑確定者とその家族の処遇、とくにプライバシーの名の下に死刑の情報が隠されてしまうことも大きな問題であると指摘されていました。

(5) おわりに――それで、私たちの生きる場は少しはよくなったのか

国際的潮流は、明確に死刑廃止に向かっています。それがずっと続いて、大きくなってきています。それから、死刑を存置しているところでも、死刑の封じ込めがはっきりと見てとれます。死刑は生命に対する権利だけでなく、拷問・非人道的な刑罰にあたるという考え方も強くなってきてい

るところがあります。死刑囚やその家族の処遇に対しても人権の保護が及ぶのだという考え方も強くなっています。

なにより、死刑廃止に向けて、情報のもつ力が再確認されるようになっています。ロジャー・フッドという、ずっと死刑の研究をしてきた刑事法学者が、その著書の中で、死刑についての情報が与えられると、死刑を廃止しようとする声が大きくなっていくということを、実証的に説いています。フッドは、政府が情報をきちんと与える義務を負っていることも強調しています。これは、先ほどの特別報告者が言っていたことと同じです。

もっとも、日本にはいま一二一人の確定囚がいて、二〇年前は五一人であった。とすると、倍の人が死刑確定の状態にある。死刑廃止の波は、なかなか日本の中では感じ取れないかもしれませんが、世界全域で死刑廃止、さらに死刑封じ込めの潮流が大きくなっていることは、かなりの程度おわかりいただけたのではないかと思います。その背景には、人権の意識が強くなっているという事情があずかっています。

この二〇年の間に死刑が封じ込められ、さらに死刑廃止への潮流がどんどん大きくなってきたことは歓迎すべきことと言えるわけですけれども、さて、それで、私たちが住んでいるこの世界は、よくなったのでしょうか。最後にこの点に触れて、私の話を終わらせていただきたいと思います。

(a)　人権という言葉の簒奪《さんだつ》

この二〇年がどんな時代だったかというと、アメリカ（西洋）の主導する新自由主義というものが世界を覆った二〇年でした。さらに軍事主義が台頭してきた二〇年でした。とくに一九九〇年代に入ってから、国際法の根幹をなす武力不行使原則を激しく揺さぶる行為を大国が行い、これを日本を含めた多くの国が支持するという中で、軍事主義がどんどん世界に広がって、それが新自由主義的なものの考え方と一体となって、世界を覆っていく風景が見られたのが、この二〇年です。その時に死刑廃止の潮流が大きくなってきたということは、いったいどういうことなのでしょうか。

二一世紀には「対テロ戦争」という名の下に危機が煽られ、人権状況全般、社会保障などの水準がどんどん劣化することになりました。死刑廃止を一貫してリードしてきたヨーロッパは、人権の砦なのかというと、ヨーロッパには激しいばかりの外国人排斥や人種主義が台頭してきています。オランダやイギリス、ドイツの政府首脳は、はっきりと多文化主義は失敗だったと明言するまでになっています。不寛容な政策が、ヨーロッパを覆っている。イギリスなどは、安全保障の理由から拷問を認めてもよいのではないかという主張すら、ヨーロッパ人権裁判所で行うようになっています。死刑は廃止するけれども、拷問は許す。こういう議論が行われるようになってきています。

端的に言ってしまうと、本来、人間の抵抗や解放のために使われるべき人権が、政府・支配エリートによって簒奪され、統治や支配の手段にからめとられるような状況が世界に広がっています。そのため、人権が語られる時に、世界を覆っている不均衡な政治経済構造が問題視されることはほとんどなくなりました。さらに、経済成長モデルが根本から批判されることもありません。つまり、この二〇年の間、不均衡な政治経済構造はそのままにしておき、経済成長こそが人間生活にとって好ましいのだという考え方が、国際的な人権の議論の背景をなしてきたことを確認しておかなくてはいけません。

実際のところ、この二〇年の間で最も強化された人権は「財産権」でした。投資家や企業の財産権は、国際的に最も強く保障されています。ところがその一方で、労働者の権利や社会保障の権利は、劣化する一途をたどっています。人権が簒奪されていることがはっきりわかるでしょう。人権の名の下に人間の殺戮《さつりく》が推し進められる事態が中東やアフリカで広がったことも、この二〇年の間の特徴です。抵抗・解放のための人権が、支配・統治のための人権によって塗りかえられてしまいました。

(b) 国際人権法の可能性

つまり、この二〇年というのは、人権一般で見ると、本当に世界がいい状況になったのかというと、むしろ逆行しているといってよいのではないかと思います。その中で死刑廃止の潮流が大きくなり、死刑封じ込めの力が強くなっている。これはいったいどういうことなのでしょう。こうした状況の中で死刑廃止を訴えることとの意味はどこにあるのでしょうか。それをどのように認識し直していくのかということが重要になります。そのことを私は最後にくり返して、お話を終えることになるわけですけれども、人権はこの二〇年の間、統治の手段として利用されるようになってしまいました。そのことを直視し、もう一度、人権というのは、人間の抵抗や解放のために用いるべきものなのだというメッセージを確認しておく必要があるのではないでしょうか。死刑廃止は人権を人々の側に取り戻すための闘いとして展開されるべきです。統治・支配を正当化する口実としての死刑廃止では、その意義は半減されてしまいます。

いまの世界にあっては、人間の平等や人間の尊厳の価値が希薄化してきているところが強い。生命あるいは人間の尊厳が簡単に損なわれている。あるいは人種などを理由にして、人間間に優劣があるように見られる。そういう状況が広がっている中で、もう一度、人間の平等や人間の尊厳、生命の価値というものを、最も素朴な形で再確認することが、何より必要になってきています。そのうえに立って、死刑は許されないというメッセージを発していく必要があります。人権に逆行する世界的状況を反転させていく言説の中に死刑廃止を位置づけていくということです。死刑廃止は、そうした言説のなかに再定位していかなくてはなりません。死刑を廃止することは、拷問も許さず、外国人やマイノリティの差別も許さぬ社会を築くためにこそ必要なのだという議論を展開することです。

先ほど、不均衡な政治経済構造や経済成長モデルに手を付けないということに触れましたが、そういう事態を変えていくにあたって重要なのは、企業の果たしている役割を、きちんとつかまえるということです。企業については、社会的責任（CSR）が、ここ数年来、言われてきています。社会的責任は重要なことですけれども、それ以上に、企業にも明確な人権保障義務があるという認識を確立することが大切だと思います。不均衡な政治経済構造を変えていくためにも、それを支えている企業の存在は無視できません。企業に対して人権を保障する「義務」を課すという動きが出てきていますので、そういうものもやはり、ここできちんと確認しておく必要がある。これは、三・一一後の日本の中における人権状況を考えるさいにも、とても重要なことだと思います。

最後にもう一点。こうした動きを実現していくうえで、死刑だけに限らないのですけれども、あらゆる人権問題について、常に日本に欠けていると指摘されてきているのは、独立した国内人権機関と、個人通報制度です。私は制度が人権を保障する最後の砦だとは思いませんけれども、こういう制度ができることによって、人権保障の可能性が少しは広がっていくと思います。独立した立場で人権問題を扱う国内人権機関、これを日本に設置するということ。そして、国境を越えて人権救済の申立てを可能にする個人通報制度を受諾するということ。個人通報制度はいくつもの人権条約に備わっていますけれども、日本はどの条約についてもこの手続きを受け入れていません。これを政府に受け入れさせることによって、人権保障の可能性が広がっていく。その中で、死刑の存立基盤をなくしていく状況の構築も推し進められていくのではないでしょうか。国内人権機関、個人通報制度のもつ可能性について、ぜひ心に留めおいていただければと思います。

14　緊急事態における人権保障――国際法の視座

(1)　遠ざかる日本国憲法

「自衛隊や米軍の作戦行動の自由を確保するために『軍事的に必要とされる事項』＝『軍事的必要』に高度の公共性を認め、その《軍事的公共性》によって……真正面から国民の基本的人権を制約する」[1]ことに道を開く有事法制関連法案が、二〇〇三年六月六日、国会で可決された。ここでいう有事とは、ありていにいうと戦時のこと。その戦時を想定した法制が日本で整備されてこなかったのは、平和主義に立脚する日本国憲法に反すると考えられてきたからにほかならない。むろん、これまでも、有事法制の研究は間欠的に進められてはいた。だがそうした研究の「成果」をいざ法案として国会に提出するには、屹立する憲法の壁はあまりにも高かった。

しかし、一九九六年の日米安保共同宣言に端を発する近年の軍事化の潮流は、米国の「帝国化」を背景に、憲法の平和主義を根こそぎ葬りかねぬ力学を生み出すまでになっている。上記有事法制関連法案の成立が、事態の劇的な転換を象徴しているのではないか。これらの法案は圧倒的多数の賛成を得て国会を通過したのだが、論述の便宜上改めて想起しておきたいのは、野党第一党・民主党が法案支持の条件として「有事の際も国民の基本的人権が最大限尊重されるよう法案に明記する」ことを求めていたことである。最終的にこの要求が通り、有事法制の基本法ともいうべき武力攻撃事態対処法三条四に、武力攻撃事態等であっても「基本的人権に関する規定は、最大限に尊重されなければならない」という条項が付加されることになったとされる。

論者のなかには、この法案修正合意についてコメントするにあたり、「市民的及び政治的権利に関する国際規約」（自由権規約）四条の緊急事態規定に触れながら、「今回の合意は、この規約を確認したものともいえる。その意義は小さくない」と評する者もいる。(2) 自由権規約の重要性に注意を喚起した点についてはまったく異論はないが、にもかかわらず私は、この物言いにやや違和感を覚えたことを告白せざるをえない。そもそも、自由権規約四条は、「有事の際も国民の基本的人権が最大限尊重される」旨の一文をおくことによってたちどころに「確認」されてしまうような薄っぺらな規定ではない。この規定は、国際人権法の中核をなす自由権規約のさらに中心に位置付けられるものである。後述するように、その構造は、ことのほか重層的で多層的だ。そうした内実が十分に踏まえられての評価のようには見受けられなかった。違和感を覚えた一因はそこにある。もとより有事法制は今回の法律制定で完結したわけではない。法施行後一年以内を目標に国民保護法制が整備されることにもなっている。それだけになおいっそう、緊急事態にかかわる国際人権規範の内容を精確に理解しておくことは大切であろう。

すでに述べたように、戦後日本では、戦時を想定した法制は整備されてこなかった。とはいえ、日本に緊急事態を想定した法令がないわけではない。自由権規約委員会に提出した第三回定期報告書において、日本政府は次のように述べている。「緊急事態を想定した法令には、基本的人権を制約する規定は何らおかれていない。我が国においては、緊急事態が発生した場合には、必要に応じ、憲法及び本規約に従った措置が講ぜられることとなろう」(3)。ここでいう「緊急事態を想定した法令」とは、具体的には災害対策基本法であり警察法、自衛隊法などである。もっともこれらの法令において緊急事態の定義づけはきわめて不明確であり、しかも、そうした事態が発生した場合に人権の保障がどのように担保されるのかもあいまいなままである(4)。これまでは、こうした問題について関心を持つ現実的必要性があまりなかったのかもしれない。そのためもあってか、自由権規約委員会における日本政府報告審査でも、緊急事態についての有意な議論はまったくといっていいほどなされていない。

だが有事法制関連法案の成立により、今後は自由権規約四条に照らした精査の網が緊急事態を想定した法令に及んでくることは避けられまい。その際、はっきりさせておかねばならないのは、日本国憲法が大日本帝国憲法とは異なり緊急権規定を意図的に排除しているということであり、さらに、交戦権を否認する憲法原理からいって人権制約事由として援用されることのある「公共の福祉」概念のなかに「軍事的必要性」を滑り込ませることは法理的に難しい、ということである。つまり、有事法制下での人権の制約は、自由権規約四条との適合性を厳しくチェックされるのは当然としても、そもそも憲法そのものとの両立性に根本的な疑問符がつくのである。となれば、それは、高次の人権水準からの逸脱をいっさい認めぬ自由権規約五条二項との関連で、規約との両立性にも影響を与えかねない。戦時を理由とする人権の制約を原理的に拒否する憲法は、その限りにおいて、戦時における人権の制約を認める自由権規約よりも高い人権保障水準を設定しているといえる。そうした水準を、緊急事態規定を用いて低下させるような営みは規約五条二項によって厳に禁じられていることは知っておいてよい。

フランス人権宣言の規定する諸権利を戦時において停止可能とする法律が一七九一年七月八日に制定されて以来、緊急権規定は実に多くの国で法定されるようになった。自由権規約四条はそうした各国の経験を踏まえて作成されたといってよいが、なかでも起草作業を主導したのは英国、米国あるいはフランスなどであった(5)。欧米の男性／支配エリートであったというべきか。かれらの議論に通底していたのは、近代知の所産ともいうべき二元的思考、とりわけ緊急事態と平時とを截然と分かつ二分法であり、また、秩序回復のために力の行使を不可避とみなす「超暴力」の発想であった。平時が通常であり、静穏がかき乱されたとき代わって緊急事態が訪れる。そこでは力の行使が容認され、秩序の回復つまり平時への回帰がはかられる。その間、人権の制約は受忍されなくてはならない。これが、ごく一般的な思考様式であったろう。

だが、こうした思考は、けっして普遍的な実態を表したものではない。非欧米圏の多くでは、平時と緊急時とは必ずしも断絶していない。両者はひんぱんに折り重なり、「平時が緊急事態」とでもいったような状況が途切れることなく出来している。こうした現実も踏まえ、近年では二元的思考の呪縛を断ち切り、改めて人権保障基準を設定しなおそうとする営みが顕現している。(6) それどころか、後に触れるように、緊急事態における効力停止の可能性をさまざまな法的技法を通じて封じ込め、ひいてはそれをまるごと否定してしまおうという規範的潮流すらみられる。現にアフリカの地域人権条約機関は、緊急事態における効力停止の可能性を全面的に否認する見解を明らかにしている。アフリカでは、平和への権利が明文で規定されており、その規範構造からしても、力の行使とそれに伴う効力停止の可能性は否定されざるをえない。脱／非暴力思想に依拠する日本国憲法の規範構造が国境を越えてそのまま投射されているかのような錯覚にさえとらわれる。

私たちの前には新たな力の時代が引きずり出されている。だが、国際人権レジームは剥き出しの力にひれ伏すどころか、人権保障のスペースを戦時を含む緊急事態に漸進的に拡張し、さらに戦争／武力紛争それじたいを人権によって囲い込む流れをも創り出している。それは日本国憲法の平和主義と直接に共鳴しうるはずのものである。それだけに、有事法制の整備によって平和主義の理念が急速に無化されるこの国の現状は、あまりにも国際人権の潮流に逆行することのように思えてならない。

(2)　緊急事態を囲い込む

国際人権レジームがようやく拡充への道を歩み始めた一九六〇年代から七〇年代にかけて、世界には戒厳令の暴風が吹き荒れていた。東西冷戦を隠れ蓑に、各地の独裁者たちが緊急緊急事態を掲げ大規模な人権蹂躙を繰り返す醜悪な風景が世界を覆っていた。一九七七年、人権小委員会（人権の促進および保護に関する小委員会）はこの問題の詳細な分析を行うことについて人権委員会・経済社会理事会の承認を求め、こうして緊急事態における人権保障の問題は国連での本格的な検討に付されることになった。問題の研究を委ねられたケスティオ（Nicole Questiaux）は注意深く検討を重ねた後、一九八二年に最終報告を提出。(7)そこで示された勧告に従い、人権小委員会は緊急事態の監視を継続的に行うことを決定し、一九八五年に新たにデスプイ（Leandro Despouy）を特別報告者としてその任にあたらせることとした。特別報告者は一九九七年まで精力的に調査・研究を続け、その後は国連人権高等弁務官事務所が緊急事態についての情報をアップデイトする役割を与えられた。(8)

この間、緊急事態をめぐる規範内容の発展を主導したのはヨーロッパ人権委員会・裁判所である。これに米州人権委員会・裁判所が続く形となった。しかしその一方で、自由権規約の文脈では目立った進展がなかなかみられなかった。緊急事態を取り扱った一九八一年の一般的意見五は皮相的な分析に終始し、個人通報事例にしても緊急事態を正面から取り上げるものはほとんどないという事態が続いた。(9)こうした自由権規約の停滞を補うかのように、国際法の専門家たちの手によっていくつかの重要な文書が作成されているのだが、(10)一九九九年になるとようやく自由権規約委員会もシャイニン（Marti Scheinin）を中心に一般的意見五の改正に取り掛かり、二〇〇一年には格段にバージョンアップした一般的意見二九が生み出されるにいたった[11]。ヨーロッパ人権条約、米州人権条約、そして自由権規約におけるこうした実践の積み重ねにより、国際人権法は今や、緊急事態における効力停止に厳格な審査基準をあてはめるようになっている。自由権規約の関連条文を参照しながら、その概要をみてみることにしよう[12]。

まず前提として確認しておかなくてはならないのは、緊急事態はけっして法そのものを超える事象ではないということである。上記いずれの条約も緊急事態に国家が一定の人権を停止できると定めているが、米州人権裁判所がいうように、「権利保障の停止は法の支配の一時的停止を意味するわけではなく、また、権力を有する者に法律適合性の原則を無視して行動することを許すものでもない。この原則は権力者をあらゆる時点で拘束している[13]」。緊急事態とは無法状態ではない。国家の「絶対主権」を召還する事態でもない。それは、緊急の場合において人権条約（法制度）の依拠する基本的価値を守るために許容される「必要悪」とでもいうべきものであり、したがって人権条約（法制度）の基本理念そのものを破砕する措置までは容認されない。緊急事態が人権蹂躙を容認する制度であるかのように濫用されてきたことへの反省が、こうした認識の基底にあることはいうまでもない。

緊急事態を理由に人権の効力を停止する際に、実体面で第一に要求されるのは、極度の脅威の存在である。「国民の生存を脅かす」公の緊急事態でなくてはならないということなのだが、ヨーロッパ人権委員会の定式[14]を用いれば、次の四つの条件が満たされていなくてはならない。（i）現在のまたは差し迫った脅威が存在すること、(ⅱ) その影響が全国民に及ぶこと、(ⅲ) 共同体の組織化された生存が脅かされること、(ⅳ) 通常の人権制約措置では対処できないほど例外的であること。

こうした条件が充足されていることを立証する責任は国の側にある。ヨーロッパ人権条約機関は国の判断を「評価の余地（margin of appreciation）」理論を採用し、結果としてほぼそのまま受け入れてきた。だが、これには強い批判がある。米州人権機関も自由権規約委員会も「評価の余地」を必ずしも採用しておらず、シラクサ原則もクイーンズランド・ガイドライン[15]もともに厳格で客観的な審査を求めている。そもそも緊急事態は全国民の生存を脅かすほどの例外的事態であり、その存否の判断は「評価の余地」に頼らずとも十分に可能なのではないか[16]。

第二の要件は「均衡性の原則」である。効力の停止は、「事態の緊急性が真に必要とする限度」でのみ認められる。効力停止はそれを真に必要とする期間に限って認められ、地理的適用範囲についても同じである。また、以下で述べるように、人権諸条約は緊急事態においても効力を停止できない人権規範を列記しているが、だからといって、そこに明記されていない人権規範の効力停止が自動的に許容されるわけではない。効力を停止するには、それが真に必要な措置であることを国の側が立証しなくてはならない。むろん「評価の余地」はここでも問題になる。もっとも、「評価の余地」はヨーロッパが民主主義についての共通の記憶と人権への強いコミットメントによって結束していた時代の産物であることから、「ヨーロッパの拡大」に伴いその妥当基盤が侵食をきたし始めている。この理論については、その有効性じたいについて抜本的な見直しが必至のようにも思える。

第三の要件は、一定の人権規範について効力停止が認められないということである。自由権規約は、そうした条項として、六条（生命権）、七条（拷問の禁止）、八条（奴隷制の禁止）、一一条（契約義務不履行による拘禁の禁止）、一五条（遡及処罰の禁止）、一六条（人として認められる権利）、一八条（思想・良心・宗教の自由）を明記している。このリストは、一九五〇年に作成されていたヨーロッパ人権条約のリストよりも明らかに拡充されている。もっとも自由権規約にしても、一九六九年に採択された米州人権条約のリストには及ばない。効力停止の認められない権利のリストは、年代が下るにつれて明白な拡大傾向にある。[17]

効力停止の認められない権利には大別して二種類ある。[18]一つは人間存在にとって決定的重要性を有するもの、もう一つは公の緊急事態であっても別段効力を停止する必要性がないものである。[19]前者の範疇は、強行規範とも重なりあってくる。ただし、強行規範のリストは自由権規約四条2に明記されたリストに包摂されるわけではない。たとえば、公正な裁判を受ける権利などはそうである。規約に明記されておらずとも、強行規範からの逸脱は緊急事態であっても許されない。また、人道に対する罪やジェノサイドなどを構成する諸要素との関連で効力停止の認められないスペースが広がっていることにも留意する必要がある。

第四の要件は「両立性／一貫性／補完性の原則」である。緊急事態においてとられる措置は、

「締約国が国際法に基づき負う他の義務に抵触してはなら」ない。この原則は国家が負う国際法上の義務の調整をはかると同時に、個人に「最恵者待遇」を保障するものでもある。他の人権条約によって高次の人権水準が保障されている場合には、そちらが優先されなくてはならない。この点で、適用開始の敷居が異なるとはいえ、真っ先に想起されるのは、一九四九年のジュネーブ諸条約をはじめとする国際人道法上の諸規定であろう。そこには、武力紛争下においても停止されえぬ人権諸規範の一群が明示されている。人道法と人権法の接合については比較的よく論じられてきたので、ここでは屋上屋を重ねることはしない。見過ごしてならないのは、むしろ他の人権条約との関係である。

主要人権条約のなかで、緊急事態規定を有しているのは自由権規約だけである。拷問等禁止条約はもとより、社会権規約にも人種差別撤廃条約にも女性差別撤廃条約にも、そして子どもの権利条約にも効力停止条項は存在しない。主要人権条約に分類されてはいないものの、難民条約も奴隷条約も同様である。緊急事態への言及がないということは、緊急事態を理由とする効力停止をそもそも認めていないということではないのか。子どもの権利条約については、子どもの権利委員会が宣明しているように、あらゆる事態において適用されるとの了解があり[20]、この理解が他の人権条約にも広がっていくのであれば、緊急事態における人権保障の水準は格段に向上することになろう[21]。

他方、手続面では二つの要件の充足が求められる。第一は、緊急事態の存在が公式に宣言されていることである。この要件は、主権者たる住民への必要な情報提供であり、また「事実上の緊急事態」の出現を回避する目的もある。武力紛争など緊急事態に相当する場合であっても、国家は緊急事態を宣言しないことができる。一九七四年のトルコ侵略に際してキプロス政府は緊急事態を宣言しなかったし、一九八二年のフォークランド戦争に際してアルゼンチン政府も緊急事態宣言を発しなかった。一九九四年から翌年にかけて、ロシア政府はチェチェンでの緊急事態宣言を控えている。

緊急事態の存在を公式に宣言しない国の決定は最終的なものである。つまり、その場合には緊急事態は生じていないとみなされ、国は通常どおりすべての人権保障義務を負う。これがヨーロッパ人権委員会の一貫した立場である。自由権規約委員会も、初期には緊急事態の存在を自ら判断するとの見解を示していたが、近年では、公式の宣言がある場合にのみ効力停止が許されるという、ヨーロッパ人権委員会と同様の認識を示すようになっている[22]。

第二は、緊急事態についての通知をするということである。「効力を停止した規定及び効力を停止するに至った理由を国際連合事務総長を通じてこの規約の他の締約国に直ちに通知」しなくてはならない。この通知は、国際社会に向けられるものである。通知は即時に行われなくてはならず、また、どの規定の効力が停止されるのかを、明確な理由を付して記すものでなくてはならない。緊急事態の終了の際にも同様の手続が求められる。この通知の要件が満たされないと、当該国は条約により認められた効力停止の権利を国際的に援用することができない。つまり、効力停止措置は法的に正当化されないことになる。

(3) 平和への権利の可能性──アフリカ憲章の挑戦

このように、国際人権法は緊急事態における効力停止に関して実体・手続の両面から多角的な「縛り」をかけ、それを精錬することに力を注いできた。ヨーロッパ、米州、そして国連で締結された包括的人権条約の検討を通してそれが明らかになる。だが平和主義に立脚する日本国憲法の観点からとくに注目してしかるべきは一九八一年に採択された「人及び人民の権利に関するアフリカ憲章」(以下、アフリカ憲章または憲章)の実践ではないのか。この条約には、緊急事態規定が存在しない。年代が下るとともに効力停止不能な権利リストが拡大されてきたことを先に指摘したが、その潮流はアフリカ憲章にいたり頂点に達した感がある。

憲章発効後ほどなく刊行された著書において、メロン(Theodor Meron)は、憲章の起草者たちが緊急事態において効力を停止する国の権利を排除していたわけではないと指摘しながら、もしそうであったとすれば「人権の効果的保護という大義に間違いなく貢献するだろう」と述べていた。[23]驚くことに、現実は、メロンがほのかに抱いていた希望どおりの法状況となった。アフリカ憲章の履行を監視する「人及び人民の権利に関するアフリカ委員会」(以下、アフリカ人権委員会または委員会)は、効力停止条項を含み持つ他の人権諸文書に依拠しながら、締約国の緊急事態権限を肯認する機会に何度となく直面してきた。実際のところ委員会は、憲章諸規定の解釈にあたってヨーロッパ人権条約や自由権規約などを参照することを躊躇していなかった。ところが委員会は、戦時における効力停止についてはこれを認めないという立場を敢然と打ち出したのである。「他の人権諸文書とは異なり、アフリカ憲章は緊急事態において条約義務を免れることを国に認めていない。したがってチャドは、自国における内戦といえども、アフリカ憲章における権利を侵害しまたは権利の侵害を容認する口実として用いることはできない[24]」。

アフリカ諸国は、緊急事態について定める国内法規をほぼ例外なく有している。その事実を前にしながらも、委員会はこうした立場を崩していない。それどころか、人権の保障を損なう武力紛争を容認した国家の責任を追及することすらしている。再びチャドの事例についてだが、委員会はこういっている。「チャドは、国内で安全と安定を提供することを怠ったため、重大で大量の人権侵害を許してしまった。国軍が内戦に参戦しているが、特定の個人の暗殺および殺害を防止するため政府が介入することを怠った事案が数件生じている[25]」。委員会は、戦時であろうとも、社会権の保障水準の劣化を認めないという立場をとっているようでもある。軍事費を削減し、それを社会発展に振り向けるよう勧告していることにも留意しておくべきだろう[26]。

効力停止が認められないということは、アフリカ憲章上のすべての権利が、平時・戦時を問わず適用されるということである。これにより、人権法／人道法の「隙間」から生ずる人権保障の空白も回避されることになる。もとより、アフリカでは平時といわれる時点でも生命への権利や身体の自由がひんぱんに侵害されている。それは、戦時におきる同種の侵害（住民の殺害や身体の拘束）と基本的に変わるものではない。別の視点に立てば、アフリカでは内戦あるいは内戦類似の状況が常態的に生起している。その都度効力停止が認められていては、人権が完全な形で認められる時のほうが例外になってしまうかもしれない。人々にとってみれば、そうした状況においてこそ人権を効果的に保障してもらわねばならないだろうし、なんといっても、そうした状況の発生じたいを阻止する措置をとってもらわねばならないだろう。こうした現実の状況が委員会の判断の背後にあったことは想像に難くない。だがそれは、なにもアフリカに固有の現実なのではあるまい。世界の圧倒的多数の人々は、まさにそうした状態のなかで生きてきたのではないか。

普遍的な意味をもちうることとして法的にいっそう注目すべきは、委員会が平時／戦時（非常時）という二分法を脱していることである。アフリカ憲章の実践は、国家／非国家、公／私、公式／非公式といった様々な二元的枠組みが解体された形で進められており、そこに最も興味深い法の風景を見ることができるのだが、こと平時／戦時の問題に関していえば、二元的思考からの脱却を規範的に強く促した要因が、憲章の掲げる平和への権利の存在であったことも見落としてはならない。「すべての人民は、国内及び国際の平和への権利を有する」（二三条1）。締約国は、この権利を実現する第一義的な義務を負う。平和を損なう行為（作為・不作為）に従事することはこの権利の侵害にあたる。アフリカでは、こうした平和への権利の存在により、戦時における人権の効力停止を容認することが規範構造上も、困難になっているのである。むろん、効力停止を認めぬ委員会の判断が、平和こそがあらゆる人権の礎であるという基本的観念の強化につながることはいうまでもない。(27)

緊急事態規定は、国家的危機の状況においても遵守されるべき人権を予め明記することなどによって、人権条約あるいは法制度の根幹を固守しようとするものである。こうした規定がなければ、かえって無法状態になり人権侵害に歯止めがかからないという懸念がある。そうした認識に異議を唱えるつもりはないが、ただその反面で、緊急事態規定には、有事（戦争）の発生とそれに伴う人権保障水準の低下をあらかじめ制度的に受容してしまう側面があることもたしかにある。これは、平和主義に立脚した人権保障を目指す向きからすれば敗北主義的な制度設計にも等しい。そうした法制度のあり方に、アフリカ人権委員会は根本的な挑戦を投げかけているようにもみえる。ただしそれは、けっして孤立した無謀な地域的営みなのではない。すでにみたように委員会の営みは、緊急事態を囲い込んでいこうとする国際人権レジームの潮流につらなり、その最も先鋭的な姿を映し出すものでもある。「戦時（緊急事態）」から規範的正統性を剥落させ、あらゆる時点においてすべての人権の誠実な遵守と平和の維持を関係者に迫る国際人権レジームの最も先進的で野心的な姿といってよい(28)。

＊　＊　＊

国際法は、ホッブス的リアリズムの影響を受け、伝統的に力の行使を認めてきた。そこが、平和主義を掲げる日本国憲法との大きな違いの一つである。それはまた、緊急事態規定を支える生命線なのかもしれない。近年の大国の行動様式をみていると力の論理がさらに広がっていくように思えてならないが、しかしその一方で国際人権レジームが力の行使を抑止し、封じ込める方向に規範的展開をみせていることも否定できない。緊急事態における人権保障の拡大については上で述べたとおりである。アフリカ憲章が一つの到達点を示すものと思うが、このほかにも、良心的兵役拒否の権利の同定、国際刑事裁判所の設置など、力の論理に抗う数々の重要な進展がみられる。平和・軍縮を理念として明瞭に謳い上げる女性差別撤廃条約の強化（選択議定書の作成）もその一例といえる。

こうした規範的潮流をさらに推し進めようとするのであれば、アフリカ人権委員会の実践が示唆するとおり、今後はグローバルなレベルにおいて平和への権利の蘇生と、そのいっそうの練磨が欠かせないのではないか。「人間の生命その他の人権は、国家の戦争行為に基本的に優位し、戦争目的によってそれらの人権が制限・侵害されるべきではないとする思想[29]」を、今のような時代状況だからこそなおさら高く掲げ、平和への権利の普遍的強化に向けて国際人権法学の実践知を傾けてもいいだろう。世界人権宣言や国際人権規約の前文に謳われているように、人権と平和は密接なつながりをもつ。人権なくして平和なし。平和なくして人権なし。核使用の現実的脅威が再び台頭してきた今日ほど、そのことの意味を噛みしめるべきときはない。平和が破られたときの人権保障にとどまらず、平和を創り、鍛えぬくための人権保障のありかたこそを考えていくべきである[30]。

(1) 岡本篤尚「《軍事的公共性》と基本的人権の制約——『政府解釈』を中心として」山内敏弘編『有事法制を検証する——「九・一一以後」を平和憲法の視座から問い直す』（法律文化社、二〇〇二年）一二七頁。

(2) 富井幸雄「〈私の視点〉有事法制 『人権』唱えるだけでいい？」朝日新聞二〇〇三年六月四日。

(3) 第四回報告書も内容的にはまったく同じものである。

(4) 宮崎繁樹編著『解説 国際人権規約』（日本評論社、一九九六年）一二三頁（山下恭弘執筆担当）参照。

(5) See *e. g.*, Novak,M., *U. N. Covenant on Civil and Political Rights : CCPR Commentary* (1993), pp. 76–77.

(6) こうした潮流について、たとえば次の文献を参照のこと。Vigny & Thompson, "Fundamental Standards of Humanity : What Future?", *Netherlands Quarterly of Human Rights*, Vol.20 (2002), p. 185.

(7) U. N. Doc. E/CN.4/Sub.2/1982/15.

(8) See U. N. Doc. E/CN.4/Sub.2/1997/19, para.12 ; E/CN.4/Sub.2/1999/31 ; E/CN.4/Sub.2/2001/91.

(9) Joseph, S, Schultz,J & Castan,M., *The International Covenant on Civil and Political Rights : Cases, Materials, and Commentary* (2000), p. 624.

(10) *E. g.*, Siracusa Principles on the Limitation and Derogation Provisions in the International Covenant on Civil and Political Rights, reprinted in *Human Rights Quarterly*, Vol.7 (1985), p. 1 ; Paris Minimum Standards of Human Rights Norms in a State of Emergency, reprinted in *American Journal of International Law*, Vol.79 (1985), p. 1072. 後者のパリ最低基準は一九八四年に国際法協会（ＩＬＡ）で採択されたものだが、その後ＩＬＡ（人権法の実施に関する委員会）は緊急事態における人権状況の監視に活動を移行し、一九九〇年に Queensland Guidelines for Bodies Monitoring Respect for

Human Rights During States of Emergency を採択した。See *generally* Fitzpatrick, J., *Human Rights in Crisis: The International System for Protecting Rights During States of Emergency* (1994).

(11) U.N.Doc. A/54/40, Vol.I, para.26; CCPR/C/21/Rev.1/Add.11 (2001).

(12) ここで述べる基準は、特別の記述がない限り、ヨーロッパ人権条約、米州人権条約にも概ね共通する。See Provost, R., *International Human Rights and Humanitarian Law* (2002), p.270; McGoldrick, D., *The Human Rights Committee: Its Role in the Development of the International Covenant on Civil and Political Rights* (1991), p. 303.

(13) Advisory Opinion OC–8/87 of January 30, 1987, para. 24.

(14) *Yearbook of the European Convention on Human Rights*, Vol.12, p. 72.

(15) この二つの文書については、前掲注（10）参照。

(16) ＩＬＯの審査委員会も「評価の余地」アプローチは採用していない。See Provost, *supra* note 12, pp. 289, 322。なお、ヨーロッパ人権条約の下での「評価の余地」については、西片聡哉「欧州人権条約 derogation 条項と「評価の余地」——人権裁判所の統制を中心に」神戸法学雑誌五〇巻二号（二〇〇〇年）、同「表現の自由の制約に対する欧州人権裁判所の統制」神戸法学年報一七号（二〇〇一年）が精密な分析を加えている。また、戸田五郎「欧州人権裁判所による欧州人権条約の解釈——欧州共通標準の模索」国際人権一一号（二〇〇〇年）一八－一九頁も参照。

(17) もっとも、一九九四年のアラブ人権憲章はこうした潮流を増幅させるものとはならなかった。See Joseph *et al., supra* note 9, p. 633.

(18) 効力停止の認められない権利については、その原理的基盤の法／思想的分析を含め、寺谷広司が委曲をつくした分析を行っている。もっとも寺谷は、「人権」の本来的意味と強さを損なう「デロゲートできない権利のインフレ」には批判的である。『国際人権の逸脱不可能性—緊急事態が照らす

法・国家・個人』（有斐閣、二〇〇三年）参照。

（19） Fitzpatrick, *supra* note 10, pp. 63–66.

（20） U.N. Doc. CRC/C/10（1992）, para.67. 自由権規約委員会の一般的意見二九も、子どもの権利条約が緊急事態においてそのまま適用されると述べている（CCPR/C/2/Rev.1/Add.11（*supra* note 11）, para.10, n.5)。

（21） このほかの実体的基準として「差別禁止の原則」の重要性も当然ながら看過してはならないが、本稿では省略する。

（22） 具体的な事例について、see Provost, *supra* note 12, p.285.

（23） Meron,T., *Human Rights and Humanitarian Norms as Customary Law*（1989）, p. 219.

（24） Communication No.74/92, para. 22, reproduced in *Documents of the African Charter on Human and People's Rights*（Murray, R. & Evans, M. eds. 2001）, p. 449.

（25） *Id.* なおアフリカ人権委員会は、自由権規約委員会などと違って、自らの決定に法的拘束力があるという認識を表明している。See Murray, R., *The African Commission on Human and People's Rights & International Law*（2000）, pp. 55, 174.

（26） *Id.*, p. 126.

（27） Mushkat, "The Development of International Humanitarian Law and the Law of Human Rights", *German Yearbook of International Law*, Vol.21（1978）, p. 151.

（28） こうした規範的「先進性」と現実の「後進性」との間の懸隔をどのように埋めるのかがアフリカ憲章にとって最大の課題であることはいうまでもない。本稿では、平和主義に依拠したアフリカ憲章の規範的形姿と、そうした規範の力を用いて現実を変革・誘導しようとするアフリカ人権委員会の姿勢に着目して論を進めた。なお、平時と緊急事態の二分法を解体することでかえって緊急事態の恒常化を招くことにならないか、という懸念をもつ向きもあるかもしれない。しかし、アフリカ憲章の下では緊急事態そのものが否認されていることから、そうした法状況の発生はありえない。また、人権の制約はいわゆるクローバック条項などによるしかないが、委員会は、この条項の解釈にあたり、国内法の援用を認めていない。したがって、国内法上の制度として存する緊急事態を、各国がクローバック条項を媒介にアフリカ憲章に忍び込ませることもできない。

(29)　山内敏弘「国際安全保障と平和的生存権」岩村正彦ほか編『岩波講座　現代の法2　国際社会と法』（一九九七年）所収、二一六頁。

(30)　この点に関連して、自由権規約委員会が、生命への権利について扱った一般的意見六において、「国家は、戦争、集団殺害行為、生命の恣意的な喪失を引き起こすその他の大規模な暴力行使を抑止する至上の義務を負う」と述べていることにも留意しておきたい。

15　憲法九条への国際法の水脈 ――「殺される側」のまなざし

(1) 侵　略

一九七四年に国連総会で採択された「侵略の定義に関する決議」（UN GA Res. 3314（XXXIX））は、第三条において「一国の兵力による他国の領域への侵入もしくは攻撃、一時的なものであってもこのような侵入もしくは攻撃の結果として生じた軍事占領」を「侵略行為」の一形態と明示している。この決議全体が一般国際法を体現したものであるかどうかは別として、二〇〇三年三月に始まる米英等のイラク侵攻は、武力行使に係るこれまでの国際法規範に照らしてみれば――そして何より政治的に操作された安全保障／人道言説からいったん自由になってみれば――まさに絵に描いたような侵略行為ではなかったのか(1)。

現前する法的議論の位相は、だが、それほど単純ではない。実際のところ、国際法の専門的知見を有する人びとの間で米英が「侵略国」と名指されることはそれほど多くはない。その背景に、国王本人に向かって「王様は裸だ」と直言してみせたあの少年の勇気を、同時代の専門家集団が必ずしもちあわせていないという事情も与っているのかもしれない。ノーム・チョムスキーに倣えば、「[先進国の]知識人は、いつの時代でも、権力を握る者たちに追従する」(2)ということになるのだろうか。

すべては湾岸戦争から始まっていたのだろう。軍事強制行動の外注化あるいは下請け化とでもいうべき「新自由主義的」対応が、武力行使の分権化を促し、安保理の統制力を著しく低下させる重大な転機になったことは疑いようもない。二つの世紀を架橋するこの一〇余年は、安保理の指導力が最も必要とされる時に肝心の安保理が舞台の後景に退いてしまう異様な情景の連続であった。その延長線上に出来したのが米英によるイラク侵略である。

米英や日本政府が、安保理諸決議（一四四一、六七八、六八七）を組み合わせてイラク攻撃に合法性の外套を羽織らせようとしていたことは知ってのとおりである。しかしあまりに強引なその論理は、法匪の腐臭すら漂わせ、これを額面通り支持する論者はさすがに多くはなかった(3)。その一方で「歴史の終焉」を押し出す「民主主義学派」の中からは、そもそも非民主的な大規模人権侵害国を擁する安保理は人道的目的を掲げる武力攻撃の是非について判断するのにふさわしい場ではないと断ずる者も出てきた(4)。そこまで直截的ではなくとも、批判の矛先を「違法」な武力攻撃にではなく、それを合法化できない現行法制のあり方に向ける論調も少なくない。「違法だが正統」という評価尺度を設定する向きがそうである(5)。

カーステン・スターンは、米国際法雑誌に発表した論考において、重大な人権侵害を阻止しあるいは国連憲章第七章に基づく決議の実施のために断行される米英等の武力行使は、安保理の授権を欠くゆえ違法であったとしても、事後に承認されるか、少なくとも法的制裁の対象にされてこなかったことに注意を喚起する。「共通に定義された国際社会の規範的要請に適合する「一方的な武力」介入」は原初的違法性が事後に治癒されるか軽減されているのであり、こうした法状況の堆積は武力行使禁止原則の新たな例外を生み出す可能性を含みもっているという。スターンが自らに課した課題は、一連の不正規な軍事力行使の法的評価をいかに現行法制の有効性を損なうことなく提示できるかというところにあった。それだけに、安保理についても、執行機関としての力が低下したとはいえ、軍事行動への規範的枠組みを設定し、関係国に議論の場を提供し、そして紛争終結後の支援にあたるなど、その制度的機能はむしろ強化されているとして積極的な評価を与えている(6)。

(2)　人びとの声

国際法や国連を跨《また》ぎ越そうとする潮流を前になお踏みとどまって現行制度の有用性を訴えるスターンの姿勢には教えられるところも多い。にもかかわらず、その彼にしても、他の論者同様、基本的な視座が旧態依然の国家中心主義の域を出ていないことは指摘しておかなくてはならない。端的にいえば、武力行使にかかわる法規範の動揺を見定めるにあたり、分析の射程を国家、それも先進工業国政府の動きに限定してしまっているのである。だが、米国中心の軍事力行使に関わる声をあげているのは何も国家（政府）だけではあるまい。イラク攻撃が始まる前から、そして始まってからも、さらに占領が継続し攻撃開始から一年が経った日も、米英の行動を国際法・国連憲章違反として非難し、関係国の即時撤退を求める声が世界大で激しく噴きあがっていた。国際市民社会の新たなうねりを象徴する世界社会フォーラム（第四回）が今年（二〇〇四年）一月インドのムンバイに参集した際に中心課題として設定したのも反戦／非戦である。「イラク攻撃は国際法違反。米国はイラクの占領をやめろ」というメッセージが一二万人に膨れ上がった群集を貫通する巨大な波となって会場を席巻していた(7)。

世界各地で非戦を訴え続ける無数ともいえる人々は、大国の一方的な武力行使を「共通に定義された国際社会の規範的要請に適合する介入」と認識しているわけでも、事後的に承認しているわけでもない。むしろ「人権・民主主義」を翳した植民地（人種差別）主義的侵略にほかならないことを、「王様は裸だ」というがごとく訴え出ているというべきだろう。国家（大国）中心の思考枠組みに固執するあまり国際法の専門家がそうした人間たちの法規範意識の表明に無関心であり続けるのでは、民衆の支持（同意）という国際法の正統性の基盤を自ら切り崩すにも等しくなってしまうのではないか。

改めて想起しておこう。ポスト構造主義の思潮は、国際法の領域でも、法の他者として不可視化を強いられてきた者の価値・経験を公的アリーナに導き入れる重要な契機を提供している。そしてこうした知の実践が、国際法の立法・実施過程をよりひらかれたものに変容させる潮流を断続的に生み出しているのである。本稿との関連でいえば、「殺す側」（力を行使する大国の支配エリート）の論理が肥大化している時代状況にあって見落とされがちではあるものの、一貫して沈黙を強要されてきた「殺される側」(力を行使される人間たち／民衆)の論理・眼差しが現実の法過程に変容の環を築きつつあることに留意しておかなくてはならない。

ホッブス的社会観に規定され超暴力の思想を抜け出られぬ国際法の風景の中に、あらゆる暴力に抗する徹底した平和主義の思想が、微視的ではあっても急速に広がっていることに着目すべきである。非戦を訴え街路を練り歩く無数の民衆が映し出しているのもそうした平和主義に寄り添う姿にほかならない。それは、「殺される側」の記憶を担う日本国憲法を活かしさらに発展させる国際法の希望の水脈でもある。日本国憲法は、「イチジクの葉」すらかなぐり捨てた(8)「帝国」の暴力によって後退を強いられるばかりではない。その基本理念は、サバルタンの声を国際法の公的アリーナに導き入れる脱構築の思潮と連動しながら、非暴力に根差す新時代の公準的価値としての位相をさらに強めてもいるのである。

(3)　死刑というアポリア

平和主義を支える「殺される側」の眼差しは、皮肉なことに、二〇〇三年一二月一四日に米軍によって捕捉されたサダム・フセインの処遇をめぐる議論に鮮明に現われ出た。フセイン拘束前後から一斉に提起されたのは、裁きの場をどこに求めるかという問いであった(9)。侵略者側の犯罪行為を不問に付すことと対になってその問いが発せられていた点には大いなる違和感を覚えるが、それでも、裁きを行うのであれば公正な場で、というのは当然の要請ではあった。となれば、「勝者の裁き」を回避するためにも国際的な法廷への付託が望ましいことになるのだが、問題はまさしくそこにあった。「フセインを裁け」という声の背後には、「フセインを殺せ」というもうひとつの声が控えていたのである。裁いて殺すこと、すなわちフセインを死刑にしろという「殺す側」の論理がそこにあった。

ところが国際法はいまや死刑廃止への不可逆の流れの中にある。人は殺されてはならない。国際法廷では死刑を科す可能性はもはやないといっても過言ではない。国際刑事裁判所、旧ユーゴ・ルワンダ国際刑事法廷はいうまでもなく、国連の関与するいわゆる混合型の裁判所においても死刑への回路は予め閉ざされている。とりわけ、人道に対する罪、ジェノサイド、戦争犯罪という国際社会の「最も重大な犯罪」についてすら死刑を科さないという国際刑事裁判の法実践が「殺される側」の眼差しの浸潤を加速していることはいうまでもない。

今年一月九日、米国防総省は拘束中のフセインを捕虜条約（捕虜の待遇に関するジュネーブ第三条約）の定める捕虜と認定した。その上で米国はフセインをイラク特別法廷での裁きに付そうとしている。しかし捕虜であるということになれば、「捕虜は、いかなる場合にも、裁判所のいかんを問わず、一般に認められた独立及び公平についての不可欠の保障を与えない裁判所…では、裁判してはならない」という捕虜条約第八四条の要請を逸脱できないはずである。

特別法廷についてはそもそも設置根拠からしてあいまいだが、公正な裁判の確保についてはそれ以上に大きな疑問符がつけられる。[10] 国際基準を下回る不公正な裁判によりフセインに死刑が科せられるようなことがあれば、自由権規約の定める生命権の侵害にあたり、当該行為に加担した米国も法的責任を免れない。加えて、そのような法廷への送致（引渡し）を行いまたは行うことを命じた者については、捕虜条約に対する重大な違反を理由に戦争犯罪が問われることにもなる。[11] 国際法廷を回避したところで、死刑の封じ込めに連なる国際法の潮流からフセインの処遇を分離することは困難なままなのである。

(4)　イチジクの葉

「殺される側」の眼差しは、死刑以上に大規模に人間を殺戮する「戦争」そのものの法的封じ込めを促してもいる。このような物言いは、「戦争違法化」の時代から「新たな正戦（聖戦）」の時代に移行中かと見紛うばかりの現下の情勢ではあまりにも現実離れした言説のように響くかもしれない。たしかに米英が先端を切ったイラク攻撃には、イチジクの葉によってかろうじて隠されていたモノがこれまでとは比較にならぬほど公然とその屹立する様を陳列した感がある。jus ad bellum の次元においていかなる法的正当化も成立せず、jus in bello の次元においても、米英は無数の人道法違反を積み重ねてきた。[12]

もとより「誤爆」や「付随的被害」といった常套句を口にすればそれだけでイラク人の殺戮が正当化されてしまうわけではない。結局は見つからなかった大量破壊兵器を自ら用いて行った米英の爆撃は、慣習法化している「特定の目標のみを対象とすることのできない戦闘の方法および手段を用いる攻撃」あるいは「予期される具体的かつ直接的な軍事的利益との比較において、過度に、巻き添えによる文民の死亡、文民の傷害、民用物の損傷またはこれらの複合した事態を引き起こすことが予測される攻撃」にいったいどれほど該当したことだろう。無差別攻撃の禁止と称されるこの基本的な人道法原則の破砕がもたらしたものはイラク人の大量虐殺そのものであった[13]。

それだけではない。二〇〇三年五月二二日に安保理で採択された決議一四八三により明文で名指しされた占領国として、米英には国際法上の義務が特別に課せられてきた。義務の内実は一九〇七年の「陸戦の法規慣例に関する条約」と一九四九年のジュネーブ諸条約に具体的に列記されているのだが、とりわけ重要なのは治安維持義務である。この義務が著しいばかりに侵害されてきたことは、統制された報道を通じてすら明白であった[14]。本年四月のファルージャでの「掃討作戦」は、米軍が占領国としての法的義務をかなぐり捨て、米国「民間人」（といっても「戦争の下請け」にあたっていた特殊部隊構成員なのだが[15]）殺害への報復として礼拝所をも狙い撃ちするという、驚くほど無法な攻撃を含むものであった。

奇妙なのは、占領軍に対する現地勢力の攻撃が一律に「テロ」とされてきたことである。米英は、占領という事実に由来する国際法上の義務を負っている。しかしそれを引き受けたからといって、違法な軍事攻撃に引き続く占領そのものが合法化されるわけではない。現地の人々は、人民の自決権を行使して、そうした違法な外国の占領に抵抗することを国際法的に認められているはずである。抵抗が武装した形態をとることもむろん妨げられない。あるいは、自決権を援用するまでもなく、現地勢力の攻撃の中には捕虜条約の規定する「組織的抵抗運動団体の構成員」によるものも少なからず含まれていただろう。占領軍に向けられた攻撃をすべて「テロ」と呼ぶことは国際法的に誤っている。一九七七年の追加議定書も締結している英国との関係では、現地の人々の戦闘員資格はさらに緩められているのだから、なおさらそうであろう。

数え切れぬ違法行為の詳細は現地調査をすることによってしか詳らかにならないだろうが、残念なことに、侵略者の犯した違法行為について法的責任が正面から問われたことはこれまであまり例がない。「殺す側」の論理が国際人道法の実施過程をいかに強く支配してきたかがわかるというものだ。責任者は罪に問われず、被害者の存在もたちどころに忘れ去られてきた。その繰り返しが何度続いてきたことか。戦争への道を遮断するには、この連鎖を断ち、「殺される側」の眼差しを映し出す被害者への賠償と責任者の処罰を欠かせない。戦争という最もおろかな人間の営みがそれで直ちに消滅するなどと牧歌的に考えているわけではない。しかしそうした眼差しを国際法過程の中に根付かせないかぎり、新たな武力行使を思いとどまらせる環境が醸成されないことも確かなのではないか。

(5)　国際刑事裁判所

こうした認識を少なからず背負って生み落とされたのが国際刑事裁判所である。[16] 二〇世紀は、戦争の違法化に向け規範面で輝かしい成果がみられたにもかかわらず、現実には人間の大規模な殺戮が絶えることなく引き続いた残虐な世紀でもあった。国際刑事裁判所規程は、そのような凶悪な犯罪を犯した者の「不処罰の連鎖」を断つことが平和を実現する前提であるという認識の下に採択されている。既に述べたように、集団殺害罪、人道に対する罪、戦争犯罪を国際社会の最も重大な犯罪として類型化し、その撲滅をめざしてこの裁判所は設置された。侵略の罪についても定義が明確にされた後に裁判所の対象犯罪とされることが約束されている。

国際刑事裁判所は、刑法の有する価値宣言的な効能を通じ、許されざる反社会的行為の記憶を人類社会の中に刻み込んでいく。それが抑止的効果を生み出す心源となっていくのだろう。裁判所規程の締結を米国は強硬に拒んでいるが[17]、はからずもその現実が、帝国の論理に抗う国際刑事裁判所の潜在的な力を浮き彫りにしている。実際には、米国が規程から距離をおいたままであったとしても、多くの国がこの裁判所への参加を成し遂げれば、傍若無人な軍事力行使にそれだけ法の支配の網がかかっていくことになる。軍事力を行使する側（加害国）が裁判所規程の非締約国であったとしても、軍事力を行使される側（被害国）が裁判所の管轄権を受諾さえしていれば、それだけで加害国側の犯罪行為に国際刑事裁判所の管轄権が及ぶ可能性が生じるのである（国際刑事裁判所規程第一二条）。つまり、侵略を受ける側＝殺される側にとっては、この裁判所への参加がそのまま安全保障の砦の構築につながっていく[18]。イラクがこの裁判所の規程を受諾していれば、米国の軍事力行使にもまったく違った国際法の視線が注がれたであろう。無差別攻撃や宗教施設を狙った攻撃は、戦争犯罪として国際刑事裁判所で処罰の対象とされえたかもしれない。

国際刑事裁判所規程の作成過程には多くのＮＧＯが動態的なアクターとして参画した。その成果の一端は性暴力の可視化となって確然と現われ出たが、被害者への賠償を定める第七五条や被害者の保護・手続参加について定める第六八条などにもＮＧＯ活動の成果は明瞭に残されている。こうした諸規定にみられるように、この裁判所における「裁き」には被害者の尊厳の回復を促す機能も意識的に装着されている。加害行為が重大な犯罪であったことの確認と犯罪事実の司法的承認を通じ、被害者の尊厳の回復を促すプロセスが動き出すのである。[19] 多面的な顔をもちうるとはいえ、国際刑事裁判所にはこうした「殺される側」の視座が随所にみて取れる。だからこそ、大国間の狭隘な政治力学に絡めとられさえしなければ、この裁判所は非暴力の平和主義を体現する最も重要な法の砦となりうる。戦争という究極の暴力行為を裁き、被害者への賠償を促すことによって戦争への道を遮断する現代の法壁となりうるのである。[20]

(6) 戦時の封じ込め

「殺される側」の論理は弱者の論理であり被害者側の論理である。その論理を受けて死刑や戦争を封じ込める潮流が国際法過程に浸潤しつつあるのは、不可視の存在であった法の他者を国際法の公的アリーナにいざなう脱構築の思潮に促されてであることは既に述べた。強烈な被害の記憶を背負った日本国憲法は、だからこそそうした潮流と本来的に共鳴しうるものに相違あるまい。

もうひとつ、緊急事態を封じ込める国際人権法の規範的発展についても見落としてはならない。憲法九条の理念に背馳する有事法制が国会に上程され、さしたる議論もないまま人権の制約が容認される情景を私たちは目撃している。世界の「常識」に日本の法制をあわせていくという政治的要請がその背景にあるようだが、国際人権法の実情はむしろ緊急事態から規範的正統性を剥落させる流れの中にある。この点については自由権規約を題材として前章で論じたのでここでは深くは立ち入らない。ただ、国際人権法の最先端を行くアフリカ憲章（人及び人民の権利に関するアフリカ憲章）の法実践を紹介することで、戦時を排した日本国憲法の先進的位置を確認しておきたい。

「オリエンタリズム」に染まった「北」の先進諸国ではアフリカなるものは今でも「後進性」の代名詞として処せられる傾向にあるが、一九八一年に採択されたアフリカ憲章は、実は近代の矛盾を超克するきわめて興味深い法状況を呈するものである。社会権を自由権と基本的に区別せずに取り扱っていることなどがそうだが、それとともに、先行する自由権規約や欧州・米州人権条約とは異なり、緊急事態規定を一切おいていないところにも着目しなくてはならない。アフリカ人権委員会（人及び人民の権利に関するアフリカ委員会）は、この点につき、「緊急事態または特別の事情によって憲章に掲げられた権利および自由の制限を正当化することはできない」ことを意味しているのだという。緊急事態規定の欠落は「人権を制約することは国家的危機への解決策にはなりえないという原則の表明とみることができる。人権の正統な行使は法の支配に規律された民主主義国家にとって危険なことではない」というわけである。(21)

人権を制約することが緊急事態の解消につながるわけではなく、むしろいかなる事態にあっても人権の正統な行使は確保されなければならないというのがアフリカ人権委員会のこれまでの認識である。アフリカ憲章には平和への権利が規定されており、その規範構造からしても緊急時（戦時）における人権の制約は認められない。戦時を生じさせることそれ自体が平和への権利の侵害につながるとされるからである。平和主義を投影するアフリカ憲章の姿は、社会状況の違いこそあれ、日本国憲法を国境を越えて映し出したもののようにもみえる。

アフリカ憲章は、過ぎ去った昔日の人権文書ではない。戦時を封じ込める最も先進的で野心的な国際人権文書である。緊急事態における人権の制約を極小化する国際人権法の規範的発展の先端にアフリカ憲章があり、そこに折り重なってみえるのが日本国憲法の姿ではないのか。この国の憲法は、一九九九年五月のハーグ平和アピール「公正な世界秩序のための一〇の原則」の最初の原則に挙げられているように[22]交戦権を放棄する徹底した平和主義を掲げ、さらに戦争を理由とする人権逸脱の可能性を規範的に排する最も先進的な部分ももっている。世界がようやく追い付いてきた日本国憲法のその部分を有事法制によって葬り去るのではあまりにも時代の流れに逆行している。

やがて崩落する「帝国への道」の先に出来する地球社会の法の風景は、すでにここかしこで着々と描かれ始めている。非暴力をたたえる未来への水脈に私たちの生を託すなら、この国の憲法の基本理念を粛然と選び取り、その具現化に向けた営みをいっそう強く推進していくことにこそ英知を傾けるべきである。

（1）「対イラク戦争」を法的な観点から詳細に分析するものとして。最上敏樹「多国間主義と法の支配——武力不行使規範の定位に関する一考察」世界法年報二三号（二〇〇四年）九三－一二三頁。

（2）ノーム・チョムスキー［ヤパーナ社会フォーラム］「世界社会フォーラムと新しい社会」自然と人間九一号（二〇〇四年一月）二五頁。

（3）松井芳郎「イラクを超えて、はるかに」法律時報七六巻二号（二〇〇四年二月）一頁。

（4）Ayoob, "Humanitarian Intervention and International Society", *Global Governance*, July–Sept. 2001, p. 7.

（5）Slaughter, "Good Reasons for Going Around the U.N." *New York Times*, Mar. 18, 2003.

（6）Stahn, "Enforcement of the Collective Will After Iraq", *American Journal of International Law*, Vol.97 (2003), pp. 804–23.

（7）丸山重威「もう一つの世界を求め——世界社会フォーラムから」神奈川新聞二〇〇四年一月二九日。田中徹二「グローバル化に立ち向かうＡＴＴＡＣ運動」三好亜矢子他編『平和・人権・ＮＧＯ——すべての人が安心して生きるために』（新評論、二〇〇四年）二七七－三〇一頁も参照。

（8）Franck, "What Happens Now? The United Nations After Iraq", *American Journal of International Law*, Vol.97 (2003), p. 608.

（9）Orentlicher, "Venues for Prosecuting Saddam Hussein: The Legal Framework", *ASIL Insights* (Dec. 2003), available at <http://www.asil.org/insights.Htm>.

（10）See Human Rights Watch, "Ensuring Justice for Iraq: Evidence Preservation and Fair Trials", available at <http://www.hrw.org/press/2003/09/iraq091203.htm>.

（11）捕虜条約第一二九、一三〇条をみよ。

（12）See *e.g.*, *Amnesty International*, "*Iraq: One Year After the War the Human Rights Situation Re-*

mains Critical" *AI INDEX* : *MDE* 14/005/2004, 18 Mar. 2004.

(13) See Iraq Body Count, <http://www.iraqbodycount.net>.

(14) 占領国としての義務の不履行の実態について、Sheffer, "Beyond Occupation Law", *American Journal of International Law*, vol.97 (2003), pp. 853–56.

(15) A・デウィット「殺害された『アメリカ民間人』は海軍特殊部隊の元隊員」週刊金曜日五〇五号(二〇〇四年四月二三日)二〇頁。

(16) See *generally*, *International Crimes, Peace and Human Rights: The Role of the International Criminal Court* (shelton, D. ed 2000).

(17) Mayerfeld, "Who Shall Be Judges?: The United States, the International Criminal Court, and the Global Enforcement of Human Rights", *Human Rights Quarterly*, Vol.25 (2003), pp. 104–106.

(18) Shabas, "The International Criminal Court: An Historic Step to Combat Impunity", *Refuge* (Center for Refugee Studies, York University), Vol.17, No.3 (1998), p. 24.

(19) 阿部浩己『国際人権の地平』(現代人文社、二〇〇三年)五一－五二頁。

(20) ただし最上敏樹は、「国際法の刑事化」を無批判に受け入れることに慎重であるべきことを説く(「国際法における行為規範と裁判規範――国際法システムの脱仮想化のために」国際法学会編『国際社会の法と政治』(三省堂、二〇〇一年)一一〇頁)。「国際法の刑事化」のポリティクスについて、阿部浩己「〈人類の敵〉海賊――国際法の遠景」現代思想二〇一一年七月号参照。

(21) Quoted in Odinkalu, "Implementing Economic, Social and Cultural Rights under the African Charter on Human and Peoples' Rights", in *The African Charter on Human and Peoples' Rights* (Evans, M & Murray, R. eds. 2002), at 195, 196.

(22) 君島東彦「平和をつくる主体としてのNGO」三好亜矢子他編・前掲注(7)六七頁。

16　国家領域のポリティクス　——尖閣諸島問題と、継続する植民地主義

(1)　国境の島への旅

ノンフィクション作家・西牟田靖の作品に『誰も国境を知らない』(情報センター出版局、二〇〇八年)と題する一書がある。そのプロローグに、こう記されている。「島国である日本において、普段当たり前に生活しているかぎりでは領土の境界としての国境を意識する機会はほとんどない。ましてや日本の周縁部に存在する島々の歴史や現状について、僕たちが知る機会はあまりに少ない(そうした島々の多くは、一般人の現地への入域が何らかのかたちで制限されている)。実際、目の前に日本周辺の白地図を広げて「日本の領土ってどこまでだと思う?」とたずねてみても、正確なところを答えられる人はわずかだけだろう」。

国境や領土を通して日本という国の姿を見つめ直そうとする西牟田は、こうして、北方領土、沖の鳥島、竹島、対馬、硫黄島、小笠原諸島、与那国島、そして尖閣諸島といった、国境に連なる島々へと旅に出る。ひときわ強い探究心に突き動かされ、五年の月日を費やして敢行されたその旅

の様子が、同書には丹念にかつ生き生きと描き出されている。私自身は日本の国境をたどった経験がない。それだけに、入念な文献調査をこなしたうえで、「現場にこだわり、実感にこだわり、イデオロギーにとらわれず」境界の風景を活写した西牟田の文章には、格別に惹きつけられるものがあった。

この本は、近くの書店に足を踏み入れたとき、まるで待ち構えていたかのごとく視界に飛び込んできたのだが、購入したその晩に、憑かれたように読破すると、いつのまにかどこかに姿を消してしまっていた。ところが、「大切な本は……ここぞという時に持ち主の手元に戻ってくるのだ」と四方田犬彦がいうように（『人、中年に到る』（白水社、二〇一〇年））、昨年（二〇一〇年）秋に再び飄然とその姿を現した。時の流れがひときわ早く感じられるなかにあって、いまや遠き過去のような錯覚にとらわれる向きも少なくないだろうが、昨年秋は、尖閣諸島・久場島沖で中国の漁船と日本の海上保安庁の巡視船が衝突し、公務執行妨害により漁船の船長が逮捕・送検され、この一件が日中間の重大な政治問題に発展していた時期でもあった。西牟田の著作は、尖閣を含む国境の情景に再び思いを馳せる、このうえない契機を与えてくれた。

(2)　紛争のありか

尖閣諸島とは、東シナ海の南部に点在し、魚釣島、北小島、南小島、大正島（赤尾嶼）、久場島（黄尾嶼）という五つの島と、三つの岩礁（沖の北岩、沖の南岩、飛瀬）から成る。島と岩の違いは、国の権益にとっては小さなものではない。海の憲法ともいうべき国連海洋法条約（第一二一条）によれば、「自然に形成された陸地であって、水に囲まれ、高潮時においても水面上にあるもの」が島とされる。島は独自の領海をもち、排他的経済水域と大陸棚を有することができる。これに対して、「人間の居住又は独自の経済生活を維持できない」ものは岩とされ、排他的経済水域や大陸棚を持ちえない。

満潮時に一メートル弱の二つの岩礁がかろうじて水面上に出ているにすぎず、その一つは「頂上部を残しコンクリートでまわりを固められ、その周囲は鉄製波消しブロックでがっちりと保護され」、もう一つにいたっては「チタンネットで覆われているから、遠目からはもはやどんな倍率の望遠鏡でも「島」を確認することはできない」と西牟田がいう沖の鳥島は、日本にとってはあくまで島であってもらわねばならず、だからこそ島としての外観を保つための「延命治療」が幾重にも施されているのだが、中国はこの二つの岩礁を岩に過ぎないとみて、二〇〇四年に日本の排他的経済水域設定に異議を唱えている。「人間の居住又は独自の経済生活」の維持という尺度はことほどさようにあいまいで、基準としての適切さに疑問を呈する向きは少なくない。

沖の鳥島とは違って、尖閣諸島の場合には島の存在それ自体が疑問視されることはないのだが、ここでは帰属先が重大な問題とされてきた。最終的に釈放というかたちで落着したとはいえ、「一九七二年の国交正常化以来、最悪の関係に陥ったと言っていい」（岡田充「「ボタンの掛け違い」はなぜ起こったか」世界二〇一〇年一二月号）ほど日中関係を動揺させた中国漁船長逮捕事件をエスカレートさせたのも、尖閣は日本領なのか中国領なのか、という領有権についての争論にほかならなかった。漁民の窮状と重ね合わせながら、「尖閣海域は、日本の国内法が適用されない、いわば無法地帯になってしまっている」として、領海侵犯への強い対処を訴える江崎道朗（「現地リポート暴虐の海をゆく」正論二〇一一年一月号）らの主張は、尖閣諸島領有への強い想念を湛えている。

日本政府にとっては尖閣諸島が日本に帰属することは明白であり、現に「東シナ海に領土問題は存在しない」という立場を一貫して崩していない。ただ実際には「北京と台北が領有を主張しているという事実は認めざるを得［ず］、日本政府の……認識は「外交上の立場」表明であり、実体上は領土問題は存在する」（「尖閣諸島中国漁船衝突「領土か外交か」の二択論が敗北を招いた」世界二〇一〇年一一月号）と岡田充がいうとおりである。国際法的にも、「紛争」の存在は客観的に確定されるべきものであって、当事者双方の承認が必要とされるわけではない。常設国際司法裁判所は、マヴロマティス事件判決（一九二四年）において、「紛争とは当事者間の法または事実の論点に関する不一致、法的主張もしくは利害の衝突、対立」であると定義している。この定式にならうなら、尖閣諸島をめぐる問題は、国際法上、日中間のまぎれもない紛争といってよい。

もっとも、紛争はそれ自体がただちに「あってはならぬ悪」というわけではない。およそ人間社会に紛争が存在しないということは考えられず、なかでも、無数の人間集団が重層的に輻輳する国際社会が紛争から自由でいられるはずはない。紛争の発生は、社会に不可避である以上に、時として社会を活性化させる動力にもなりうる。対立を契機として、よりよき未来が英知をもって切り開かれていく場合も少なくないからである。

むろん、紛争を解決しようとするのであれば、平和的手法が追及されるべきはいうまでもない。国連憲章も、第二条三項において次のように規定している。「すべての加盟国は、その国際紛争を平和的手段によって国際の平和及び安全並びに正義を危くしないように解決しなければならない」。紛争の平和的解決は、武力行使禁止原則と不可分の関係に立って、すべての加盟国に義務として課せられている（正確を期せば、加盟国が負う義務は平和的解決の実現ではなく、平和的解決の努力ということではあるのだが）。平和的解決の手段として国際法が用意しているのは、交渉、仲介、調査、審査、仲裁、司法的解決、国連安保理への付託など多岐にわたる。平和的解決は続けられねばならず、いずれの段階にあっても武力による解決への移行は認められない。平和を危うくするほどでない場合には、紛争を「当面寝かせておく」ことも選択肢としては排除されない（杉原高嶺『国際法学講義』（有斐閣、二〇〇八年））。

(3) 米国の「あいまい戦略」

尖閣諸島だけでなく、竹島、北方領土など日本が隣接諸国との間で抱える領土問題を解決するにあたり、国際的な司法判断を仰いではどうかという提案がなされることがある。平和的解決の手法としてありうる提案の一つではあるが、栗林忠男が指摘するように、「領土をめぐる紛争について「国際法で白黒をつけましょう」と、司法的な解決手続きをとるのは非常に難しい」（「海洋の新しい安全保障を構想する」世界二〇一〇年一二月号）。重要な国益がかかわる領土問題については国際裁判所への付託に合意しない国が多く、栗林は、「尖閣諸島の領有そのものに起因する紛争の法的解決はきわめて困難です。とくにこの地域の歴史的背景、ほかのアジア諸国の国民感情などを考えれば……外交でいかに賢明さを発揮していくのかが問われている段階だと思います」と述べている。だが、東郷和彦（「瀕死の北方領土交渉」世界二〇一一年一月号）が慨嘆するように、日本の政権には、このところ、領土問題の処理について、肝心の外交的賢明さが決定的なまでに欠けてしまっているようである。

外交力劣化の位相は、「米国が尖閣諸島を「安保の適用対象」と言明するか否かをめぐって一喜一憂するという「構図」の中に、日本はものの見事に嵌めこまれてしまった」と豊下楢彦（「「尖閣問題」と安保条約」世界二〇一一年一月号）が喝破する一件にも現われ出ている。現在の日本の領域は、基本的に、一九四五年のポツダム宣言と一九五一年のサンフランシスコ平和条約によって定められている。もっとも、同平和条約は、千島列島や南沙・西沙諸島の帰属先など、日本の領土問題をあいまいなままにおくものではあった。沖縄もそうではあったが、一九七一年にその沖縄が日本に返還される段になり、ニクソン政権は「沖縄と一緒に尖閣諸島の施政権は返還するが、主権問題に関しては立場を表明しない」との方針を決めた。豊下は、「尖閣諸島の帰属に関するニクソン政権の「中立の立場」は、沖縄返還に際して日中間にあえて火種を残し、紛争に対処する在日米軍の存在を正当化させる、という狙いがあった」という。

米軍は、実際には沖縄返還までの間、久場島と大正島を射撃場として使用しただけでなく、返還後も日米安保条約・地位協定により両島を「施政区域」として引き継ぎ、二〇一〇年に第十一管区海上保安本部が作成した文書も、依然として両島を米海軍訓練区域の「射爆撃場」に挙げている。これらの区域に「地方公共団体等の職員」が立ち入るには米軍の許可が必要だという。こうなると、尖閣諸島に対する米国の立場はとても「中立」といえるものではない。それだけに、クリントン国務長官から「尖閣は安保の適用対象」という言明を引き出したことを「前原外交の最大の成果」と評する論評に対して、豊下は「日本の「知的エリート」の認識レベルの劣化を象徴するものと言わざるを得ない」と痛烈な批判を向けている。

沖縄返還協定締結間近の一九七一年四月と六月に、中華民国（台湾）政府外交部は、歴史上、地理学上、使用上および法理上の理由に基づき尖閣諸島の台湾帰属は疑う余地がなく、米国の施政終了後に返還されるべきであるとの声明を発した。その一方で、中華人民共和国（中国）政府が尖閣諸島について公式に領有権を主張したのは、同年一二月の「外交部声明」が最初である。一九六八年秋に、国連アジア極東経済委員会の行った調査により、台湾の北東約二〇万平方メートルの海底区域に豊富な石油資源が埋蔵されている可能性が判明したことからにわかに諸国の関心が高まり、台湾・中国政府による領有権主張にいたったとされるのだが、そうとしても、中国が「一九七一年以来、尖閣諸島の問題で強硬な立場をとってきた」のは、「米国が「中立の立場」に移行したことを確認したから」であると豊下は強調する。米国の無責任きわまる「あいまい戦略」が、日中間の問題を複雑化してきた誘因でもあるということである。

(4) 尖閣諸島の領有根拠

琉球と明・清の使節が行き交う航路にあたっていた尖閣諸島の存在は、古くから知られていた。過酷な地理的環境も手伝って無人のままであったこの島嶼群の開拓に乗り出したのは、アホウドリの価値に目をつけた古賀辰四郎である。実地調査を行った翌年の一八八五年に、さっそく沖縄県に開拓の許可を求めている。琉球処分により清との関係を悪化させていた明治政府は、同年以降「沖縄県当局を通じる等の方法により再三にわたり現地調査を行い、単にこれが無人島であるのみならず、清国の支配が及んでいる痕跡がないことを慎重確認の上、明治二十八〔一八九五〕年一月十四日に現地に標杭を建設する旨の閣議決定を行って正式にわが国の領土に編入することとした」(一九七二年三月八日の外務省基本見解「尖閣諸島の領有権について」)。西牟田がいうように、「尖閣諸島の編入がその時期に行われたのは、明治政府が前年末に日清戦争勝利を確信していたからなのだろう」。

明治政府は一八九六年に、古賀に対して、大正島を除く四島について三〇年間の無償貸し付けを許可する。事業が最盛期を迎えた明治末期に、九九戸二四八人が居を構えていた尖閣の島々は、一九三二年に古賀の息子に払い下げられて私有地になったが、事業が下り坂になると、一九四〇年に再び無人の地と化した。一九五一年からは、久場島と大正島が米軍の特別演習地域となっている。西牟田の調査によれば、四島は現在(二〇一一年三月)、別の所有者名義の私有地として総務省に賃貸され、大正島の所有者は財務省（国有地）になっているという（住所はいずれも沖縄県石垣市）。
※二〇一二年九月一一日、日本政府は、魚釣島、北小島、南小島の三島を二〇億五〇〇〇万円で取得した。

外務省の上記基本見解に端的に現われているのだが、尖閣諸島の日本帰属を正当化するために援用される国際法上の根拠は「先占」にほかならない。国家が領有の意思をもって無主地を実効的に占有することにより、先占は成立する。芹田健太郎『日本の領土』（中公文庫、二〇一〇年）が詳論するように、領有意思は、他国への通告がなくとも、他の手段で表明されていればそれでよい。また、実効的占有は、標杭を建てるなどの象徴的行為だけでは足りないが、物理的占有まで求められるわけではなく、「当該地域に対する支配権の確立という社会的占有」があればよいというのが国際判例の立場である。

こうした国際法の論理に従うと、重大な争点の一つとなるのは、尖閣諸島が一八九五年の時点に無主地であったかどうかということになる。一九七一年の中国政府外交部声明には、同諸島が明代にすでに「中国の海上防衛区域」に含まれており台湾の付属島嶼であったこと、冊封使録等から明らかなように琉球と中国の境界はもともと赤尾嶼（大正島）と久米島の間にあったこと、日清戦争で清の敗北が確定的になったときに日本が同諸島を盗取したこと、サンフランシスコ平和条約によって日本から切り離されるはずの台湾等の地域には同諸島が含まれていたこと、などが指摘されている。芹田はこれらの主張を精細に検討・批判したうえで、「尖閣諸島は無主地であったと考えられる」との評価を下している。

芹田はさらに、仮に尖閣諸島が中国領であったことを明確に証明する資料が発見されたとしても、「日本が一八九五年以降［一九七一年までの］七五年間「継続的」に、しかも、中国からのいかなる抗議もなく、つまり「平和的」に国家権能を発現してきたことは十二分に立証される」との見通しも示す。原初的権原がなんであれ、その後における「主権の継続的かつ平穏な発現」の有無が領有権の存否を確定的に決するという、国際裁判で重視されてきた領土紛争解決規準を念頭に入れての一節である。日本側の主張には「中国側の主張を踏まえてなお検討するべき少なくない重大な問題があることは否定できない」とする浅井基文「尖閣諸島（釣魚島）問題と日中関係」（インパクション一七七号二〇一〇年一二月）のような見解があるとはいえ、芹田の分析に見られるように、「尖閣諸島が日中どちらに帰属するのかに関して……日本の国際法学者の多くは現在のところ、日本帰属を支持している」（栗林）といってよい。

(5)　国際法の歴史的位相

尖閣問題を議論するに当たって参照される国際法の起源は、よく知られているとおり一七世紀中葉のヨーロッパにある。ヨーロッパという、世界の片隅で、特殊ヨーロッパ的な事情を背負って生み出された国際法は、その後、ヨーロッパ文明を普遍的正義と位置づけ、ヨーロッパ（企業）の経済的利益を拡張すべく、世界各地に広められていく。強大な軍事力や外交力をもってアフリカ、アジアの「野蛮人」・「未開人」を国際社会に組み入れ、国際法が真に世界大の法となったのは一九世紀後半のことである。この時期に日本もまた、「文明国」の仲間入りを目指し、西洋列強と同じように帝国主義的行動に手を染めていった。尖閣諸島を編入したその年に、武力によって清から台湾等を割譲せしめ、植民地下においたことは知ってのとおりである。

国際法はヨーロッパ秩序の世界化という使命を負って推進されていたといってよい。だが世界には、いうまでもなくヨーロッパ以外の地域があり、ヨーロッパ人以外の人間が日々の生活を営んでいた。イスラームの世界がそうであり、また、日本が所在する東アジアにも独自の華夷秩序が築かれていた。ヨーロッパの国際法秩序が明確な領域を有する主権国家を中心としていたのに対して、東アジアの規範体系は、中国皇帝を中心とする朝貢関係によって構成されていた。そして、「中華帝国が支配する地域はヨーロッパ国際秩序の意味における「領域」ではなく、「版図」だったという指摘があ[る]。「領域」は明確な境界＝国境を持ち、その内部では……政府による実効的支配が行われるのに対して、「版図」は皇帝に慕い寄りその統治の恩恵に浴する者が住む空間であって、明確な境界を持つわけでなく皇帝の権力があまねく行き渡るわけでもなかった」（松井芳郎『国際法から世界を見る〔第二版〕』（東信堂、二〇〇四年））。

そうした事情を念頭におき、松井は次のように言葉を継ぐ。「日本が先占によって尖閣列島を領有したと主張するとき、それはヨーロッパ国際秩序の「領域」観を前提として、そこがいずれの国の実効的支配も及ばない「無主地」であったとの理解に立っています。これに対して中国は当時尖閣諸島はすでに中国領だったから先占は不可能だと主張し、その根拠として中国から琉球王国に派遣される冊封使が尖閣諸島を航路標識としたこと、明の時代には倭寇の跳梁に対して設けられた沿岸防衛区域に尖閣諸島が含まれたこと、中国の漁民が同諸島を荒天時の避難所として利用したことなどの事実を挙げます。このような事実は、ヨーロッパ国際秩序における実効的支配には当たりませんが、華夷秩序において尖閣諸島が中国の「版図」であったという理解を正当化することはできるでしょう。つまり、尖閣紛争は、ある意味では「国際秩序」観の衝突だったのです」。

これを敷衍するに、華夷秩序が力により国際法秩序に取って代わられる過程で、いち早く国際法を摂取し、国際法に基づく主張と行動を展開したのが日本だったということでもある。だがその国際法は、植民地支配を是認し、不平等条約の締結を容認し、人間を文明人・野蛮人・未開人に区分けしてやまぬきわめて差別的な法として出来していた。一九世紀の終わりにあって「先占」の法理により正当化される尖閣諸島の領有は、国際法に深く内包されたそうした暴力性と日本のおかれた当時の歴史的文脈からけっして無縁な出来事であったわけではあるまい。

(6) 領域の画定と継続する植民地主義

一九世紀後半は、実際のところ、国際法秩序への移行に伴い日本が近代国家として立ち上がり、領土・国境の画定を迫られる時期でもあった。上村英明（『先住民族の「近代史」』（平凡社選書、二〇〇一年））によれば、その際、日本政府は「ヨーロッパ型の近代国際法……の論理を極めて巧妙にアジア型の国際秩序の論理に組み込んでいった」。たとえば、北方の国境を画した一八五五年の日魯通好条約締結交渉のなかで、日本政府（徳川幕府）は「中国の「朝貢貿易」に類似する日本の異民族貿易制度に参加する周辺諸民族を一方的に「属民」と見な」し、「その「属民」が居住する範囲には、国家としての固有の「領土権」が主張できるとした」。

日本政府にとって幸運だったことに、ロシアが交渉の対象としたのはサハリン島と千島列島のみであったので、北海道本島は日本側の「属民」論理に従ってそのまま「日本の固有の領土とされた」。だが、属民とされたアイヌの居住地（蝦夷地）には、沿岸の一部を除いて日本の実効的支配は及んでいなかった。このため、ロシアが国際法の論理に基づいて日本の主張を問題視したとすれば、「日本政府が容易に北海道を領有することができたかどうかは疑わしい」ことになる。上村が指摘するように、日本政府が日露交渉で得た最大の成果は、「アイヌモシリの中核である北海道本島の領有であった」といえるかもしれない。

上村は、日本政府（明治政府）が南方における国境画定でも同様の論理を駆使していたことを明らかにする。一六〇九年以来、琉球王国が薩摩藩の「附庸」になっていたことから日本政府は領土権を主張できると考え、一八七二年の琉球藩設置を経て、一八七九年に琉球併合を断行した。もっとも、附庸とはいっても、琉球に日本（薩摩）の実効的支配が及んでいたわけではなく、琉球の側にも日本への帰属意識があったわけではない。一八七二年に大蔵大輔・井上馨が作成した建議書が示唆するとおり、琉球はその時点にあって「我［＝日本の］所轄ニ帰シ」てはおらず、「内地一軌ノ制度」も実現していなかった。西洋諸国との間でも修好条約を締結していたことは周知のとおりである。

琉球王国は、最終的に日本の武官と軍事力によって消滅させられた。上村は、琉球併合のプロセスが韓国併合プロセスの原型を提供したという。ただ、韓国併合は条約という形式をもって実行された（その有効性いかんについてはここでは立ち入らない）のに対して、琉球併合は実力をもって強行された。琉球は、領有意思をもつ日本の実力行使によって実効的支配下におかれたのであり、だとすればこれは、他国領土の強制的併合たる「征服」と呼ぶにふさわしい事態なのかもしれない。

もっとも、琉球王国が国際法上の国家であったか否かという点も含め、一連の「琉球処分」の実相については尽くすべき法的議論が少なからず残されているように思う。日本政府も、「琉球王国は国際法の主体としての国家の要件を備えていたか」という鈴木宗男議員（当時）の質問（平成一八年一一月二九日提出　質問第一九三号　千八百五十四年の琉米修好条約に関する質問主意書）に対して、「「琉球王国」をめぐる当時の状況が必ずしも明らかではないこともあり、お尋ねについて確定的なことを述べることは困難である」と答えている（答弁第一九三号　内閣衆質一六五第一九三号平成一八年一二月八日）。

いずれにしても、幕末以来今日まで、日本政府は北海道と沖縄を「植民地」と認めたことはないのだが、上村は、「このふたつの地域が「植民地」として日本に一方的に併合されたことは、アイヌ民族や琉球・沖縄民族の視点に立てば明らかである」という。「市民的及び政治的権利に関する国際規約」（自由権規約）の履行を監視する自由権規約委員会も、二〇〇八年一〇月に行われた日本の第五回定期報告審査に際して、「アイヌの人々および琉球・沖縄の人々を先住民族として明確に認める」よう日本政府に勧告している。北海道と沖縄は日本のもともとの領土ではなかった（つまりは植民地として併合された）、というメッセージがそこに込められていることはいうまでもない。

こうした認識は、日本の国際法学にあっては必ずしも共有されていない。実際のところ、北海道と沖縄は、日本のいずれの国際法の教科書にあっても、現在はおろか過去の領土問題・植民地としてすらまともに言及されることはない。それらは、日本政府により一貫して日本固有の領土に指定されてきたからである。

だが、上村がいうように、先住民族の権利回復運動は、「「近代国家」が形成された過程で、実質的な意味で、犠牲となった民族が救済を求めている「植民地化・植民地支配」が存在しなかったかどうか、あるいは、現在もそれが存続していないかという問題」の検証を求めている。国家の内部に残された「植民地」の総点検を求める巨大な潮流が世界大で広がっているというわけである。宗主国の領土から海を隔てて存在する領地のみを植民地とみなすかつての考え（青海説）は、この運動の中で正当性を否認されてしまった。自由権規約委員会において、アイヌと沖縄・琉球人に関する上記勧告が発せられたのは、国内でなお継続する植民地主義の撲滅を目指す国際的な規範環境が背景にあってのことである。

こうして尖閣諸島の領有をめぐる議論は、起源における帝国主義的思潮とそれを正当化する国際法の暴力性についての記憶を召喚しながら、先住民族の視座と共鳴し、国内になお残る「見えない植民地」(越田清和「先住民族としての「承認」から植民地主義の清算へ」季刊ピープルズ・プラン五二号(二〇一〇年一二月))を日本の「領土問題」として公的アリーナにそびきだす契機に転じてもいる。尖閣問題は、単なる島嶼の領有という次元を超えて、近代国家・日本の領域画定の足跡と、現在に引き続くその効果(継続する植民地主義)を改めて辿り直す重要な機会を提供するものにもほかならない。

(7)　境界を「接点」へ

こうした重要な意義を湛えているとはいえ、尖閣問題それ自体は、実際にはどう解決されることになるのだろう。豊下は、「より現実的な道は、問題を文字通り「棚上げ」にした上で、尖閣諸島の北方を走る北緯二七度線以北の水域を対象に二〇〇〇年に発効した日中漁業協定のような協定を、尖閣周辺の海域に締結すべき」ことを提案する。このように、問題海域の共同管理・共同利用を提唱する向きは少なくなく、私もまたそうした方向での対処が妥当であるとは思っている。しかし、果たして現実がそのとおりに動いていくのかは定かでない。

小倉利丸「ナショナリズムを根源から拒否しうる価値の創造へ」(季刊ピープルズ・プラン五二号(二〇一〇年一二月))は、今回の一件が二つの重大な懸念を呼び込むものであることに注意を喚起する。一つは中国を封じ込めるための日米同盟の強化、もう一つは沖縄におけるナショナリズムへの影響である。小倉は、後者がより重要であるという。既に紹介した江崎の論考は、沖縄の漁民が尖閣周辺の海域で安心して操業できないという不安を題材とするものであったが、小倉も別の観点からその現状に着目して、こう述べる。

「沖縄の漁船の漁業活動保護の必要から、沖縄が日本に安全保障においてこれまで以上の依存を余儀なくされるようになっている。このことは……ヤマトとの差異としての沖縄のアイデンティティよりも「日本の沖縄」というアイデンティティ感情をよりいっそう浸透させるイデオロギー効果を発揮するかもしれない。……沖縄の中でかろうじて生きてきた、日本のナショナリズムを相対化するようなアイデンティティが、今また、中国の脅威から日本への依存を深めるなかで、大きく掘り崩されるかもしれない」。

米軍の沖縄駐留の必要性を意識づけたい政府としては、そのことを密かに望んでいるのだろうと小倉は想像する。その政府はといえば、二〇一〇年一〇月一五日の外務省定例記者会見で、前原外務大臣（当時）が尖閣諸島について「我々は一ミリたりとも譲る気持ちはありませんし、これを譲れば主権国家の体をなさない」と述べていた。一ミリを譲っても主権国家の体が損われてしまうという思考は、国家領域を欠損があってはならぬ男性の身体と等視する、伝統的な国際法学の領域観と一致する。国家の自律・独立に至上の価値をおくこうした認識は、明確に画定された境界と、厳格な国境管理を求め、透過可能な領域・国境の存在を矯正すべき対象とみなす。経済大国としての優越性が揺らぎ、大衆の苛立ちがあおられるなかにあって、男性的な領域観は排外主義的なナショナリズムと容易に結びつきやすく、現に日本社会の実情はそうなってしまっているというしかない。「領土問題は存在しない」という物言いは、交渉の扉を閉ざしてしまうことで、不毛というべき対立をあおるだけである。

こうした実情を踏まえ、小倉は、「ナショナリズムの大衆的心情そのものを無化しうるような民衆のアイデンティティの創造」が私たちの喫緊の課題であるという。批判的な知識人の姿がいつの間にか見えなくなり、大学が「国策と産学官連携に大きく傾斜したアカデミック・ナショナリズムとでもいいうるような」場になってしまったなかにあって、その作業はますます困難になっているようにも見える。だが、そうであればなおのこと、先住民族運動に象徴されるような、社会正義を追求するグローバルな潮流との連動が欠かせなくなるのではないか。

西牟田は、冒頭で紹介した著書のエピローグに、こう記している。「[国境の島の]現実は、国というくくりのなかで、歴史という流れのなかで、間違いなく僕たちが生きる平和な日常と地続きだ。そして……さまざまな局面でボーダーレス化が進むこの世界で、東アジアの一角に位置する日本という国が……その未来を構築しようとするとき、「国境の島」のいくつかは隣国との避けられない接点として、必ずや重要な役割を果たすことになるに違いない」。尖閣諸島を、日本と中国を分かつ境界ではなく、両国をつなぐ「接点」として創り直すことが、東アジアに生きる民衆の未来にはなにより欠かせぬ営みとなるのだろう。そのために求められるのは、領土問題の存在を否定して対立を深めることではなく、歴史的視座をもって狭隘なナショナリズムを超え出る、しなやかで粘り強い叡智にほかなるまい。

17　パレスチナの民族浄化と国際法

(1)　国際人権法とホロコースト、そしてパレスチナ

私は国際法という法領域の研究をしています。国際法というのは近年、多様化と言いますか、ひじょうに多面的なものになってきているのですが、そのなかで人権保障の問題を中心にすえて、ここ数年いろいろなところで発言してきました。しかし、パレスチナの問題に関しては深く研究してきたわけではなく、そもそも、国際法学そのものにパレスチナ問題へのまなざしであるとか視点といったようなものが欠落していたようにも思います。

杓子定規な物言いをすれば、国際法というのは、いまでは三六〇年ほどの歴史を持つ、国際社会全域に適用されている法なのですが、そのなかにあって人間の尊厳、権利を守ろうという動きがはじまったのは、六〇年余前の一九四八年と言ってよいでしょう。もう少し正確に言いますと一九四八年の三年前、一九四五年に第二次世界大戦が終わる際に国連がつくられることになり、国連憲章が採択されました。国連憲章とは国連の設立文書のことですが、そのなかに国際社会の基本的な価

値として人権を尊重していくことが謳われたので、一九四五年から国際的な人権保障、つまり国際人権法の歩みが始まることになりました。しかしその歩みが本格化したのは一九四八年以降のことです。

では一九四八年に何があったのかと言うと、世界人権宣言が採択されたのです。一九四八年一二月一〇日のことです。その世界人権宣言で、国際社会で守られるべき人権の内容が具体的に明記されました。

世界人権宣言を生み出した力とは何なのか？　世界人権宣言が採択されたその一日前の一九四八年一二月九日に、ジェノサイド条約という条約が作られています。この条約は、集団殺害行為を鎮圧するために編み出されたものです。このジェノサイド条約と世界人権宣言につながる流れとして、国連憲章以外にニュールンベルク国際刑事法廷もあります。

こうした一連の流れを強く推進していたのは、ホロコースト、つまりユダヤ人の大虐殺でした。六〇〇万人ものユダヤ人が殺害されたということが人類の良心を激しく揺さぶって、人権を擁護しないことには平和な国際社会は成り立たない、という認識が生まれ、ついに国際法の世界に人権保障の要請が刻みこまれることになった――こういうふうに国際人権保障の出自は説明されます。つまり国際人権法というのは、ホロコーストの記憶というものを後背にかかえ、それを基盤においてつくりあげられたということなのです。

しかし、何かを想起するということは、何かを忘却するということにも連なります。実際にこの一連の流れのなかで忘却されていたものを改めて見つめ直すと、国際人権法の偏頗性というか、その暴力性というものを感じ取ることができるかもしれません。では何を忘却したのかということですが、国連憲章あるいはニュールンベルクのところから掘り起こしていくと、たとえば日本軍の犯したアジア地域における大規模な人権蹂躙は、国際人権法の物語を構成することはまったくありませんでした。

もっと言えば、一九四五年の前に世界各地で大規模に植民地支配が行われ、無数の先住民族が抹殺されていた――そういうものも国際人権法を生み出す力にはならなかった、忘れられてきたのです。そしていうまでもなく、一九四八年に世界人権宣言が採択されたその年に至るパレスチナでの出来事（ナクバ）もまったく国際人権の物語のなかでは語られてきませんでした。

つまりホロコーストというひじょうに大きな出来事を強烈な記憶として刻み込むことによって、別の記憶が忘却の対象になった。こういうかたちで国際人権法はその歩みを始めていくことになりました。パレスチナ問題は、こうして、一九四五年、あるいは一九四八年から歩みを始めた国際人権法のなかには登場しないまま時間が流れていくことになったのです。

四八年のイスラエル建国だけでなく、四九年にかけての第一次中東戦争によって国連決議の定めた境界線を越えてイスラエルが事実上、領土とした範囲――パレスチナ全土の約五七％がユダヤ国家に割り当てられていたが、実際に停戦段階でイスラエルが約七七％を占領していた――についても、国際法学上、まっとうに扱われることはありませんでした。境界線を越えた部分は「占領」地域と言わないのかということについては、まともに議論されてきていない。もとより、イスラエルがそういう状態を作りだしたということに対して「国際社会」が沈黙したということも問題となります。イスラエルの領域の一部をなすことについての承認を意味することにもなりかねませんから。

理論的には、あくまでイスラエルの独立は分割決議の範囲でしかできなかったということで、境界線を越えている部分は占領地域とすることも不可能ではないでしょう。しかし、現に日本も含めて多くの国がイスラエルを承認し、分割決議のラインを越えて領土化したことについて特段に異議を申し立てていないわけですから、四九年までに作り出された事実を問題視しない状況を国際社会が作ってしまっています。

では国際法の世界では、あるいは国際人権保障にからめて、いったいパレスチナの問題がいつから語られるようになったのかというと、一九六七年の第三次中東戦争からになります。

(2)　一九六七年という転換点

第三次中東戦争が勃発したときに、真っ先に反応したのは国連総会でした。国連総会ではさっそく「被占領地域の住民に影響を与えるイスラエルの実行を調査する特別委員会」という委員会が設置されました。

なぜこのような委員会が設けられたのかというと、一九六〇年代に国連のなかで勢力分布が変化していたという事情があります。つまり一九四五年から六〇年にかけて、国連ではアメリカを中心とする西側諸国が力を発揮していたわけです。ところが一九六〇年、「アフリカの年」と言われるように一七のアフリカの国が独立を果し、数の上で優位にたつ第三世界あるいは非同盟グループを形成するようになっていきます。このグループと、ソ連を中心とする社会主義諸国が連帯し、六〇年代に国連の勢力図が大きく変わっていくことになりました。そうした政治情勢の変化を背景にして、六七年の中東戦争が起きたときに、アラブ諸国その他の発展途上国が中心となって国連総会にはたらきかけた結果、このような特別委員会が設置されることになったわけです。

国連のなかには人権問題を中心的に扱う国連人権委員会という組織があったのですが、同じ時期にここでも動きがありました。「中東における敵対行為の結果占領された領域における人権侵害の問題」という議題が設定され、この議題の下、公開でイスラエルの問題を審議することが始まったのです。

国連人権委員会は一九四七年に設置されていましたが、人権についての調査はまったく行っていませんでした。「行動を起こす」ということをずっと控えていたのです。人権委員会をつくったのはいいが、各国にとってみれば、人権問題を本気で取り上げると自分の首が絞まりかねないことから、現実の人権問題を調査することは避けていたわけです。ところが一九六七年、南部アフリカのアパルトヘイトの問題を取り上げようという動きが大きくなってきました。これもアフリカ諸国が大量に国連に加盟したことが背景にあってのことです。そしてその南部アフリカと並んで、次にイスラエルの問題が取り上げられることになっていきます。こうしたかたちで国連の人権委員会は、世界各地の人権問題の調査に乗りだして行くことになっていきました。

このように一九六七年の第三次中東戦争をきっかけとして、国連人権活動の表舞台、そして国際人権法の世界にパレスチナ問題が登場してくることになったわけです。しかしそれは一九六七年以降の出来事に限って、という条件つきではありました。

国際法、あるいは国際人権保障の枠組みのなかでパレスチナ問題が取り上げられるときには、占領という概念がひとつのキーワードになってくるわけですが、この概念は国際法上どのように定義されているのかを見てみましょう。ある研究者の言葉を借りると「実効的支配」というのが中心的な概念になります。もっと言えば、本来自分の国の主権の下にないところを実効的に支配している状態、それを占領というわけです。

ガザ地区の問題に関連して触れることになりますが、実効的支配というのは軍隊が駐留していなくてもおおいにあり得る事態です。たとえば特定の地域――ガザ地区などはそうですが――の出口・入口を塞いでしまうということです。あるいは物の流通をコントロールするとか、上空を支配するとか、軍隊を常時駐留させていなくても、実効的に支配されている状態がそこに現れていれば、それは占領ということになるわけです。

(3)　占領中に守られなくてはならない国際法規

占領については、国際法上、明確なルールがあります。国際法は戦争と長年向きあってきたわけですが、時期によって戦争の仕方はだいぶ違っているものの、現時点において占領についてどのようなルールが妥当しているのかというと、次のようなものがあります。

まず一八九九・一九〇七年の「陸戦の法規慣例に関する規則」です。占領状態に入った時に占領した側が守らなければならないルールを詳細に定めています。そしてそれを引き継ぐかたちで第二次世界大戦後の一九四九年に四つの条約がジュネーブで作成されました。ジュネーブ四条約と呼ばれているのですが、すべて武力紛争にかかわる条約です。四つの条約それぞれの第二条に同じ内容の規定がおかれており、そこで占領について規定しています。また、第四条約あるいは文民条約と呼ばれるもののなかには、一九〇七年の陸戦規則をもっと細かくした、占領についてのさらに詳しい規則がまとめられています。その後、植民地解放闘争を経てまた国際法が発展していくわけですが、それを刻み込んだ一九七七年のジュネーブ条約第一追加議定書の第一条四項に、占領に関する規則が出てきます。

こうした一連の条約が、現時点において占領に関する国際法のルールを定めていることになります。そしてこうしたルールがイスラエルの占領している地域に果たして適用されうるのかということなのですが、この点についてイスラエル政府は一貫して、「ジュネーブ条約はイスラエルの占領地域には適用されない」と言っています。

ジュネーブ条約は戦争にかかわる国際法規の中核を占めているのですが、既に述べたように、一九四九年に作られたこれら四条約のすべてに共通第二条があります。すべて同じ条文ですが、そこに占領に関する規定があります。その規定は、占領を「他の締約国の領域を支配していること」としています。ところがイスラエルは、ヨルダン川西岸地区もガザ地区もどの国の領土でもなかったのだから、共通第二条のいう「他の締約国の領域を支配していること」にはあたらない、と言うのです。

ちなみにイスラエルは、占領地に対する軍事攻撃についても、ジュネーブ条約の適用外とし、自衛権の行使という理屈で正当化しています。自国を防衛することに関しては、国際法が自衛権という権利を国家に保障しているので、自国を防衛するためにイスラエルが採っている措置はこの権利により正当化される、というのがイスラエルの主張なのです。つまりイスラエル自身は、国際法を逸脱しているとは言わない。

こうした主張に対しては、まず、国連総会、安全保障理事会そして国際司法裁判所が、さらにパレスチナ問題に関わる国際法研究者もほぼ一致して、占領法規はイスラエル占領地域に適用される、という見解をとっています。

また自衛の論理についても、自衛権は国際法上きわめて限定された範囲でしか認められないものです。武力の行使は原則として禁止されています。自衛権は例外的なものだし、一時的なものでなくてはならない。均衡性の原則を守らなければいけないし緊急性の要件も課せられている。それらを守っていないということで、自衛権によってもイスラエルの行為は正当化できないというのが支配的な法解釈です。そもそも占領地域に対する武力行使を自衛権で説明することは困難です。

ご御存知の方も少なくないでしょうが、国際司法裁判所は、イスラエルが建設を続けてきた「壁（分離壁）」が国際法に照らしてどう評価できるのかということについて、国連総会から諮問を受けました。その結果、あとで紹介するような勧告的意見を出したのですが、そのなかでも、あたりまえですがイスラエルの占領しているところは国際法のいう占領下にあるということを、はっきりと認めています。

この壁事件に際して国際司法裁判所は、被占領地域にヨルダン川西岸と東エルサレムを含めています。ここではガザ地区には触れていませんが、それはそもそも壁事件に際してガザ地区が射程外であったというだけのことです。ガザ地区についても国連総会や人権委員会で、占領状態にあるとされていることは言うまでもありません。二〇〇五年以降、そして現時点においても、イスラエルの実効的支配下にある、つまり占領状態が続いている、ということです。

占領に関する規則に違反したらどうなるのかということについても、国際法は定めを置いています。先ほど触れた文民条約の第一四七条と第一追加議定書の第八五条に、重大な違反の場合の規定があります。ここを少し端折って読みます。「殺人、拷問……被保護者を不法に追放し……もしくは拘禁すること……公式な正式の裁判を受ける権利を奪うこと、軍事的必要によって正当化されない不法且つ恣意的な財産の広範な破壊若しくは徴発を行なうこと」。このようなことが重大な違反にあたる、ということです。そして違反をするとどうなるかと言いますと、「普遍的管轄権の対象」、つまりジュネーブ条約のすべての締約国に、重大な違反を行なった者に対する捜査あるいは訴追を行なう義務が発生してくる、ということです。

現在、ジュネーブ条約に加盟している国は一九四あります。日本もイスラエルもアメリカももちろん入っております。世界中ほとんどすべての国が入っているわけですが、そのすべての締約国が、重大な違反が生じた場合には、捜査をし、訴追をする。もし、自分の国で捜査できないのに、当人がそこにいるのであれば、捜査し、訴追をするような国に引き渡す義務がある、ということになっています。つまり重大な違反の容疑がでてきた場合には、その容疑者を世界のどの国に逃げていっても訴追する。そのようなことをジュネーブ条約は求めていることになります。

文民条約は第四九条六項で、「占領国は、その占領している地域へ自国の文民の一部を追放し、又は移送してはならない」という一項を置いています。どうしてこういう規定が置かれているのかということについてはあとで説明しますが、要するに占領している国はその占領している先に自国民を連れていってはいけないのだということを言っているのです。これはイスラエルの現在の政策に照らせば、明白に文民条約の違反であると言ってよいということです。

イスラエルは、占領地への自国民の入植をする際に、パレスチナの土地を大規模に収用してきました。収用するかたわらで入植を進めてきたということになるわけです。しかしこの大規模な土地の収用は、先ほど述べた重大な違反、つまり「軍事的必要によって正当化されない不法且つ恣意的な財産の広範な破壊若しくは徴発」にあたる、と言えます。ですからそのような入植政策を進めているイスラエル政府の責任者、そしてそれを実行している人は、国際法上重大な違反を犯しているものとして処罰の対象になる、本来処罰をしなければならない、ということです。

(4) 国際司法裁判所の壁事件意見

ここで、先に触れた国際司法裁判所の壁事件について紹介したいと思います。国際司法裁判所は占領についていったいどんなことを言ったのか簡単に要約します。

第一に、壁を建設するということは、パレスチナ人の自決権の侵害だと言っています。国際法はすべての人民に、自決権、つまり自分たちの政治的、経済的、社会的、文化的地位は自分たちで自由に決定できるという権利を保障していますが、その自決権を侵害していると言っています。それから入植政策については、文民条約への違反にあたると言っています。

壁の建設については、パレスチナ人に保障されている移動の自由の保障に違反していると言っています。ほかにも同じようにパレスチナ人に保障されている労働権や健康権、教育を受ける権利等々の違反にあたる、と言っています。そして財産の破壊、つまり壁の建設によって財産を収用したりしているわけですが、それが文民条約第五三条の違反にあたるとも言っています。要するに多重的に違反が積み重ねられていると国際司法裁判所は認定しているわけです。

そしてイスラエルは壁を建設する際に、これは自衛のためにやっているのだと言っていましたが、自衛権によって壁の建設は正当化できないとも言っています。自衛権を行使できるのは外部から敵がやってくる場合なのに、イスラエルの内部から生ずる脅威に対して壁を作るとなれば、それは自衛権行使の対象にはならないと国際司法裁判所は言っているわけです。

壁の建設、そして東エルサレムの併合は違法であると言い、こうした違法な状態を生じさせたことについてイスラエルは法的責任を負っているとして、第一に壁の建設をすぐに停止しなさいと言っています。そして壁を解体して元に戻し、生じた被害を賠償する義務をイスラエルは負っている、と言っています。

さらにイスラエル以外のすべての国に対して、壁の建設によって生じた違法な事態を承認してはならず、イスラエルにちゃんと条約を守らせなさい、とも命じています。

国連の諸機関に対しては、国際司法裁判所の意見を実現させるよう行動を起こしなさいと言っています。その要請を受けて国連総会は、二〇〇四年七月に総会決議を採択し、勧告的意見に従うように要請しました。人権理事会も勧告的意見を再確認するという決議を、二〇〇六年一一月に採択しております。しかし安全保障理事会は、この勧告的意見に関してはいっさい行動を起こしていない、という現実があります。

そういうことで、占領状態にあるということ、占領状態において守られなければならない国際法が幾重にもあるということ、それらが多重的に侵害されているということ、そしてその侵害によって生じた被害については賠償しなければならないし原状を回復しなければならない、そしてその責任者は処罰されなくてはならないというふうに、国際法のルールはイスラエルの占領については、きわめて明瞭な要求を出している状況にあります。これがなぜ実現されないのかということについては、最後に触れたいと思います。

(5)　国際法による占領自体の評価

先に、占領状態において守られるべきルールというのが幾重にも存在していると言いましたが、では占領そのものはいったいどうなのか。そもそも占領してはいけないのではないか、という疑問があるでしょう。私が話してきたのは、占領状態に入ったあとに守られるべきルールについてであって、そもそも入口の段階で占領が許されないのなら、今の議論は意味がないのではないかという疑問があると思います。そこで占領それ自体が国際法上どう評価されるのかについて、簡単に説明したいと思います。

武力行使が違法化された今日にあって、占領は絶対に許されない、と言うべきもののように思うのですが、論者の中には、占領は非法的な中立的事実にすぎないと言う人もいます。占領と一言で言っても、実際には多様な形態があり、個々に見てみる必要もあるのかもしれません。しかし、どうあろうと、占領は「征服」であってはいけない。これははっきりしています。武力を行使して他国を占領し、自国に編入してしまうことを征服といいますが、こういったやり方での領域取得は、国際法上かつては許されていました。

それが二〇世紀に入り、武力行使それ自体が許されないということになってきましたので、征服は国際法上もはや許される余地がなくなっています。武力による領域の取得は許されないということは、大原則として確立しています。いまではそもそも人民の自決権という観点からして征服は許されないわけですが、そういう征服状態に占領がなってしまっているということであれば、それはぜったいに許されないわけです。

また、占領は一時的なものでなくてはならず、占領状態に入るときには、占領地域の人口分布や社会制度などを変更させてはならない、ということになっています。陸戦規則は第四三条で「(占領者は)占領地の現行法律を尊重して、なるべく公共の秩序及び生活を回復確保するため施し得べき一切の手段を尽くすべし」と定めているわけですが、要するに占領された後、何も変更してはいけないのです。だから占領地に自国の住民を連れてくる(入植)などということは許されないということになります。

占領は一時的なものであり、一時的な状態を脱したあとはかならず解消されなくてはならない。そして解消されたあと占領前の状態と変わっていてはいけない、というわけです。この観点からイスラエルの占領の状態を見てみますとどうなのかということですが、これは単なる違反どころか、植民地支配にも等しい状況になっていると多くの研究者は指摘するようになっています。

アパルトヘイトと断言してもよいのではないかという研究者も少なくありません。アパルトヘイトというのはご存知のとおり、南部アフリカで展開されていたものですが、人種差別を背景にして、「……他の人種集団を組織的に抑圧し、および支配する」（国際刑事裁判所規程第七条二項h）という制度です。パレスチナ人に対して、イスラエルが人種的に抑圧していることが現実だとなれば、アパルトヘイトに等しいと指摘することもできると思います。

そして、現時点まで占領が延々と続いていること、入植が制度的に推し進められてきたことなど、占領の現実を総合的に勘案すると、イスラエルによる占領は今では「偽装された征服（併合）」と言ってもいい状況ではないでしょうか。壁の建設などはそれを象徴しています。ですから、占領それ自体が入口の段階でどう評価できるかという議論があり得るにしても、少なくとも現時点においては、イスラエルによるパレスチナの占領は、被占領地域を事実上併合した「偽装された征服（併合）」として、国際法的に違法と断じてもよいように思えます。

この点については、二〇〇八年一月二一日に国連人権理事会に「一九六七年以来占領されているパレスチナ領域における人権状況に関する特別報告者」が提出した報告書も述べているところです。イスラエルの占領については、これまでは占領状態の下で守られるべきルールが幾重にも侵害されている、とされてきただけでしたが、今は占領自体が違法となっているという見解が強まっています。

違法と判断されるとどうなるのかということですが、国際法は違法状態が生じた場合には違法状態を終了させる義務がある、そして原状回復と賠償義務のセットをその違法行為を行なった国に対して課すことになっています。イスラエルは、占領中に生じた国際法違反を償うだけでなく、違法と評価される占領それ自体をただちに終了しなくてはならない、ということです。

(6)　国際法から見たナクバ

このように一九六七年以降の状況については、国際法の示している評価はかなりはっきりしているわけですが、六七年の状態につながる、一九四七、八年から六七年までの状態ついては、これまでも、そして現時点においても国際法は十分に対応できていないと思います。そこで一九四七、八年に戻ってその空白を埋めるとすると、国際法はどのような評価をナクバに対して与えうるのかについて述べます。

まず、民族浄化、エスニック・クレンジングとして強制追放が行われたという事実。これが国際法上どのように評価できるのかということについてですが、法は遡及的に適用できないという原則があります。現在の法を一九四八年に遡って適用することはできません。ですから一九四八年の時点で適用されていた法に基づいて当時の民族浄化政策を判断しなくてはいけない、ということになります。

一九四八年の時点でどのような国際法が適用されていたのかを見ていくと、すでにこの時点で民族浄化に対抗できるような法が存在していたことがわかります。ひとつはジェノサイド、集団殺害の禁止です。これは一九四八年一二月九日に条約になりましたが、条約になる前から国際慣習法としてすでに禁止されていたということが確認できています。

ですから、ジェノサイドにあたるのかどうか、あたるならばジェノサイドを禁ずる国際法の適用可能性が出てくることになります。ただし、このジェノサイドの定義は、一般に思われているほど広いものではありません。「国民的、民族的、人種的又は宗教的な集団の全部又は一部に対し、その集団を破壊する意図をもって行う次のいずれかの行為」、ということになります。

そしてその「いずれかの行為」のなかで、「当該集団の構成員を殺害すること。当該集団の構成員の身体又は精神に重大な害を与えること。当該集団の全部又は一部に対し、身体的破壊をもたらすことを意図した生活条件を故意に課すこと」――こういうことを証明できると、ジェノサイドになるわけです。

重要なのは「集団」と「意図」です。たとえばパレスチナ人という「集団」を、「破壊する意図」をもって強制的追放を行ったということを証明するのは国際法的にはけっしてやさしいことではありません。つまり、ある村を襲って、非常に残虐な行為を行った、ということまでは言えるとしても、それがその人びとが所属している集団自体あるいはその一部を破壊する意図のもとに行われたのかということがどのように言えるのかというところで、難しい立証責任の壁が立ちはだかってくるわけです。そして、その意図が証明できたとしても、次にその意図にもとづいて、いま述べたような行為があったのかを証明しなければいけない、ということになります。

もっとも、この点については、集団を破壊するという政策の下に村を破壊する、あるいは残虐な行為が行なわれたということが、はっきりと文書に残っていなくても、そういう政策があったとしか言いようのないほどの状況証拠が積み重なっているということになれば、集団を破壊する意図があったと言えると思います。ただし、ジェノサイドが認定されるケースというのは、けっして多くはありません。国際法も無罪推定の原則に立っており、簡単にはジェノサイドの認定はできない。厳密に認定がなされています。とはいえ、適用の可能性はあると思います。

そしてもうひとつ、イラン・パペの著作のなかでも言及されていますが、民族浄化政策が人道に対する罪に該当するのではないか、という議論も可能です。人道に対する罪も、すでに慣習法として国際法上確立しておりました。「一般住民に対する広範なまたは組織的な攻撃と認識しつつ行う住民の追放又は強制移送／人種・宗教又は民族に基づく迫害」が人道に対する罪にあたります。ですから広範な攻撃を行なっていると認識しつつ、パレスチナ住民を移送したり強制追放したということを立証できれば、そのことを命じた、あるいは行なった人は、人道に対する罪を問われることになります。責任を問われるのは実行した人と、それを命じた上官です。

(7) どこで実際に裁くのか

それではどこで処罰されるのかということなのですが、理論的にはすべての国に処罰をする権限があります——もちろん日本にもあるわけです。ただ、権限はあっても、実際に処罰するのかどうかについては、加えて政治的な意思が関わってくるということです。

それぞれの国に任せる代わりに、国際的な裁判所はできないのでしょうか。国際的な裁判所としては実際に、ニュールンベルクや極東国際軍事法廷もそうでしたし、一九九〇年代には旧ユーゴスラビア、ルワンダについて特別の国際刑事法廷が設置されています。そのような国際刑事法廷が設置される可能性は理論的にはあるわけですが、設置されるには国連安全保障理事会の下での判断が必要になってくるでしょうから、安全保障理事会で拒否権を行使するアメリカがいるかぎり、設置の現実的可能性というのはひじょうに薄いということです。

それ以外に混合裁判所というものもあります。東ティモールとかシエラレオネなどの例がありますが、それぞれの国のなかに裁判所を作り、そこに国連が関わっていくというものです。これもまた、安全保障理事会の関与が必要となってきますので、理論的な可能性はあっても、現実的な可能性としては難しいかもしれません。

では、国際刑事裁判所（ＩＣＣ）はどうか。国際刑事裁判所は、裁判所が発足した二〇〇二年七月一日以降の事態しか扱えません。ですから、それ以降もジェノサイドや人道に対する罪が続いているということであれば、管轄の範囲内となりますが、ただ、イスラエルがこの裁判所に入っていませんから、裁判を始めさせるには、安全保障理事会が「事態」を付託しなくてはならない、ということになります。そうすると、ここでもまた拒否権の壁が立ちはだかり、現実的な可能性が薄くなってしまうでしょう。イスラエルが事件を限定してＩＣＣの管轄権を受け入れる道もないではありませんが、可能性はゼロに等しいでしょう。つまり国際刑事裁判所も理論的可能性は有しているわけですが、それを現実的なものとする意思を醸成できないというところがネックとなっているわけです。※国際法が悪いというよりは、国際法を利用する政治的意思が弱いということが現実にあると思います。欧米諸国の政治的意思、といってしまってよいでしょうが。

ここまで裁判所の話をしてきましたが、もちろん裁判以外の手段もありえます。たとえば、調査・勧告を目的とした活動がそうです。国連人権理事会における特別手続がその代表的なものです。これについては、じつは一九六九年に始まった国連人権委員会の審議がずっと現時点まで続いてきています。そして特別報告者が任命され、毎年報告書を提出しています。そのようなパレスチナ問題を扱う特別報告者に、一九四八年のパレスチナでの事態の調査を依頼するということ、それによって真相究明を国連の枠内ではかっていくということは、比較的可能性が高いかもしれません。人権理事会では拒否権は発動できませんから。あるいは、人権理事会の下で別途、調査委員会を設置するということもありえます。

強制追放によって生じたパレスチナ難民というのは、世界に存在する難民集団のなかで最大規模となる難民集団ですが、おそらく最も語られることの少ない難民集団でもあります。そもそもなぜパレスチナ難民が発生したのか、なぜユダヤ人がパレスチナにやってきたのかというところに遡らないといけませんが、なにより、ユダヤ人はヨーロッパから排除された人々でもあったという事情があります。二〇世紀、とくに一九三〇年代、ヨーロッパのなかで民族浄化が進んでいました。国民国家、ネーション・ステートづくりが進められていたのです。そしてネーション・ステートづくりのなかで、大規模な人口の移動が行われました。そしてその移動の際、行き先の国がある人たちはまだしもよかったのかもしれませんが、ユダヤ人には行き場がなかった。そこでパレスチナに行くようにシオニズム運動が誘導していき、多くのユダヤ人がヨーロッパやロシアからパレスチナにやってくることになりました。つまりヨーロッパにおける民族浄化政策が結果としてパレスチナにおけるユダヤ人の増加につながり、それがパレスチナでの新しい民族浄化につながっていったというサイクルが見て取れます。

ヨーロッパ諸国はユダヤ人に対してこうした原罪を抱えこんでしまったため、そして何よりホロコーストの舞台を提供してしまったため、現在にいたるまでイスラエルに対する行動を自ら制約しているところが少なからずあります。それが、「裁き」をはじめとする国際法の実現にも大きな影を落としていると思います。

(8)　ヨーロッパの原罪と文明化の使命

遡れば国際法そのものが、ヨーロッパで発祥したものであり、世界に植民地支配や不平等条約を押しつけていった過程で、ヨーロッパはそれらを「文明化の使命」として正当化してきたわけです。国際法というのはいつの時代も暴力的な契機をはらんで、欧米的なものを世界に拡散させるという使命の下に広がってきた政治的背景があります。

二〇世紀に入って、植民地の独立が可能になる状況が訪れたことによって、そういった暴力性が少し薄められたところがあります。国連憲章などはまさにそういう流れのなかにあります。国際法の持つ暴力性と、その暴力性を克服していこうとする流れの両方が国連憲章のなかには混在しているわけです。国際法の暴力的な側面を維持しようとするものとして、安全保障理事会には拒否権といったものがきっちりと埋め込まれている。それをなんとか薄めようとするものとして、国連総会の一国一票制度であったり、国連難民高等弁務官事務所の現業型オペレーションであったり、その他さまざまな形で強者の論理を薄めて、人間生活と国際法とを繋げていこうとする仕組みも、国連のなかにはあるのです。

しかし、いかんせん強者の論理を支える仕組みは頑強で、しぶとい。軍縮に関していえばNPTがそうですが、核を持っている国はそれをなくさないでいいが、核を持たない国は核を持ってはいけない。こういう状況が生み出されてきているわけです。これはまさに強者の論理だと思います。こういったものが現時点まで国際法の重要な部分を占めてきているわけです。パレスチの事態をめぐっても国際法のこうした側面がはっきりと現れ出ているのではないでしょうか。

国際法学者の役割について言いますと、たぶん、強者の論理の下で国際法学を学んできた研究者と、そうでないところで国際法学に接してきた者とでは、違っていると思います。国際法学のなかには、「第三世界アプローチ」というものを採用する一群の人々がいて、彼ら彼女らは激しく国際法の暴力性を批判しています。現状を批判するだけではだめで、これを根底から揺さぶっていく必要があるということを言っています。日本の国際法学は、そういうアプローチに親和的というよりは、むしろ欧米の支配的な考え方に親和的で、強者の論理に沿ったかたちで国際法を解釈・適用することに無自覚な向きもあるのではないかと感じています。

(9) パレスチナ難民、国際法の可能性

先にヨーロッパの「原罪」および「文明化の使命」による制約について言いましたが、その逆にヨーロッパはそうした原罪を背負っているからこそ、国際法の整備を推進した側面もあったのかもしれません。そのヨーロッパが中心となって国連総会決議一九四が一九四七年一二月一一日に採択されました。

この国連総会決議では、パレスチナ難民に関しては戻ってくることができるということを確認しています。議論があるところと思いますが、少なくとも国連総会は、帰還する権利が、認められるべきである、ということを確認しています。

パレスチナ難民は、この決議によって国連調停員会（ＵＮＣＣ）という委員会の保護を受けることも想定されていました。ＵＮＣＣが帰還事業や再定住を推進し、賠償金の支払いを促進することになっていたのですが、この委員会は数年で活動を停止してしまいます。ＵＮＣＣと並んで、ほぼ同時期にできていたのがＵＮＲＷＡ、国連パレスチナ救済事業機関です。ＵＮＲＷＡは、法的な保護を行なうＵＮＣＣが担わない、それ以外の救済事業を行なうものでした。したがってＵＮＲＷＡは法的な保護は行なわないわけです。再定住なども行わない。先ほども言ったように、ＵＮＣＣは

すでに活動を停止しておりますから、ＵＮＲＷＡに登録されているパレスチナ難民に関しては法的保護を行なう国際機関が存在していない、ということになります。

国連難民高等弁務官事務所はなぜ関わらないのかというと、ＵＮＨＣＲは他の国連機関が関わっている難民に関しては行動を起こせないことになっているからです。したがってＵＮＲＷＡに登録されているパレスチナ難民四〇〇万人ほどはＵＮＨＣＲの活動対象になりません。難民条約の適用も排除されています。そういう状態が何年にもわたって続いてきています。ただ法的には、帰還そして賠償を求めうる状態にあるということは間違いありません。これに加えて言えば、パレスチナ難民に対する難民条約の適用可能性を説く論者も近年は増えているように思います。

最後にリチャード・フォークの言葉を紹介して終わりたいと思います。リチャード・フォークは二〇〇八年に国連人権理事会のパレスチナ問題を担当する新しい特別報告者に任命された、アメリカの良心を担っている国際法学者のひとりです。彼は、パレスチナ難民問題についてこう言っています。「国際法と国際道徳の明瞭さにはまったく疑いがない。その実施を妨げている障害はもっぱら政治的なものであることを理解する必要がある。イスラエルが抵抗していること、そして、国際社会とりわけ西欧の自由民主主義諸国がパレスチナ難民の権利のために有意な圧力をかける意思を有していないこと、これが問題なのだ」。同感です。

先に述べたとおり、一九六七年以降の事態に関して国際法は極めて明瞭な評価を下し得るものですが、四八年の事態についてもおそらく相応の評価を出しうるでしょう。問題は、国際法を実現するための政治的意思をどう醸成できるのかというところに帰着するかもしれません。国際法は、それに違反した行動から国際的正統性をはく奪する政治的機能をもっていますが、それを現実の政治で生かしていくには、また別の知恵を使わなければなりません。

私は、国際法それ自体のなかに国際法の暴力性を緩和できる契機を見出せる限り、それを最大限に利用する道を探っていくのがとりわけ非欧米圏に生きる国際法学者の重要な使命ではないかと思っています。そのうえで、あるいはそれと同時に、国際法の構造を脱暴力的に変容させる作業を進めていかなくてはならないと思っています。

パレスチナをめぐる事態についても、まずは国際法を生かす道を徹底的にさぐることが重要だろうと思います。現に、現在の国際法をそのまま解釈したとしてもイスラエルの占領状態は違法となっているし、占領下において重層的に国際法の違反が生じているということがはっきりと言えます。法的責任の取り方についても、国際法は道筋をはっきりと示しています。その上で、国際法の実現を阻む、国際法そのものに内蔵された強者の論理・暴力性を乗り越えていく道を考えなくてはならないと思います。それは、国際法学者だけの問題でなく、国際法のステークホルダーである市民にとってもとても大切な課題なのではないかと思っています。

※二〇〇九年一月二二日に、パレスチナ自治政府はＩＣＣ規程第一二条三項に基づく宣言を書記局に対して行い、パレスチナ領域での犯罪について捜査を行うよう求めた。しかし、二〇一二年四月三日に、

検察局は、パレスチナがＩＣＣ規程上の国家たりうるのかを自ら決定する権限を欠いているとして、その判断を国連事務総長・総会またはＩＣＣ締約国会議に委ねるとの見解を表明している。二〇一二年一一月二九日、国連総会はパレスチナを非加盟のオブザーバー国と認める決議（六七／一九）を採択した。これにより、パレスチナをＩＣＣ規程上の国家として処遇することが可能になったと解する向きもある。

Ⅳ

実務の中へ

18　国際法判例の学び方

(1)　実務の中の国際法

国際法（国際公法）は、法律の専門家の間にあってすらいまだに不精確としかいいようのない認識をもって語られることが少なくない。「国際法は法なのか」という、絶えることなく発せられる問いにしても、理論的にはたしかに興味深いとはいえ、往々にして法的実在としての国際法の否認に向けられていることは紛れもない。「国際法は法ではない。少なくとも実定法とはいえない。国内法とは似て非なる特殊なものだ」――。そうした精確ならざる認識の連鎖が、国際法を（多くの）法律家にとって扱いにくい、異質な、それゆえ関心の外の存在へと追いやってきたように思われる。

むろんそうした状況が机上の次元にとどまるのであればさしたる社会的影響も生じないのだが、残念ながら、というべきか、事はそこにとどまりおさまるものではない。国際法は実務の世界において厳然たる法として屹立しており、しかも「国際」という呼称にもかかわらず、この法体系は、日本においては紛うことなき国内法としての地位を与えられてもいる。国際協調主義を具現化した憲法九八条二項により、国際法は日本を拘束するに至った瞬間に日本の国内法としての性格を装着するのである。しかも、国内法としての効力は、民法や刑法をはじめとする法律を凌駕するものとされている。つまりは、国際法に違反する法令は無効なのであり、したがって、国内法令は国際法に適合するように解釈されなくてはならない。そうした国内での営みを通じて日本は国際法の遵守を確保しようとしているわけでもあり、それだけに、国際法は本来、実務においても最も重視されねばならぬ法領域の一つであってしかるべきものなのである。

国際法の実現にあたって国内裁判の果たす役割はきわめて大きい。日本の裁判所では、爾来、数多の事案において国際法が解釈適用されてきた。著作権法（六条三号）や出入国管理及び難民認定法（二条三の二）のように国内法規が国際法そのものに依拠することを明示している場合や、外国国家・外交官・海域等に日本の裁判権が及ぶかどうかを判断するような場合において国際法が援用される様をイメージするのは比較的容易かもしれない。だが、国際法が解釈適用される事案の中には、一見すると「国際」とはまったく関わりがないかのような様相を呈するものもある。たとえば、国家公務員法違反を疑われた者が国際法を援用して無罪を主張したり、あるいは住居の明渡しを求められた者が国際法を盾にこれに抗うといったときである。こうした事案は、実のところ、国際法の明瞭な規制対象にほかならない。人権や経済の問題がそうであるように、国際と国内の境界はますます曖昧になり、両者が折り重なるように眼前に出来する情景は今や例外ではなくなっている。私たちはそうした時代の只中にいるのである。

国際法は、日本では、民事訴訟・行政訴訟、刑事訴訟といった訴訟類型の下で、確たる裁判規準あるいは解釈基準として機能してきている。誤解してはならないが、国際法は、実際には行政事件訴訟法、国家賠償法、民事訴訟法、刑事訴訟法等を礎として主張され、その土俵の上で裁定されるものである。国際法訴訟という別個の訴訟類型があるわけではない。ただ国際法の中には、訴訟上の請求そのものを根拠づけ得る規定（規則）も存在している。人種差別撤廃条約六条や、戦後補償裁判で頻繁に援用された「陸戦の法規慣例に関する条約」三条等がその代表例といってよい。これまでのところ請求権を国際法それ自体に基づかせることに裁判所は消極的なようだが、日本国憲法は国内法化する国際法の種類を限局しているわけではない。したがって、場合によっては、裁判規準たる法規と請求権の双方を国際法に根拠づける、純度のきわめて高い国際法訴訟を提起する道も決して閉ざされているわけではない。

国際法が高位の国内法であるということは、法曹であればその存在を当然に知っていなくてはならないということでもある。実務の幅を広げ深めるためにも、法曹を志す人々には一度はきちんと国際法を学んでおいてもらいたいと願っている。

(2) 国際法と裁判所

裁判とは、法的紛争の解決に向けた、公権力による拘束力ある裁定のことをいう。日本国憲法九八条二項により国内法としての効力を有する国際法は、裁判内容の基準たる実体法として、あるいは他の実体法の解釈基準となって、そうした裁判の歴史に豊かな足跡を刻み込んできた。

大日本帝国憲法下の裁判にあって国際法はすでにして公然と解釈適用されていたのだが、以来こんにちにいたるまで日本の裁判所における国際法判例の蓄積は、おそらく、多くの実務家・国内法研究者の予想を大きく上回るほどの規模に上っていよう。むろんそのすべてが国際法に好意的な判断であったというわけではないものの、明治期から一九八五年までの判例は、祖川武夫＝小田滋編著『日本の裁判所による国際法判例』（三省堂、一九九一年）にその要旨が収録されており、それ以後のものについても、国際法学会の機関誌『国際法外交雑誌』上で精力的に紹介されてきている。また、分野別では、たとえば国際人権法にかかわる日本の裁判例を知りたければ、国際人権法学会の機関誌『国際人権』などをひもといてみるとよい。

国際法は日本の国内法として効力順位が法律・命令等より上位にある。そのため、法令の解釈適用にあたって国際法との適合性を確保することは避けて通れぬこととなっている。国際法は具体的には条約あるいは慣習法という形式をもって日本の国内法秩序に編入されるのだが、その解釈適用は関連国際法規に依拠して行われなくてはならない。こうして、条約については、特に「条約法に関するウィーン条約」に明定された解釈規則に従って解釈されることが要求されている。日本の国内法ではあっても、国際法は憲法やその他の法令と同じように解釈して事足れりというわけにはいかないということである。

国際法判例を考察する際に見落としてならないのは、裁判所の位置づけである。すでに述べたように、裁判とは公権力による裁定である。裁定というわけだから、裁判所は、文字通り、裁きを下す第三者機関ということになる。ところが、国際法の観点から見ると、裁判所の位置づけはそこにとどまってはいない。

国際法訴訟は、行政府や立法府、場合によっては地方自治体や私人の行為が国際法に適合しているかどうかを審査する司法の営みである。行政府等の行為が国際法に違反している場合にはその旨を認定し、処分の取り消しや賠償請求を認容することなどによって違法状態の治癒をはかることが裁判所に求められている。また、行政府等が犯すことのある国際法違反を事前に防止することにより国家責任の発生を阻止することを期待されてもいる。つまりは、国際法適合性を審査し、必要な判断を通して国家責任の解除やその発生を阻止する役割を裁判所は請け負っているというわけである。

だが同時に、裁判所は、日本の国家機関として、国際法を遵守する義務を自ら負ってもいる。日本を拘束する国際義務が及ぶのはすべての政府部門に対してであり、司法府だからといってその義務を免れるわけでない。他の政府部門等の行為が国際法に適合しているかどうかを判断する司法の営みは、それ自体が日本国の行為となって、国際法に適合しているかどうかを審査される対象ともなるのである。そのため、裁判所が国際法の解釈適用を誤る場合には、日本国による国際義務の違反として国家責任を発生させることにもなってしまう。だからこそ、裁判に携わる実務家とりわけ裁判官には、国内法秩序のみならず国際法秩序の担い手としての自覚が強く求められるのである。法曹養成過程にある有為な人々に、きちんと国際法を学んでおいてもらいたいゆえんでもある。

(3) 国際法に対する法曹エリートのまなざし

本年（二〇〇九年）八月に東京で開催された第二回アジア国際法学会において、「国内裁判所における国際人権法と人道法」と題する分科会が催された。日本のように一般的受容体制をとっている国では国際法はそのまま国内法としての効力をもつ。その一方でニュージーランドのような国では、国際条約を国内に迎え入れるには「変型」（国内法の制定）を必要とする。前者は一元論、後者は二元論の体制にあるといわれ、一般に、前者のほうが国際法に親和的で好意的な体制であるかのような心象が醸し出されてきた。

だが現状は、この分科会が実証したように、必ずしもそうなってはいない。現に日本の裁判にあって条約は少なからぬ場合にその存在を関心の外に放擲され、幸運にも解釈適用されたところで、その帰結は往々にして憲法その他の国内法令に吸収されて終わるのがせいぜいのところがある。人権や人道に係る法領域においてその位相は特に顕著に映る。

これに対してニュージーランドの状況を報告したオークランド大学のポール・リシュワース教授によれば、同国では上級裁判官が国際法についての主張に理解を示し、法曹実務家が国際法の国内的実現という要請に能動的に呼応しているという。もとより「変型」を必要とする憲法体制であるにもかかわらず国際法が積極的に動員されているのは、ひとり同国に限ったことではない。決定的なのは、制度そのものではなく、法曹エリートが国際法や世界をどう眼差しているのか、ということにつきるのかもしれない。

国際法が常に〈善〉であるという保証はどこにもないが、しかし二一世紀が深まる今日の時代状況は、紛れもなく「国際」を意識せざるを得ない現実を各国の法曹に突きつけている。とりわけ、人権のような普遍的価値を体現する事項を一国完結的な論理によって処理することはますます困難になっている。そうした認識も手伝って、近年、国境を越えた裁判官の交流が促進されつつあることが特記される。

transjudicialism という語に昨今の潮流が端的に表象されるが、国連では人権委員会（現・理事会）の主導のもとに、人権高等弁務官事務所がアウトリーチプログラムを強化し、各国裁判官との交流・情報交換を推進するようになっている。二〇〇七年には Judicial Reference Group が招集され、世界各地の上級裁判官が人権高等弁務官と意見を交わす機会ももたれた。また、国際裁判官協会、国際女性裁判官協会、国際難民法裁判官協会など裁判官の参加する国際諸組織が活動を深化させ、二〇〇五年にはオランダ政府の肝いりで「法の国際化のためのハーグ研究所」が立ち上げられてもいる。このほか、国際法廷の裁判官や国連事務総長代表といったポストに国内裁判所の現役裁判官が就任することも稀ではない。

これらすべてが「国際」と「国内」をつなぐ好個の機会となっていることは改めて確認するまで

もないが、普遍的価値の共有を目指すこうした脱領域的潮流から、日本の裁判官集団は距離をおきがちである。条約の実現を求める人権条約機関からの度重なる勧告にも無反応が貫かれている。

面妖《めんよう》さすら漂う情景ではあるが、オーストラリア連邦最高裁元裁判官マイケル・カービーの言を想起するに、裁判官が「生き、仕事をしている今日の世界では、国際法の急速な同時代的拡張を無視するわけにはいかなくなっている。［国際法］はいまや、国内裁判官が従事する日常業務の背景をなす本質的な一部を構成している」（*Netherlands Quarterly of Human Rights*, Vol. 27（2009）, p. 306）ことは紛れもない。国際協調主義を打ち出す憲法の下にあってこの指摘はいっそう強く妥当するのではないか。裁判官が国境を越えて結びつくグローバル化時代にふさわしい国際法観の形成は、二一世紀を歩むこの国の法曹エリートにとって喫緊の課題である。

(4)　国内救済措置としての国際人権訴訟

国際人権法の中核を構成する主要人権条約には、条約義務の履行を促すために国境を超えた監視の仕組みがいくつか設けられている。その中にあって、個別の権利救済という意味で特段の有意性を有しているのが個人通報制度である。この制度の受諾は義務的ではなく、現に日本はその受入れを拒んできたのだが、こうした後ろ向きの姿勢を続けることはきわめて困難になっており、この制度が日本についても利用可能になる瞬間が確実に近付いているといってよい。

「通報」という言葉こそ用いられてはいるものの、その内実は国際的な人権救済申立にほかならない。各条約機関は、通報者（＝申立人）の主張する事実が条約違反に該当するかどうかを検討し、条約に違背すると認定する場合には救済措置を指示することになる。仮の権利保護として暫定措置が命じられることもある。

標準的な通報処理の流れからすると、違反の有無を判断する本案の検討に先立ち、まずは通報を受理できるかどうかが審査され、必要な手続要件を充足していない通報はその段階で却下される。それゆえ通報者は、要件の具備には十分な注意を払っておかねばならない。なかでも重要なのが国内救済措置完了の要件である。自由権規約の個人通報事例から、念頭においておくべきこととして、次のような点が指摘できる。

第一に、国際救済措置を尽くしたというためには、司法の最終判断が示され、利用できる上訴の手段が残されていない段階に至っていなければならない。裁量により訴えの受理が判断される上告受理申立なども、尽くすべき措置の一つとみなされる。上訴期限の徒過など、通報者（の代理人）に帰せられる責任により手続きを尽くせなかった場合には、国内救済措置未完了により不受理となってしまうことにも留意しておく必要がある。

第二に、国内救済措置を尽くすためには、通報内容を法廷で提起しておかねばならない。国内で行っていない権利主張をいきなり条約機関に持ち出すことはできない。条項を具体的に特定せずとも、条約の規定する実体的権利に係る主張を構成しておく必要がある。あくまで「主張」で足りるのであって、裁判所がどのような判断を示すのかは別問題である。

第三に、尽くすべき措置は、効果的でかつ利用可能なものに限局される。最高裁の確立した判例により、客観的に見て勝訴の見込みがない場合には終局判決を得る必要はない。事後的救済では権利侵害が回復できない場合には「事前」の段階で利用できる手続きを尽くせばよい。また、国内裁判が不当に遅延している場合にも終局の判決を待つことは求められないが、不当性の判断は事案に即して行われており、遅延が通報者自身の責に帰せられるときには不当とはみなされないのが通例である。

第四に、通報者は、国内救済措置を尽くしたことについての一応の立証責任を負うが、当事国が未完了の抗弁を行う場合には立証責任が転換される。非常救済手続のような通常の司法手続以外のものを持ち出す場合には、その利用可能性と有効性を証明する重い責任が当事国の側に課せられることになる。

日本の法廷における人権訴訟は、今後は、人権条約機関への個人通報を念頭においたものとして構成されていかねばなるまい。終結の判決を得て、いざ通報、となったときに、必要な国内救済措置を尽くしていなかったなどという事態に陥らないよう、法廷でしっかりと条約を視野に入れた主張を行っておく必要がある。国際法に通暁した法曹の営みがますます重要になるゆえんである。

(5)　国際社会の憲法秩序としての国際人権法——最高裁判決を乗り越える

国際社会には憲法そのものは存在していないが、グローバル化の進展に伴って、憲法／立憲秩序というべき位相が深まっていることは否定できない。その最大の特徴は国際法に拠る権力の制御にあり、その半面たる個人の人権保障の側面にある。個人が国際法と結び付き、法的利益の実現を直接に確保される事象が世界大で広がりつつあるということである。その政治的含意はここではさておくとして、こうしたグローバルな法的潮流が日本を巻き込みながら進み行くことはもとよりいうまでもない。

国際憲法秩序の一断面を象徴的に現しているのが、個人通報制度である。前節において、法曹が日本の国内にあって個人通報制度になぜ留意しなければならないのかについて論じたが、いまやこの制度は、すべての主要人権条約に具備されている。個人の「国際法直接性」の広がりを示す、この上ない証左といってよい。

個人通報制度は準司法手続きであり、条約上の権利侵害の有無を個別具体的な事案に即して各条約機関が判断する。個人通報制度の拡充は、国際人権規範が裁決規準たりうることを指し示す好個の機会になっていくに違いあるまい。

国際協調主義を打ち出す日本国憲法下にあって、この国を拘束する国際人権規範は直ちに国内法としての効力をもつ。しかし、現実の法実務を見るに、国際人権法はそうした地位にふさわしい正当な扱いを受けているとはいえない。とりわけその様相が濃厚なのは、社会権と出入国管理の領域である。周知のように、国際人権規約の一翼を担う社会権規約にも個人通報制度が備えられることになり、その一方で、人権の保障が出入国管理の局面にも及ぶことは国際人権擁護機関によって何度となく確認されているところである。社会権の適用が問題になる事案においてただちにその裁判規範性を否認し、退去強制手続きの局面から国際人権法の適用を遠ざけてやまぬ日本の裁判実務は、グローバルな憲法秩序を担う国際人権法の要請に背馳する事態といわなければならない。

国際人権法を日本において実現することを妨げている障害は、最高裁のいくつかの「先例」である。社会権にあっては塩見訴訟上告審判決（一九八九・三・二）がそうであり、外国人の権利保障にあってはマクリーン事件判決（一九七八・一〇・四）がそうである。塩見訴訟判決において最高裁は、社会権規約を「積極的に社会政策を推進すべき政治的責任を負うことを宣明したもの」にすぎず、「個人に対し即時に具体的な権利を付与すべきことを定めたものではない」と断じ、また、マクリーン事件判決では、外国人への権利保障が「外国人在留制度のわく内で与えられているに過ぎないものと解するのが相当」という判断を示している。最高裁のこうした論理によって、社会権規約の適用や入管における外国人の権利保障をめぐる訴えは、下級審において連綿と退けられていくことになる。

だが、マクリーン事件判決は日本が自由権規約など人権諸条約を締結する前に下されたものであり、塩見訴訟判決も社会権規約の裁判（裁決）規範性が国際社会において明瞭に認知される以前の判断である。日本もその一部である国際社会の規範環境は、その当時と今とでは明らかに異なっている。国際人権法はいまや国際社会の憲法秩序を推進する強力な法的潮流を生み出しており、「先進国」たる日本の司法機関がそうした潮流に無関心を装うのではあまりに不自然である。

新司法試験における国際関係法（公法系）の比重はこうした世界の趨勢に反して低いままに推移しているというしかないが、法曹をめざす人たちには、日本と世界の未来をしっかり見据えて、国際法・国際人権法への法的関心を正しく深めていってもらいたいと思わずにはいない。

(6) 国際法のプレゼンスを高める

『中央ロー・ジャーナル』八巻一号に、本年（二〇一一年）一月一五日に開催された横田洋三先生退職記念シンポジウムの様子が採録されている。「日本の法実務における国際法の意義と役割」と題する同シンポジウムは、長年にわたって日本の国際法学／実務をリードしてきた横田先生の暖かくも厳しい発言に彩られている。

基調講演において同教授は大きな危機感を伝えて次のように言う。「戦後六五年を経た今日、日本の内政や外交、そして法曹界における国際法の存在感は、ほとんど地に落ちたといっても過言ではありません。……今日の日本の法実務、とりわけ国内実定法の議論のなかで、国際法という領域に対しては、ほとんど関心が払われていないというのが現状だろうと考えられます。中でも心配なのは、今後法科大学院で学び、新司法試験に合格して日本の法曹界を担うことになる人たちが、ほとんど国際法に触れることなく法実務に携わるようになるということです」。パネリストのお一人であった柏木昇教授（中央大学法科大学院）も、この発言に応えて、「いま日本社会の中、それから法学教育の中で国際法のプレゼンスは非常に低くなっている」と言葉を継いでいる。

興味深いことに、『書斎の窓』（二〇一〇年七‐八月号）に掲載された小寺彰教授（東京大学）のエッセイ「国際法学者の憂鬱」にも次のような一節が記されている。「世間では「国際法は法か」という疑問が根強い……。弁護士の中には国際法を知らないと堂々と公言する人がいたり、筆者が専門にする国際投資法の話をすると、国際法も法律なんですねと妙に感心されたりする」。私の限られた経験に照らしてみても、遺憾ながら、さもありなんという思いが強い。

少々文脈は異なるが、米国でも国際法に対する逆風が吹いている。米国の法科大学院も一般に国際法への関心は決して高いわけではないが、英語を公用語とする語学環境は日本の法科大学院との違いを決定的に浮き立たせており、国際機関などへの米国法曹の関わりは日本の法曹とは比べものにならないほど深い。とはいえ米国内部にあっても「国際」というものに対する関心は希薄というしかなく、その象徴的な存在として連邦最高裁の姿勢があった。その連邦最高裁が近年国際法の潮流を加味した憲法解釈を発するに転じたことは御同慶の至りとばかり思っていたが、なんとそれが一つの引き金になって、米国各州において「反国際法」の議論がわき上がってしまった。いまや多くの州で、裁判所に国際法の考慮を禁ずる法規定が提案される情景が広がっている。米国の価値は外国から浸食されてはならないという認識がその後背を成しているようである。

米国国際法学会はこうした事態に重大な懸念をもって対処しているが、日本にあっても、国際法を遠き異国の法と位置づけるきらいが強くなっているのではないか。だが、本稿で強調してきたように、国際法は外国法ではなく、日本もその一員である国際社会の法にほかならない。そして、小寺教授が確認しているように「日本法上、国際法は憲法につぐ効力順位を誇り、法律より優先する。法律が国際法に反すると無効になる」という格別の重みを国際法は与えられているのである。

もとより、国際法を常に直接の裁判規準として用いる必要はない。より重要なことは、国際法の要請を十分に踏まえた議論を展開する意識をもつことである。日本の法曹には、地球規模の問題に能動的かつ創造的に関与することが期待されて久しい。足元の問題に国際法の視点を踏まえて対処することがそのための貴重な一歩となる。近将来的に発動される個人通報制度を有効に活かすためにも、「地に落ちた」国際法の存在感をいま一度高め、国境を超えたトランスナショナルな視座の涵養に力を注いでいかなくてはなるまい。

19 国際義務の射程 ――フィリピン人一家退去強制事件の遠景

(1) 厳格な法の執行と人道配慮

「出入国管理及び難民認定法」(入管法) の定める退去強制事由に該当しながらも、日本に生活の基盤が築かれている外国人家族の処遇はどうあるべきか。この問題について私は一九九二年に国際人権法の観点から問題提起的な小論を発表する機会を得たが (「出入国管理と家族生活の保護――国際人権法の観点から」法学セミナー同年三月号)、カルデロン事件の顛末をみるにつけ、この国の法状況には、いまにいたるも根本において有意な変化が見られないとの感を強くする。

カルデロン母・父はそれぞれ一九九二年と九三年に有効な旅券を所持せずにフィリピンから来日した。この二人の間には九五年に子が生まれるが、二〇〇六年に母の非正規滞在が発覚すると、ほどなく一家全員に退去強制令書が発付されることになる。処分の取消しを求め出る訴えも二〇〇八年九月二六日に最高裁によって退けられて終わるが、入国管理局は最終局面で「全員送還か父母のみ帰国か」という選択肢を提示し、結局、父母のみが帰国することでこの事件に一応の幕が引かれるところとなった。

この事件をめぐっては、「厳格な法の執行か人道配慮か」という二分法的枠組みのもとに、マスコミなど各所で議論が活発に交わされていた。議論それじたいは大いに歓迎すべきこととはいえ、設定された思考枠組みには看過できぬ問題も潜んでいたことを、まずもって指摘しておかなくてはならない。

第一に、「厳格な法の執行」を説く向きは、非正規滞在者の在留を認めることがそもそも法的にありうべからざる事態であるとの心象にもかられているようだが、実際のところ入管法は、退去強制事由に該当する者であっても在留が特別に許可される場合があることを明文で規定している。非正規滞在者の在留を認めることは制度上織り込み済みの事態であるといってよく、それをもって法の蹂躙と断ずるのは適当でない。

第二に、「人道配慮」に基づく主張は、眼前に佇む当事者の救済を可能とする、すぐれて実践的な意義を湛えているものの、しかしそこには「人道」という観念が孕みもつ問題性がそのままに投射されてもいる。

人道配慮は、なにより、当事者間に不平等な関係がなくては成立しない。人道を施す側と施される側とはけっして対等でなく、有利な立場にある側からの施し、いってしまえば恩恵こそがその本質をなす。人道配慮は、当事者間に横たわるそうした不均衡な関係性への批判的想像力を欠く場合、所期の意図に反して、かえって是正しようとする事態の再生産・永続化をもたらすことにもなりかねない。

第三に、本稿との関連でおそらく最も見過ごせないのは、「厳格な法の執行」論にあっても「人道配慮」論にあっても、国の出入国管理権限が半ば絶対的とみなされていたことである。国境を管理する主権的権限は絶大であり、せいぜい人道という名の恩恵でしか抑制しえぬものなのか。カルデロン事件が突きつけた本質的な問いの在り処もそこにあるように思う。

(2) マクリーン事件判決・再考

外国人の出入国(在留)管理行政を規律する現在の法論理が一九七八年のマクリーン事件最高裁判決を発出源にしていることは、ここに改めて確認するまでもないだろう。

出入国制度を人権保障の射程から切り離し、外国人の権利を在留制度の枠内で与えられるものにすぎないとする同判決は、その正当化根拠をほかならぬ国際法に求めていた。外国人を受け入れるかどうか、あるいはどのような条件で受け入れるかについては、特別の条約がない限り、国際慣習法により各国が自由に決定することができる――。最高裁のこの判示は、以後、連綿たる下級審判断の論拠となり、出入国・在留管理制度の聖域化に資するものとなってきた。カルデロン事件にかかる司法判断も、その一例を提供するものにほかならない。

もっとも、国際習慣法が外国人の受け入れについて各国に文字通り自由な裁量を認めているのかについては、一九七八年の時点においてすらすでに疑念がもたれてしかるべきだったが、二一世紀が深まりゆく今日にあってはなおのこと、そうした疑念が膨らまずにはいない。端的に評すれば、人種差別や性差別、拷問の禁止といった「対世的義務」を課す一群の人権規範がいまや国家の裁量を制約するものとして機能していることは紛れもなく、その限りで、国際慣習法は国家の国境管理権限に一定の規制すら及ぼすものに変容している、といえるのではないか。

だがそれ以上に留意すべきは、マクリーン事件判決の翌年以降、日本が自由権規約、子どもの権利条約、人種差別撤廃条約、拷問禁止条約といった主要人権条約や難民条約を断続的に締結することにより、国際人権法上の義務を自発的に引き受けるにいたっていることである。

人権条約は、締約国の管轄の下にある個人を保護の対象としている。国籍の別は問わない。そしてその射程は出入国管理の局面にも及ぶ。現に、自由権規約委員会は一九八六年に示した一般的意見一五で次のように述べている。「規約は、外国人が締約国の領域に入りまたはそこに在留する権利は認めていない。……しかし、たとえば差別の禁止、非人道的取扱いの禁止、家族生活の尊重について考慮する場合など、一定の状況において、外国人は入国または在留に関しても規約の保護を受けることができる」。こうした認識にもとづいて、国外退去の局面で家族の尊重義務等の違反に言及した個人通報事例も出てきている。

ヨーロッパ人権委員会が一九五九年に早々と示していた定式を再述するなら、人権条約を締結した国家は、「条約にもとづいて確保すべき義務の範囲内で、一般国際法により与えられた権利（外国人の出入国管理権を含む。）の自由な行使が制限されることを認めたものとみなされる」わけでもある。出入国管理制度といえども人権条約の規制を免れることはできず、人権規範を損なう国境管理権限の行使は違法（条約違反）と評価されるということである。子どもの権利委員会や社会権規約委員会は、さらに、それぞれの一般的意見において、在留資格の別により権利の享受に違いがあってはならない旨も明記している。

こうした国際人権法の実情に照らすなら、子どもの権利条約と自由権規約等に関して「「児童の最善の利益」及び「家族の権利」も在留制度の枠内で考慮されるにすぎない」と断じたカルデロン事件判決（東京地裁二〇〇八・一・一七、東京高裁二〇〇八・五・二九）の論理に、ことのほか深刻な問題が宿っていることは歴然としていよう。在留制度の枠を設けることそれ自体は各国の自由だとしても、そうした国内的営みによって条約の適用範囲までをも限界づけることは、「条約の不履行を正当化する根拠として国内法を援用してはならない」とする国際法の原則に進んで背を向けるようなものでもある。

カルデロン事件判決は、子どもの権利条約と自由権規約が退去強制にかかる規定をおいていることをもって国家の自由な裁量が条約上是認されているという認識なのだが、付会に過ぎる解釈という以外にない。人権条約は外国人を退去強制する権限が国家にあることを否定しているわけではない。しかしそうだとしても、その権限行使によって外国人に保障された人権が侵害されることはあってはならないと命じているのである。

むろん裁判官はマクリーン事件最高裁判決の枠組みに従っただけという意識なのだろうが、同判決を機械的かつ表層的に延伸する司法判断は、いまや条約義務の違反、したがって国際法的には日本の国家責任をもたらす事態にもつながっていくことを忘れてもらっては困る。「日本国が締結した条約は……これを誠実に遵守する」と謳う憲法の下にあって、裁判所には、そうした事態を回避することがなにより求められているのではないか。マクリーン事件判決の拠って立つ国際法の射程が、慣習法において、そしてなんといっても条約において大きく変容した現状を精確に踏まえた司法判断が求められるゆえんでもある。

(3)　裁量の統制と人権条約

出入国管理権限を統制する基準として、あるいは在留資格を欠く者の権利保障のために人権条約が援用される情景は、国際（司法）機関はもとより、北米、ヨーロッパ、オセアニアなど世界各地の国内裁判所において、とりたてて新奇なものではなくなっている。日本でも、国際義務の遵守をはかるためにも、出入国管理にかかる裁量行使を統制する基準として人権条約の価値を積極的に認めていくことが必要である。もとより、それを可能にする訴訟上の枠組みはすでに用意されており、人権条約の内実とその法的重みを正視した運用が求められるところである。

第一に、憲法を通して日本の国内法秩序に受容された人権条約の関連規定は、法律に優位する効力をもつものとして、それ自体で裁量行使を統制する実体的基準となりうる。自由権規約一七条一項の規定する家族の尊重義務や子どもの権利条約三条一項の規定する子どもの最善の利益を考慮する義務等に違背する処分・裁決は、法律により与えられた裁量の範囲を逸脱するものとしてただちに違法と判断されてしかるべきである。

第二に、憲法原則としての平等原則や比例原則を人権条約の関連規定に連動させることもできる。とくに比例原則は、人権制約の審査基準として国際人権法上豊かに発展してきているものでもある。カルデロン事件のようなケースにあって比較衡量すべき事項の数々や、いずれの事実についてどういった法的評価をなすべきかなどについて、国際人権法の先例から有益な指針を引き出すことができる（むろん、事実の評価について誤りがあれば「事実誤認」ということにもなる）。そうした「グローバル・スタンダード」を、裁量統制のために援用される諸原則に接続して活用することにより、国際義務の実現が確保されていくことにもなる。

ちなみに比例原則を用いて裁量行使を統制した代表的な判断に、二〇〇三年九月一九日の退去強制令書発付処分取消等請求事件東京地裁判決等があるが、こうした司法的営為を国際的視座を踏まえてさらに推し進めていくことが肝要である。

第三に、人権条約は、判断の過程を統制する基準として用いることもできる。判断過程の審理にあたり人権条約を統制基準として直截に採用したものに二風谷ダム事件判決（札幌地裁一九九七・三・二七）があることはよく知られていよう。自由権規約二七条の定めるマイノリティの権利（先住民族としての権利）を考慮しないままになされた土地収用裁決を違法とした司法判断である。「要考慮事項を考慮したか」という問いを受けて吟味すべき事項の中に人権条約の関連要件（事実）が入るべきは当然だろうが、これに加えて、条約機関の作成する一般的意見や、個人通報を受けての「見解」、さらに、定期報告審査の際に示される「総括所見」（最終見解）などもその中に含まれてしかるべきではないか。定期報告審査の際には、人権条約の実現に向けて外国人の出入国管理・在留に関わる重要な勧告が出されることも少なくない。条約の履行を監視するため特別に設置された公的機関による勧告は、行政庁の判断の際に適切に考慮されてしかるべきものにほかなるまい。

判断過程統制基準として人権条約等を用いる場合には、その存在を単なる一要素として相対化してしまうのではなく、入管法に優位する法（条約）の遵守と国際義務の履行が問われているのだという認識を正しく踏まえた考慮がなされるべきはいうまでもない。

(4)　個人通報制度がもたらすもの

国際人権法の観点からすれば、出入国管理制度であっても人権保障義務の射程に入ることは明白であり、現に、そうした認識の下に多くの法実践が世界各地で積み重ねられてきている。その一方にあってこれまでの日本の法状況を見やるに、国際人権法の要請はおよそまっとうな扱いを受けえていないというしかない。国境管理にかかわる場面においてその位相はことのほか顕著である。

一九九二年にオーストラリア連邦最高裁が下したマーボ事件判決においてブレナン裁判官は、自由権規約の個人通報制度を連邦政府が受け入れたことにより、同規約と国際基準の「強力な影響力」が国内法に及んできたと告白している。カルデロン事件のように、国内的手段を尽くしてなお救済されぬ場合こそ、本来であれば個人通報制度の格好の出番にほかならない。ブレナンが示唆したように、そうした国際的制度が後背に控えていることが、国際人権法に対する法曹実務家の関心を高め、ひいてはマクリーン事件最高裁判決の枠組みを溶解させる契機ともなっていこう。

日本が国際人権規約を批准したのは同判決の直後ともいうべき一九七九年のことである。機はもう十二分に熟している。待望久しい個人通報制度の受諾を実現し、国家の管轄の下にあるすべての個人を保護の対象に取り込んだ人権条約を誠実に履行できる体制を築いていくべき時である。

20 日韓請求権協定・仲裁への道 ――国際法の隘路をたどる

効力を有するすべての条約は、当事国を拘束し、当事国はこれらの条約を誠実に遵守しなければならない。

（条約法に関するウィーン条約第二六条）

(1)「記憶の場」としての国際法

二〇〇七年四月二七日に下された日本国最高裁判所の判決と二〇一二年五月二四日に下された大韓民国大法院の判決は、司法の立ち位置における彼我の違いを鮮烈なまでにみせつけるものであった。「サンフランシスコ平和条約の枠組み」という理屈ならざる理屈によって過去の不正義を封印しようとする日本の司法エリートと、「日帝強占期の韓半島支配」の違法性評価にまで踏み込む韓国司法エリートの際立った歴史／法認識のへだたりは、ナショナリズムの光を内に屈折させながらも、深まりゆく二一世紀世界秩序をめぐる言説の対立をそのままに引き写していて、ことのほか示唆的である。

日本の最高裁が体現しているのは、先進工業国（政策決定エリート）の身体に深く刻印された「近代的衝動」にほかならない。輝ける未来の称賛と不正義にまみれた過去への沈黙、といえようか。未来は過去の屍の上に立つ。絶えざる「進歩」を続ける人類の歴史にあって、無数の不正義を抱え込んだ過去は過ぎ去った時間軸のなかで動かざる記念碑として据え置かれなくてはならない。そうしてはじめて未来はやってくる。

だが、過去は実際には未来にしか到来しない。日本軍性奴隷制問題も、日韓請求権協定が締結された一九六五年から四半世紀の時を閲してようやく到来しえたものである。卒然と眼前に屹立した過去は、過ぎ去った時の中に凝然と固定されてなどおらず、そこにあるのはまぎれもなく現在と未来の脈動である。まだ見ぬ過去、つまりはきたるべき未来に訪れるはずの過去にしても、むろん無量無辺にある。

到来した過去をどう処するかは歴史の問題であるとともに法の問題でもある。ただし、法と歴史は必ずしも親和的な関係にあるのではなく、過去の不正義を裁く場としての法廷の在り方について、現にさまざまな批判が展開されてきたことはよく知られているところではないか。しかしそうとしても、法もまた「記憶の場」であることには変わりない。法は特定の記憶を背負って生み出されるとともに、記憶をめぐる闘いの文脈の変化によってその相貌を大きく変え出ていくものでもある。記憶の再活性化は、新しい法を導き入れるだけでなく、既存の法に対しても「解釈」という技術的な営みを通して変容を迫っていく。

国際法秩序が担う過去の記憶も、いうまでもなく整然と固定されているわけではない。一九八〇年代以降、先住民族の声が公的アリーナで絶えざる反響を重ね、また九〇年代以降には男性中心性への激しいばかりの異議申し立てが展開されることにより、国際法において想起すべき過去の記憶の内容も大きく変貌しつつある。もっとも、国際社会の象徴資本を有する先進工業国男性エリートたちの抵抗は案にたがわず頑強なままにあり、国際司法裁判所など国際社会の代表的機関の営為を通して、あるいは外交・研究の場を通して、伝統的な価値・論理が再生産・再刻印される局面も続いている。植民地主義（人種主義）と男性中心主義に覆われた「サンフランシスコ平和条約の枠組み」なるものに強度に執着する日本の最高裁・政府の対応にも、その相貌がはっきりと見て取れる。

(2)　日韓請求権協定における「紛争」と仲裁手続き

二〇一一年八月三〇日の大韓民国憲法裁判所決定を受けて、同国政府は日韓請求協定第三条一項に基づく協議を再三再四申し入れているが、日本政府は両国間に同協定をめぐる紛争はないという立場を崩さず、協議に応じていない。同年一二月と二〇一二年五月には韓国大統領から直接に日本国首相に対して申し入れがなされたものの、これも奏功しなかった。

日韓請求協定第三条一項は「この協定の解釈及び実施に関する両締約国間の紛争は、まず、外交上の経路を通じて解決するものとする」と定める。この文言からすると、たしかに日本政府のいうように、外交的な協議は「紛争」の存在があってはじめて求められることになる。日本政府はそのような紛争は両国間にないという立場（日本軍性奴隷制問題はすでに協定により解決済みという立場）なので、協議に応じずとも協定との抵触問題は生じないということになるのだろう。

しかし、紛争の存否は一方の側の主観的な判断によって決せられるわけではない。常設国際司法裁判所は、一九二四年のマブロマチス事件において、「紛争とは当事者間の法または事実の論点に関する不一致」であると定式化している。国際司法裁判所もまた、一九五〇年の平和条約解釈事件に際して、紛争とは「客観的に決定すべき問題」であると判示している。日本政府がいかに紛争がないと主張しても、日本軍性奴隷制にかかる賠償請求権が日韓請求権協定上放棄されたのかどうかをめぐり、韓国との間に法解釈の不一致があることは客観的に明白である。国際司法機関の先例に照らしてみるに、紛争の存在を否定する日本政府の主張は国際法上は成立しないというしかない。

日韓請求権協定は、第三条二、三項において、外交上の経路を通じて紛争を解決できなかった場合にはこれを仲裁手続きに付すよう指示している。三人の委員からなる仲裁委員会が設置されることになっており、仲裁委員の任命の仕方について定めがある。仲裁の決定には従わなくてはならない（第三条四項）。

仲裁手続きに移行するのは、紛争を外交上の経路を通じて解決することができなかった場合だが、では、どのような事態に立ち至った場合に「解決することができなかった」といえるのだろう。この点についても、国際司法判断が有益な指針を提供してくれる。たとえば二〇一二年七月二

○日に示したベルギー対セネガル事件判決において、国際司法裁判所は、真正な試みが頓挫し、「交渉をさらに重ねても解決につながる合理的な見込みがない」ときに交渉によって紛争が解決できないと判断できることを明らかにしている（パラグラフ五七）。

韓国政府からの真正な協議の申し入れがなされたにもかかわらず、日本政府が協議に応じず、協議をさらに申し入れても事態を打開する合理的な見込みがないのであれば、事態は第三条二項の仲裁の段階に移行することになる。合理的な見込みがあるかどうかは、協議の申し入れの回数だけでなく、日本政府がとってきている態度・法解釈や、韓国政府からの申し入れをどのように拒否しているかといった事柄を総合的に考慮して判ずるべきだが、これまでの経緯や日本国内の政治情勢等からして、日本政府が協議に応じる見込みは控え目にいっても希薄というしかない。

そうなると仲裁手続きへの移行ということになるのだが、仲裁が始まるには委員が任命されなければならない。韓国政府が第三条二項に基づいて「紛争の仲裁を要請する公文」を作成しこれを日本政府に手交（送付）した場合に、日本政府が仲裁委員を任命しないのであれば、協定第三条三項により別の方式によって仲裁委員会が組織されることになる。この段階にいたってもなお仲裁委員会設置のための行動を日本政府が起こさないということになると、その設置は不可能というしかない。

(3)　協定違反の法的帰結

日韓請求権協定は二国間条約なので、日本が現在のような対応を続けるのであれば協定上の紛争解決メカニズムの発動は難しくなるが、国際法上は、単に難しいというだけにとどまらず、条約違反による国家責任が生じることにもなる。前述した理由により日韓に協定の解釈・実施をめぐる紛争があることは明白なので、日本側には外交協議による解決をはかり、さらに、それができなかった場合には仲裁委員の任命等を行う協定上の義務がある。こうした義務の不履行は必然的に国家責任を生じさせ、その責任は、一般国際法上、金銭賠償の支払いや陳謝等によって解除されなくてはならない。国家責任解除義務の履行を促すために、被害国（韓国）には一定の条件下で対抗措置をとることも許されている。

また、条約義務の違反が「重大な違反」と解される場合には、条約の終了または運用停止の根拠としてこれを援用することもできる。条約法条約第六〇条三項によれば、重大な違反とは、条約そのものの否定に相当する程度の違反か、条約の趣旨・目的の実現に不可欠な規定の違反がある場合とされるが、韓国司法機関のきわめて踏み込んだ判断ゆえに、いまや性奴隷制以外にも種々の問題が日韓請求権協定との関連で問題視されうる状況になっている。このため、外交協議や仲裁委員会設置にかかる手続的（紛争解決）条項であっても条約の趣旨・目的の実現に不可欠な規定と判ずることは十分にありうるというべきであり、そのような解釈をもってすれば、「重大な違反」の援用もけっして不可能ではなく、結果として日韓請求権協定の終了という事態も理論的には排除されないことになる。

しかし、重大な違反があったとしても、条約を終了させなければならないわけではない。日韓関係の重要な法的柱の一つであるこの協定を合意によらずして終了させることがどれほど現実味をもつのかは軽々に判断できるものではないが、ただそうとしても、韓国大法院の先鋭的な判決が示唆するように、少なくともそうした議論がなされうる歴史的段階あるいは法状況に立ち至っていることには留意しておくべきだろう。植民地主義の下に維持されてきた暴力的な国際秩序の変革を求める潮流は、冒頭で記したとおり、世界各所で増幅されてきており、東アジアがその例外であり続けるはずはない。

やや不透明なのは、韓国政府が仲裁に進む明確な意思を有しているのかどうか、である。同国政府の側には、日本政府を相手に仲裁手続きを始めることは困難であるという判断が働いているのかもしれず、その判断が誤っているとも断じえないが、しかし、韓国もまた日韓請求協定の締約国としてこの協定の規定を誠実に履行する義務を負っていることを忘れてはならない。日韓両国がともに協定上の紛争解決メカニズムを疎外するような事態が生じるのであれば、この協定を存続させる意味が根本的に疑われることになる。くわえて、韓国にあって日韓請求権協定の不遵守は、憲法裁判所の判示に背馳《はいち》するものとして重大な国内法上の問題を生じさせることにもなりかねない。

(4)　仲裁裁判の意義と経験

国際法は、国際紛争の平和的解決を求める一般的な義務を各国に課している。平和的解決の手段は多岐にわたるが、便宜上大きくは非裁判手続きと裁判手続きの二種類に分類することができる。紛争当事国がそのつど合意により法廷を設置する仲裁裁判は、常設の法廷を有する司法裁判とともに後者の類型に属する。仲裁も裁判であることにはかわりなく、その判決には法的拘束力が伴う。

近代の仲裁裁判は一八世紀末以降見られるようになり、一八九九年には常設仲裁裁判所が設置され、一九五八年には仲裁裁判手続モデル規則も整備されている。現在もとりわけ領域紛争や経済紛争にあってかなり利用されているのが実情である。日韓請求権協定のように条約において仲裁の設置を規定することも多く、人権条約の紛争解決条項にもまず例外なく仲裁に関する規定がおかれている。

日本はこれまでに三件の仲裁裁判を経験してきた。一八七五年のマリア・ルース号事件（対ペルー、仲裁人はロシア皇帝、日本勝訴）、一九〇五年の家屋税事件（対英仏独　仲裁人はスウェーデン・フランス・日本人の三名、日本敗訴）、そして二〇〇〇年のみなみまぐろ事件（対豪ニュージーランド　仲裁人は米・豪・比・日・ニュージーランド人の五名、日本勝訴）である。家屋税事件での敗訴をきっかけに日本はしばらく国際裁判から距離を置くようになったが、近年はそうした傾向が薄れ、むしろ国際裁判を積極的に活用して紛争の処理にあたろうとする姿勢が見られる。外務官僚や国際法学者らの間で国際裁判への関心は確実に高まっている。

もとより、仲裁とはいえ判決には拘束力が伴うことから、この手続きを利用することには相応の（敗訴の）リスクが伴う。また、判決が得られた場合にはそれによって紛争の処理は促進されるだろうが、真の解決がもたらされるかどうかは別次元の問題である。仲裁裁判であれ司法裁判であれ、裁判という方式が紛争の解決にとって最も優れた仕組みであるという保証はなく、むしろ交渉（協議）を通じた息の長い取り組みがより大きな成果を生み出すことも否定しさるわけにはいかない。

(5) 国際司法裁判所へのアクセス ①――勧告的意見

日本政府が仲裁はもとより協議にすら応じない現下の事態は日韓請求権協定の誠実な履行を求める国際法の要請に反するものというしかない。協定違反に伴う国際法上の帰結については既に述べたとおりだが、実務の立場からは、協定の予定している紛争解決メカニズムに則った行動を日本政府に促す制度的仕組みが別途ないのかが問われることにもなろう。この観点から、国連の主要機関である国際司法裁判所の利用可能性について検討する必要がある。

まず、国際司法裁判所に勧告的意見を求めるというやり方がありうる。勧告的意見を要請できるのは、国連総会・安保理事会と、総会の許可を得たその他の国連機関・専門機関である（国連憲章第九六条）。総会と安保理は「いかなる法律問題についても」意見を求めることができる。法律問題とは「法的用語で表現され国際法上の問題を提起するもの」（一九七五年西サハラ事件）と同裁判所自身によって定義されており、また、勧告的意見に随伴する政治的動機・政治的影響は法律問題としての性格を奪うことはないというのが同裁判所の一貫した立場である。勧告的意見の要請に応ずるかどうかは裁判所の裁量ではあるものの、国連の主要な司法機関として、そうした要請があった場合には「原則として拒否すべきでない」と同裁判所はいう。法的拘束力（既判力）はないものの、勧告的意見には判決に匹敵する重みと権威が備わっている。

日韓請求権協定に関連するものとしてまっさきに想起されるのは、一九五〇年に平和条約解釈事件に際して国際司法裁判所が示した勧告的意見であろう。一九四七年に締結された平和条約の締約国であったブルガリア、ハンガリー、ルーマニアにおいて同条約に違反する人権・基本的自由の侵害があるとして、連合国の英米はこれを同条約に定める委員会の紛争解決手続きに付託するよう求めた。しかし東欧三カ国は事実無根であるとして委員の任命を拒否した。この事態を前に、国連総会は国際司法裁判所の勧告的意見を求めることにした。

諮問されたのは次の四点である。①右三カ国と連合国との間に紛争解決条項が適用される紛争は存在するか。②紛争が存在する場合に、右三カ国は条約委員会への委員任命を含めて紛争解決条項を実施する義務があるか。③義務があるとして、三〇日以内に関係国が委員を任命しない場合、国連事務総長は第三の委員を任命できるか。④それによって設置された条約委員会は拘束力ある決定をなしうるか。

国際司法裁判所は、①について、紛争は客観的に決定されるものであり、本件にあっては条約の履行をめぐる明確な対立があるので紛争は存在すると判断し、②についても、一方の当事国から紛争の付託が要請されたのに他方の当事国に協力義務がないとすれば、条約の定める解決方法は無意味になってしまうので、右三カ国には実施義務があると回答した。③については、条約は事務総長にそのような権限を認めていない、よって④についても回答は不要、という判断であった。なお、勧告的意見は紛争当事国の同意を得ることなく与えられた。

日韓請求権協定をめぐる事態に非常に似通っていることがわかる。日韓間の協定についても、平和条約解釈事件にならって、紛争が存在するか、存在するとして紛争解決手続きを実施する義務があるか、その義務が履行されなかった場合にはどのような措置がとられるべきか、といった内容の諮問を総会が行うことが考えられないわけではない。しかし、こうした意見要請を行うには、それを可能にする政治的条件を作り上げる必要がある。(意見要請には、その旨の決議を採択しなければならない。)

平和条約事件の場合には、東欧諸国におけるカトリック高僧への刑事罰の賦課という衝撃的な事件の発生と、東西冷戦下にあって自由主義陣営が国連総会で多数を占めていたという事情があったことが意見要請の強い動力となっていた。いずれにせよ、意見を要請する政治的意義が国連内で広く共有されることが不可欠である。

勧告的意見の要請は、国連の専門機関である国際労働機関も、総会の許可を得ていることから、これを行うことができる。ただし、総会・安保理と違って、「その活動の範囲内において生ずる法律問題」に限定される（国連憲章第九六条二項）。国際労働機関はこれまで日本軍性奴隷制問題を強制労働条約履行の観点から何度となく扱ってきてはいるとはいえ、諮問の主題が日韓請求権協定の解釈実施にかかわるものとなると、それをいかに「その活動の範囲内において生ずる法律問題」として再定式化しうるかが問われることになる。ちなみに、二〇一二年末までの二六件に及ぶ勧告的意見要請の過半（一五件）は国連総会によって行われており、国際労働機関による勧告的意見の要請は一件もない。

(6) 国際司法裁判所へのアクセス②──訴えの提起

国際司法裁判所は、裁判所として、訴えを受理し、審理し、判決を与える権限ももちろん有している。こうした争訟事件において当事者能力を有するのは国のみである。国は、国際司法裁判所に対して、国際法違反の宣言や違法状態の治癒のため具体的な措置を命ずるよう申し立てることができる。勧告的意見と違って、判決には拘束力（既判力）が伴う。

国は国際司法裁判所において当事者能力を認められるものの、しかし実際に裁判を受けることができるのは、同裁判所の管轄権を受諾している国に限定される。国際司法裁判所の裁判管轄権は当事国の同意に基づいており、同意なくして同裁判所の裁判を受けることはない。

国際司法裁判所の裁判管轄権を発生させる国の同意は、次の四つの方式のいずれかによって得られる。第一は、当事国同士が特別の合意をして国際司法裁判所に紛争を付託する方式である。この場合、裁判管轄権の発生は截然としている。第二は、紛争当事国の一が一方的に訴えを提起した後に相手方がこれに自発的に応ずるやり方であり、応訴管轄と呼ばれるものである。奇策ではあるが、こうした形で裁判管轄権が生ずることは国際司法裁判所の先例でもはっきりと確認されている。

第三は、将来発生する一定の紛争を国際司法裁判所の裁判で処理することを予め条約を通じて約束する方式である。条約全体がそのような内容のものである場合（裁判条約）と、人権条約や環境条約のような通常の条約の中に特別に裁判条項が挿入される場合とがある。第四は、国際司法裁判所規程第三六条二項（選択条項と呼ばれる。）に従って、同一の義務を受諾する他の国との間で将来発生する法律的紛争について国際司法裁判所の管轄権を義務的に引き受ける方式である。選択条項受諾宣言をしておくと、同じ受諾国をいつでも訴えることができるが、逆にいつでも訴えられることにもなる。

日本は選択条項を受諾しているが（一九五八年、二〇〇七年）、韓国は選択条項受諾宣言を行っていない。このため少なくとも現時点では第四の方式を利用することはできない。どのような請求趣旨の裁判を国際司法裁判所に求めるかにもよるが、国際司法裁判所への付託を可能にするものがあるとすれば、おそらく裁判条項の利用がいくぶんか現実的かもしれない。日本軍性奴隷制問題は女性差別撤廃条約や拷問禁止条約の文脈でも問題視されてきており、日本の定期報告審査の際には何度となく懸念・勧告の対象になっている。両条約には裁判条項が挿入されており、日韓両国ともこれに特段の留保を付していない。日韓請求権協定の解釈実施の問題をこうした人権条約の解釈適用をめぐる問題として再定式化し、それを当該条約にもとづく紛争解決メカニズムに付託するというやり方はありえるのではないか。

このメカニズムは、交渉と仲裁を前段階で求め、それでうまくいかない場合に国際司法裁判所への訴えの道を開く。最近も、拷問禁止条約の解釈適用をめぐる紛争が国際司法裁判所で審理されており（前掲ベルギー対セネガル事件）、けっして現実味のないことではない。もっとも、あくまで関連人権条約の解釈適用をめぐる紛争として争わなくてはならないという限界があり、また、国際司法裁判所に付託するには当該条約の定めに基づき交渉から仲裁への手続きを改めて慎重に踏んでいかねばならない（国際司法裁判所コンゴ対ルワンダ事件二〇〇二年七月一〇日命令）ことはいうまでもない。

なお、拷問禁止条約は第二一条で拷問禁止委員会への国家通報手続きについて定めているが、日本も韓国もともにこの手続きを受諾しているので、その利用可能性も排除されるわけではない（国家間通報は条約機関に対して行うものであって、裁判ではなく、あっせん・調停の性格を有する）。

(7) 国際社会の規範的潮流

仲裁裁判であれ司法裁判であれ勧告的意見であれ、日韓請求権協定が日本軍性奴隷制をはじめとする重大な国際法違反に関する請求権問題を完全かつ最終的に解決したのかを判断するにあたり、その規準・準則となるのは国際法（条約、慣習法、法の一般原則など）である。司法判断は判断権者の個人的な世界観を投影しつつ、それ以上に、国際的な規範環境の影響を受ける。国際秩序をめぐる規範的潮流を踏まえて判断が下されるということである。

冒頭で記したように、国際法にあっても記憶の再活性化が深度を増していることから、現在の規範環境は、これまでのようにもっぱら先進工業国男性支配エリートの価値観のみをもって問題の処理をはかることを可能にするものではなくなっている。規範的潮流の現状を――単純すぎるとのそしりを甘受しつつ――個人と国家を軸に図式化すると、国際社会はいま、主権国家中心の水平的秩序を固持しようとする力と、人権に代表される基本的価値をもって垂直的な共同体を構築しようとする力との衝突局面にある。不均衡な国際社会の構造や政治力学を踏まえるなら、前者が悪（旧弊）、後者が善（進歩）、などと単純に色分けすることは厳に慎むべきであり、個別具体的な事情を踏まえてその評価を丁寧に重ねていくべきことはいうまでもないが、こと過去の不正義をめぐる文脈にあって、これを法の問題として前景化させるには、後者の規範的潮流の助力を欠かすことはできない。

ヨーロッパでは、ドイツ軍による第二次世界大戦期の強制連行・強制労働、虐殺等の被害者が正義の回復を司法に求め出る動きが顕在化し、ギリシアとイタリアの国内裁判所（最高次の司法機関を含む）においてドイツの行為の違法性が認定され、被害者に対する損害賠償の支払いが命じられるまでになっている。人間の尊厳を深刻に毀損する戦争犯罪は国際公序に反する重大な国際法違反にほかならず、それゆえ被害者への賠償は国際社会全体が共有する基本的価値（国際公序）を回復し保護することにほかならない、という骨太の認識がそうした司法判断の基調をなしている。

こうした司法判断は人間中心の世界秩序に資するものと評することができるが、他方でドイツという主権国家が他国（ギリシアとイタリア）の国内裁判所で裁かれたことから、主権平等にもとづく従来の国際秩序の在り方に反するのではないかという批判も強く、この問題は結局ドイツによって国際司法裁判所に持ち出されることになった。イタリアによる国家免除（主権国家は他国で裁判にかけられないことを保障する国際法規）違反がその直接の根拠となった。この訴訟にはギリシアも第三国として参加した。

「裁判権免除事件」として知られるこの事件の判決は、二〇一二年二月三日に下された。国際司法裁判所は、国家免除の法理を尊重して、ドイツの主張に軍配をあげた。(i)問題となった違法行為が行われた国（この場合は、ギリシアとイタリア）で裁判が行われる場合であっても、軍隊の行為については国家免除が適用される、(ii)重大な国際人権法・人道法違反の場合であっても国家免除は適用される、(iii)戦後処理の実態を見るに被害者個人への完全な賠償支払いを求める強行規範が成立しているとはいえない、といった消極的な判示が判決文を彩っている。

この判決は、国際法の現状（の少なくとも一断面）を反映したものとはいえ、垂直的な共同体秩序の構築を進める国際法の発展に水を差す司法判断として少なからぬ失望をよんだ。国際司法裁判所には驚くほど先鋭的な感覚をもった法律家も含まれているが、その司法的営みは、総じて実証主義的で保守的な姿勢を基調に保ち続けていることは否めない。伝統的な国際秩序の維持に資する役割を国際裁判が担う局面は、紛争の主題がその核心に近づくほどに明瞭に現われ出るものなのかもしれない。

とはいえ、その一方で国際司法裁判所は、主権免除はあくまで手続法レベルの問題であり、実体法レベルでの違法性および責任の問題とは別次元の判断であることを何度となく強調している。その背景には、ドイツ軍の行為が、判決文の表現を用いるなら、「「人道の基本的考慮」を完全にないがしろにしたものとしか評しえない」（パラグラフ五二）という認識があり、また、賠償されるべき者に賠償がなされていないことは「驚きであり遺憾である」（パラグラフ九九）というまっとうな評価があったことも疑いえない。

それゆえなのか、国際司法裁判所は、まるで良心の呵責《かしゃく》を吐露するかのように、あるいは自らの判断を弁明するかのように、こう言葉を継いでもいる。「結論に至るにあたり、当法廷は、国際法に従ったドイツの裁判権免除が関係イタリア国民の司法的救済を妨げてしまうことを認識していないわけではない。／当法廷は、イタリア人被軍事収容者の処遇から生ずる請求が……問題の解決を目的とした関係両国間のさらなる交渉の主題となりうるものと思料する」（パラグラフ一〇四）。

だがいかに言葉を重ねようとも、裁判権免除事件における国際司法裁判所の判断は、国家間秩序の狭間《はざま》に漏れ落ちた人間たちの裂帛《れっぱく》の声を国際法の名の下に封じ込める結果をもたらしたことには変わりない。このように、国際司法判断が常に人権・人道を実現する麗しきものになるとの保証はない。むしろ、主権国家の伝統的利益を守護することに向けられることが依然として大いにありうることに留意しておくべきである。しかし同時に、この事件は、国際司法裁判所自身が繰り返し強調したように、あくまで国家免除という手続規則の適用にかかわっていたにすぎないことも看過してはならない。

この事件においてイタリアは、重大な犯罪行為についての個人請求権放棄はジュネーブ条約違反として違法であり、また、平和条約が締結された一九四七年の時点で重大な犯罪行為はまだ明らかになっていなかったのでそもそも放棄の対象にはなりえないという主張を展開した。それに対してドイツは、個人請求権を認めてしまうと平和条約等によって構築した戦後秩序全体が動揺してしまう、という懸念を表明した。両国の主張の対立は、日本国内における戦後補償裁判での主張の対立そのものでもあった。

こうした対立する主張について、国際司法裁判所はなんら確定的な判断を示したわけではない。国家は他国の裁判所で裁かれることはないという手続規則（国家免除の法理）が本件の事案にも適用されるということが――実証主義的かつ保守的な基調の下に――確認されたにすぎない。それどころか、国際司法裁判所の判決には、ドイツ軍の醜悪な行為を前に、手続規則に則って消極判断を示さざるをえないことへの後ろめたさすら揺曳《ようえい》している。

(8) 日韓請求権協定・解釈の理路

日韓請求権協定は、条約である以上、当然ながら国際法の規則に従ってこれを解釈しなくてはならない。一九六九年の条約法に関するウィーン条約第三一、三二条にその規則が明文で示されている(この部分は、一九六九年に先だって古くから通用していた慣習法規則を成文化したものなので、日韓請求権協定の解釈に際しても適用がある)。重要な要素をいくつか摘出すれば、次のとおりである。

「条約は、文脈によりかつ趣旨及び目的に照らして与えられる用語の通常の意味に従い、誠実に解釈するものとする」(第三一条一項)。文脈には、「条約の締結に関連してすべての当事国の間でされた条約の関係合意」を含める(同条二項)。条文の意味を確認または決定するため条約の準備作業および条約の締結の際の事情に依拠することもできる(第三二条)。日韓協定締結にいたる過程での両国の合意や議論の内容は、こうした規則に引き付けて、解釈のために活かしていくことができる。

韓国憲法裁判所判決が伝えるように、二〇〇五年八月二六日に韓国外交通商部が日韓会談関連外交文書を全面公開した際に、「民官共同委員会」は、「[日韓請求権]協定は、サンフランシスコ条約第四条を根拠とし、韓・日両国間の財政的・民事的債権・債務関係を解決するためのものであって、日本軍慰安婦問題等のような日本政府等、国家権力が関与した「反人道的不法行為」に対しては、この事件の協定によって解決したとは見られない」という立場を表明しているが、こうした外交文書の全面公開は、日韓請求権協定を適正に解釈するために欠かせぬ前提条件にほかならない（憲法裁決定については、李洋秀・岡田卓巳訳を引用）。

条約を解釈する際には、「当事国の間の関係において適用される国際法の関連規則」も文脈と並んで考慮されることになっている（条約法条約第三一条三項(c)）。「関連規則」との関係でとりわけ重要なのは、条約は解釈の時点で有効な国際法体系に基づいて解釈されなければならないという原則である。「国際文書は、解釈の時点で有効な法体系全体の枠内で解釈され適用されなければならない」（一九七一年ナミビア事件勧告的意見）。日韓請求権協定は一九六五年に締結されたものではあるものの、この協定の解釈はいま行われるものなので、いまの時点で日韓両国にとって有効な国際法規則に照らして解釈されなければならないわけである。

言い換えれば、日韓請求権協定の解釈は、現在の国際社会の規範的潮流を踏まえたものでもなくてはならない。とりわけ、日韓両国が拘束されている国連憲章、国際人権諸条約、さらに国際人道法諸条約との両立性が十分に考慮される必要がある。実際のところ、日本軍性奴隷制問題は一九九〇年代半ば以降、多くの国際人権機関、ＮＧＯ、各国議会等で懸念の対象になり、解決のために必要な手立てをとるよう勧告が発せられてきている。この問題は、男性支配エリート主導の古典的な戦後処理の枠組みの下で増殖してきた法論理のみによってではなく、むしろ女性に対する暴力の撤廃、人種・植民地主義の撲滅という、長く強引に封じ込められてきた声・価値を適切に汲み入れようとする現下の規範的潮流に十分な考慮を払って処せられるべきものである。少なくとも、「当事国の間の関係で適用される国際法の関連規則」として、人権諸条約等の配慮は条約解釈の作法として欠かしてはならない。

その意味で改めて想起しておくべきは、国際人権法の中核的条約というべき「市民的及び政治的権利に関する国際規約」（自由権規約）の履行を監視する自由権規約委員会が、二〇〇八年に日本の第五回定期報告審査の際に発した次の勧告である。「締約国は、被害者の大半が受け入れ可能で彼らの尊厳を回復させるような方法で「慰安婦」制度に対する法的な責任を認め、率直に謝罪し、生存している加害者を訴追し、すべての生存者の権利として適切な賠償を行うために迅速で効果的な立法府および行政府による措置をとり、本問題について生徒および一般の公衆を教育し、ならびに被害者を中傷しあるいは出来事を否定するあらゆる企てについて反論しおよび制裁措置をとるべきである」※。

日韓請求権協定により日本軍性奴隷制問題が（韓国人との関係では）解決済みであるという解釈をとる場合には、自由権規約委員会のこうした認識と正面から衝突し、日本による規約違反の状態が増幅されてしまうことにもなりかねない。そうした事態を生じさせるような協定解釈は本来的に採用されてはならない。

いずれにせよ、国際的な司法判断は、国際司法裁判所も明瞭に認識していた垂直的な国際秩序の構築を求める新しい潮流をどのように斟酌するかによって逢着する結論も異なったものになるのであろう。もとより、それは、司法の領域にかぎらず、行政府間の交渉や研究活動の場においても同様に妥当することではある。

(9)　東アジアの未来へ

日本軍性奴隷制問題は、きわめて残念なことに近年は竹島／独島の領有をめぐる問題と連結して語られることが増えている。だが、領土問題は放置することが関係国（市民）にとって得策になることもあり、竹島／独島についてもその帰属を明確にすることにどれほどの意味があるのかはよくよく考えてみるべきことである。領有を明確にせずとも、天然資源を共に享受することは十分に可能であり、東アジアに生きる人間の立場からすれば、そうした方途をさぐるほうがよほど「未来志向的」であることはいうまでもない。

他方で性奴隷制問題は、放置しておけばよいというわけにはとうていいかない。切迫した時間との闘いを続ける人間の尊厳がそこにかかっていることは改めて言挙げするまでもないが、同時に、女性に対する暴力、植民地主義・人種主義などにまみれた社会を根底から変革していくうえで、この問題は文字通り避けてとおるわけにはいかないのである。そうした社会変革への営みを重ねることなく、被害者への真正な賠償 reparation もありえない。

金昌禄が的確に評言するように（「日本軍「慰安婦」問題、今何をなすべきか」季刊戦争責任研究第七九号（二〇一三年三月））、二〇一二年五月二四日の韓国大法院判決は、「一九六五年体制」を崩壊寸前にまで導く、驚くほど踏み込んだ内容のものであった。日本の植民地支配を韓国憲法に照らして「不法な強占」と明言したうえで、「日本の国家権力が関与した反人道的不法行為や植民地支配に直結した不法行為に因る損害賠償請求権が、請求権協定の適用対象に含まれたと見るのは難しい点等に照らしてみれば、原告らの損害賠償請求権に対しては請求権協定で個人請求権が消滅しなかったのは勿論のこと、大韓民国の外交保護権も放棄されなかったとみるのが相当である」とまで述べている。

だが、大法院判決はけっして孤絶した法事象なのではない。イタリアやギリシアの司法判断にも現われ出ているように、世界の各所において、多くの過去が私たちの眼前に到来している。二一世紀を〈再びの一九世紀〉ではなく、二〇世紀の次の世紀に真にふさわしいものにするために過去を召喚する潮流がそこかしこで顕現している。植民地主義を克服せずして二一世紀はありえない、という思潮の広がりである。韓国大法院の判決は、いずれの国の裁判所であってもそれを避けえないようにナショナルな価値を少なからず背負っているとはいえ、しかしその一方にあってそこに粛然と映し出されているのは、二〇世紀の次に訪れる時代を切り拓くために必要とされる普遍的な法認識であり願いにもほかならない。

日本政府は、こうしたグローバルな法の潮流を踏まえ、不条理きわまる重大な不正義を正す協議・仲裁に真摯に応じなくてはならない。協議・仲裁に応じることは、裁量などではなく、日韓請求協定を通じて自ら引き受けた国際法上の義務であることを忘れてもらっては困る。そして、一九九〇年代に始まった戦後補償裁判がおしなべてそうであったように、日本軍性奴隷制問題も、植民地支配の問題をその後背に抱えていることもしっかりと心に刻んでおくべきである。歴史の問題としてだけでなく、法の問題としても過去が問われ直す、そうした時代が紛うことなくやってきているのである。

※拷問禁止委員会も、日本の第二回定期報告審査後の二〇一三年六月二八日に、「慰安婦」制度について日本の条約義務の不履行について懸念を表明している。

おわりに　――国際法と人権についての一つのエピソード

国際人権保障の法的潮流もあって、私たちは、今や国際法と直接に結びついた時代を生きるようになっています。国際法は、文字通り、市民化され民衆化されるプロセスにあるといってよいでしょう。こうした躍動する国際法の現代的息吹を感じ取るにあたり、私の場合は、大学院生時代からＮＧＯの活動にかかわり、実際に国際法の現場に近いところに身を置くことができたのが幸いだったように思います。

ＮＧＯといえば現在でこそ公的に認知された存在といえるかもしれませんが、四半世紀前は、政府の外郭団体のようなところでないと怪しい目でみられるのがオチでした。ことに、人権ＮＧＯは当然ながら政府を批判する行動をとることが多いので、「非」政府ではなく「反」政府的存在のように映っていたようです。この国ではどこにあっても「官」が圧倒的な力を持ち続けてきたため、官でない存在が公益活動に関わることに対しては強いアレルギーが呈されていました。

ただそれは日本に限った現象ではありません。ＮＧＯが国際社会にあって国際法過程に本格的に参入できるようになったのは一九七〇年代からのことです。少なくとも人権の分野についてはそうです。ＮＧＯは国家（外交官）に比べると何ランクも低く見られ、その声はなかなか国際法過程に反映されていきませんでした。そんななかで一九七七年にアムネスティ・インターナショナルが卓抜した人権活動を理由にノーベル平和賞を受賞しました。それは単なる一ＮＧＯへの評価にとどまらず、ＮＧＯ全体の地位を高めることに大いに寄与しました。この後、国際法と市民との距離を縮めていくにあたってＮＧＯの果たした貢献ははかり知れません。

私の場合、ＮＧＯの活動に携わってきた最大の利点は、政策決定エリートの側ではなく、市民・民衆の眼差しに寄せて国際法をみつめられるようになったことではないかと思っています。国家や統治者の視点ではなく社会に生きる一人の人間の目から見た国際法の可能性や問題点を追究するほうがもともと私の性分にあっていたところもあります。そんな気持ちをもって国際法にかかわっていると、大学や学界の中だけではなかなかお目にかかれない人たちとの出会いが時にもたらされるものです。そうした人たちと一緒になって国際法の新たなフロンティアに挑戦するチャンスを与えられることもあります。

この文章をしたためるにあたって真っ先に書棚から引っ張り出した本があります。『「公序良俗」に負けなかった女たち』（明石書店、二〇〇五年）です。女性であることを理由に職場で不利な処遇を強いられていた人たちが声をあげ、自分の勤める会社を相手にさっそうと闘いを挑んだ軌跡が描かれています。この本の中に、私にとって忘れられない大切な経験をさせてもらえた人たちが登場します。

その一人は、西村かつみさんという方です。高校を卒業して住友電工に入社後、圧倒的な男性中心社会のなかで何度も何度もステップアップにつながる仕事をしたいと上司や労働組合に訴えたのですが、返ってくるのはきまって無反応という日々が続きました。「仕事の幅が広がらず技術の向上もはかれない、働く者にとってとてもつらい日々が続きました。このような状態は私だけではなく、同期の女性たちは結婚した後までこんな仕事を続けたくない、と言って退職していきました。……まともに対応されないというのは、本当に悔しいものです」。西村さんはそう述懐しています。

もう一人、自分の勤める住友電工との闘いに挑んだのが白藤栄子さんです。彼女もまた同じような訴えを上司に繰り返し行っていましたが、まったく聞き届けられませんでした。「一〇年たっても、二〇年たっても、就職した当初とほとんど変わらない仕事をさせられ、結果的に昇給昇格も認められない。一人前の労働者として認められるような仕事をさせてほしいという思いが強くありました」。白藤さんも西村さんと同じ思いを抱いていたのです。会社にとって女性社員は、「結婚までお預かりする大事なお嬢さん」にすぎませんでした。

人間はたいてい、劣悪な処遇を受け続けると自分に自信がもてなくなっていくものです。お二人もそうだったことでしょう。でも幸運なことに、お二人は性差別撤廃に力を注ぐ弁護士や同じような境遇にある女性たちのグループにめぐり合います。そうしてそこで力を得て、自分の職場と国を訴える裁判を起こしたのです。予想だにしない人生の展開だったに違いありません。裁判に訴えるというのは、生半可な覚悟ではできないものです。

けれども、力を振り絞ったその訴えは二〇〇〇年七月に大阪地方裁判所によって棄却されてしまいました。お二人はともに昭和四〇年代に雇用されていたのですが、判決を書いた裁判官によれば、高卒女子を補助的な業務に閉じ込めた会社のやり方は性差別を禁止した憲法第一四条の趣旨には反するものの、当時は「女子は結婚して家庭に入り、家事育児に専念するという役割分担意識が強かった」ので公序良俗には反しない、したがって違法ではない、ということでした。つまり、性差別は当時、社会的に許されていたというわけです。

西村さんたちは、一九八五年に雇用機会均等法が制定されたことで職場における男女の取り扱いを同じにすべき要請が強まっていることも主張しましたが、大阪地裁の裁判官は、だからといって女性たちの受けてきた処遇を是正する義務を会社が負うわけではない、といってこの点についても訴えを退けました。

「原告敗訴」の情景はテレビ・新聞などでも大々的に取り上げられました。お二人は大阪高等裁判所に控訴することを決めます。この裁判では、国際法も重要な役割を演じていくことになります。女性差別撤廃条約がそうです。公的機関であろうと企業であろうと社会慣行であろうと、女性に対する差別はすべて撤廃すると力強く謳いあげるこの条約は、本書で論じているとおり、グローバルな女性運動の働きかけを受けて一九七九年に生み出された記念碑的条約であり、日本も一九八五年に批准を果たしていたものです。

現行憲法により、女性差別撤廃条約は、日本の国内法としての位置づけを与えられ、しかも、法律よりも強い法的効力があります。それほど大切な法である同条約が、大阪地裁判決ではまともに扱われていませんでした。まるで存在しないかのような扱いを受けていたのです。「これはおかしい」とひとりごちていたところ、大阪高裁に意見書を出してもらえないかという依頼が舞い込んできました。とても重大なことなので、きちんとしたものを提出しようと思わず挙措《きょそ》を正したことを今でも覚えています。

西村さんたちを見ていて感銘を覚えたのは、女性差別撤廃条約についての理解をどんどん深めるだけでなく、国際的なメカニズムを果敢に利用していったことです。西村さんたちは同条約定期報告審査の機会をとらえ、ニューヨークに足を運んで情報を直接に提供しました。それも、控訴審の審理が大詰めを迎えた二〇〇三年七月にその機会がやってきたのです。女性差別撤廃委員会は、職場において女性たちのおかれた差別状況に深刻な懸念を表明し、事態の是正を強く求める勧告を出して、これに真正面から応じました。

控訴審は二〇〇三年一二月に結着します。判決ではなく和解ではありましたが、その内容は、国際法の要請を十分に組み入れた、西村さんたちにとって実質的勝訴というにふさわしいものでした。住友電工も裁判所の和解案を受け入れ、これにより女性たちの処遇は大きく改善されていくことになります。

裁判を起こすにあたって西村さんは、「これまで自分が悶々と悩み続けてきたことを、人間として当然の権利である、と主張でき、私は背筋がすっと伸びる思いでした」と語っています。この闘いは、彼女自身の言葉を借りるなら、まさに「私の人間宣言」にほかなりませんでした。その一方で、もう一人の原告だった白藤さんは、この裁判が最初から最後まで女性差別撤廃条約・女性差別撤廃委員会とともにあったという感想を述べています。当事者のしなやかな精神と多くの人たちの力強い支援があっての喜ばしき終幕でしたが、国際法がその一助となることができ、私にも抗しきれぬ感慨がわいてきました。

住友電工訴訟は、国際法が職場の中に厳然と及んでいること、そして、普通の市民の生活を守るために利用できることをとてもよく伝えているように思います。国際法は政策決定エリートや統治者のためという以上に、喜びや怒り、悲しみ、悔しさを日々繰り返しながら毎日の生を営む一人ひとりの人間のためのものである、ということを改めて実感させてくれる経験でした。

本書は、こうした経験に少なからず触発されて物してきた拙文から成ります。多くの方々から直接・間接に賜った薫陶に、この場を借りて深く感謝申し上げるしだいです。また、本書の出版にあたり信山社には今般もまた諸般の事情から出版作業が大幅に遅れてしまったことをお詫び申し上げるとともに、格別のお力添えいただきましたことに記して感謝いたします。

二〇一四年七月六日

阿部浩己

■初出一覧■

Ⅰ　ジェンダーの視座

1 女性差別撤廃条約とフェミニスト・アプローチ――日本の課題
ジェンダーと法一号（二〇〇四年七月）

2 国際人権法におけるジェンダー
ジェンダーと法六号（二〇〇九年七月）

3 三つの認識ギャップ――定期報告審査、「慰安婦」問題、個人通報制度
学術の動向二〇一〇年九月号

Ⅱ　難民・無国籍者・外国人へのまなざし

4 難民を見る視点
法学セミナー二〇〇三年七月号

5 難民問題に臨む
軍縮問題資料三三〇号（二〇〇八年五月）

6 無国籍、人権、国際法
書き下ろし

7 多文化主義と越境する人間たち
法学セミナー二〇一一年一〇月号

8 朝鮮学校の排除と人種主義
世界八〇四号（二〇一〇年五月）

9 〈書評〉『非正規滞在者と在留特別許可――移住者たちの過去・現在・未来』（近藤敦・塩原良和・鈴木江里子編著、日本評論社、二〇一〇年）
国際人権二二号（二〇一一年）

10 〈書評〉『国際難民法の理論とその国内的適用』（本間浩著、現代人文社、二〇〇五年）
国際人権一七号（二〇〇六年）

11 遍在化する境界と難民の認定
難民研究ジャーナル二号（二〇一二年一一月）

Ⅲ 世界の中で

12 グローバル化と世界人権宣言――「もう一つの世界」へ
部落解放研究六〇五号（二〇〇八年一一月）

13 死刑廃止条約発効後の二〇年――世界はどのように変化したか
フォーラム九〇一一八号（二〇一一年）

14 緊急事態における人権保障――国際法の視座
国際人権一四号（二〇〇三年一一月）

15 憲法九条への国際法の水脈――「殺される側」のまなざし
法律時報七六巻七号（二〇〇四年六月）

16 国家領域のポリティクス――尖閣諸島問題と、継続する植民地主義
神奈川大学評論六八号（二〇一一年三月）

17 パレスチナの民族浄化と国際法
ミーダーン〈パレスチナ・対話のための広場〉編
『〈鏡〉としてのパレスチナ――ナクバから同時代を問う』（現代企画室、二〇一〇年）

Ⅳ 実務の中へ

18 国際法判例の学び方
速報判例解説二号、三号、五号、七号～九号（二〇〇八年四月～二〇一一年一〇月）

19 国際義務の射程――フィリピン人一家退去強制事件の遠景

20
日韓請求権協定・仲裁への道――国際法の隘路をたどる
法律時報八一巻六号「法律時評」(二〇〇九年六月)
戦争責任研究八〇号(二〇一三年夏季号)

おわりに　地の迷宮へ――国際法へのいざない
法学セミナー二〇一〇年四月号

た　行

な　行

は　行

ま　行

ゆ　行

ら　行

わ　行

索　引

〈著者紹介〉

阿部　浩己（あべ　こうき）

1958年生まれ。現在，神奈川大学法科大学院教授，国際人権法学会理事長。早稲田大学大学院法学研究科博士後期課程修了。博士（法学）。バージニア大学LL.M. 国際法・国際人権法専攻。主な著書に，『国際法の暴力を超えて』（岩波書店，2010年），『無国籍の情景』（UNHCR駐日事務所，2010年），『抗う思想／平和を創る力』（不磨書房，2008年），『国際人権の地平』（現代人文社，2003年），『人権の国際化』（現代人文社，1998年），『テキストブック国際人権法［第3版］』（共著，日本評論社，2009年）など。

国際人権を生きる

2014（平成26）年7月31日　第1版第1刷発行

3287-01011：P360￥3600E012：010-002

著　者　阿　部　浩　己

発行者　今井　貴　稲葉文子

発行所　株式会社　信　山　社

〒113-0033　東京都文京区本郷6-2-9-102

Tel 03-3818-1019　Fax 03-3818-0344

info@shinzansha.co.jp

笠間才木支店　〒309-1611　茨城県笠間市笠間515-3

Tel 0296-71-9081　Fax 0296-72-9082

笠間来栖支店　〒309-1625　茨城県笠間市来栖2345-1

Tel 0296-71-0215　Fax 0296-72-5410

出版契約2014-7-31-3287-5-01001　Printed in Japan

印刷・亜細亜印刷　製本・渋谷文泉閣

ISBN978-4-7972-3287-5 C3332 分類 01-329.501-e001